# 民办高等教育研究

## 第三辑

赵 超 主 编

天津大学出版社
TIANJIN UNIVERSITY PRESS

## 内容提要

民办高等教育的发展要以新时代中国特色社会主义教育思想为指导，认真学习习近平扎根中国大地、实现四个服务、做“四有”好老师、实现教育公平的论述是当前的重要课题；贯彻全国高等学校本科教育工作会议精神，坚持以为本，推进四个回归，加快“双一流”建设是应用型民办高校的重要任务。本书以陕西国际商贸学院教师的研究成果为基础，彰显学校在人才队伍建设、应用型人才培养以及产教融合校企合作等方面的特色和研究成果，推动学校的内涵建设，促进学校更快更好的发展。

**图书在版编目（CIP）数据**

民办高等教育研究．第三辑/赵超主编．—天津：天津大学出版社，2019.1
ISBN 978-7-5618-6322-0

Ⅰ.①民…　Ⅱ.①赵…　Ⅲ.①民办高校-研究-中国　Ⅳ.①G648.7

中国版本图书馆 CIP 数据核字（2019）第 000875 号

**民办高等教育研究（第三辑）**
**MINBANGAODENGJIAOYUYANJIU**

**出版发行**　天津大学出版社
**地　　址**　天津市卫津路 92 号天津大学内（邮编：300072）
**电　　话**　发行部 022-27403647
**网　　址**　publish.tju.edu.cn
**印　　刷**　北京盛通印刷股份有限公司
**经　　销**　全国各地新华书店
**开　　本**　185mm×260mm
**印　　张**　11
**字　　数**　275 千
**版　　次**　2019 年 5 月第 1 版
**印　　次**　2019 年 5 月第 1 次
**定　　价**　33.00 元

# 编委会成员

主编:赵超

编委(按姓氏笔画顺序排列):

王学成　王振亚　赵超　赵军政　黄新民　曹斌　梁潇凝　蒋涛

# 前　言

十八大以来,习近平总书记在治国理政过程中,站在实现中华民族伟大复兴的战略高度,谋划我国教育事业发展,提出了一系列科学论断,指明了新时代教育事业发展方向和发展道路。陕西国际商贸学院高度重视学习贯彻新时代特色社会主义教育思想的研究,科研处民办教育研究所和学报编辑部联合发出征文启事,决定在《陕西国际商贸学院论坛》和《民办高等教育研究》设立学习研究宣传新时代特色社会主义教育思想专栏。鼓励全体教职工认真学习,深刻领会其精神实质,并形成心得和研究成果。

《民办高等教育研究》第三辑共分五部分,第一部分为新时代特色社会主义教育思想研究,第二部分为"双一流"建设与民办高校发展研究,第三部分为民办高校人才队伍建设研究,第四部分为应用型人才培养研究,第五部分为民办高校教育教学研究。这些文章都是在新的教育理论指导下对民办高校发展中的困难与问题研究,而且都能针对存在的问题和困难提出解决方案。这些文字如果没有教育教学实践,没有对民办高等教育的深入思考,没有对民办教育和人才培养深厚情结是难以写出来的。这些文章的形成给校内甚至校外教育工作者以启迪和激励,我们在编稿过程中不时为作者对教育教学现象深入思考和独特分析所感动,从文字中反映出作者对教育教学工作和人才培养的情感和付出。

《民办高等教育研究》第三辑,是在校领导和科技处的关心指导下,由民办高等教育研究所编辑完成的。前期组稿、审稿由王学成和梁潇凝完成,后期编辑主要由梁潇凝完成,全部稿件均从征文送稿中选取,感谢广大教职工深入思考问题,积极撰写文稿,给予本文集的大力支持。因文集容量有限,部分文稿未能收入,还望见谅,并望今后继续思考学校改革发展问题,积极撰写文稿,为推进陕西国际商贸学院教育教学改革,提高人才培养质量贡献智慧和力量。

编稿过程中,我们力求认真细致,但仍存在一些问题和不足,望读者不吝指出,有待今后改进。

《民办高等教育研究》编委会

2018 年 6 月 28 日

# 目　录

## 第一部分　新时代特色社会主义教育思想研究



## 第二部分　“双一流”建设与民办高校发展研究



## 第三部分　民办高校人才队伍建设研究

## 第四部分　应用型人才培养研究



## 第五部分　民办高校教育教学研究

# 第一部分　新时代特色社会主义教育思想研究

## 植根中国大地，实现四个服务的思考
### ——学习新时代特色社会主义教育思想体会

王学成　梁潇凝

**【摘要】** 植根中国大地办教育，是新时代特色社会主义教育思想的重要组成部分。只有扎根中国大地办教育，才能实现中国传统文化的传承，培养具有中国情怀的人才。教育的根本任务是为人民服务，为中国共产党治国理政服务，为巩固和发展新时代中国特色制度服务，为改革开放和社会主义现代化建设服务。植根中国办教育，需要用中国传统文化、爱国主义和民族精神培育青年一代；用马克思主义和新时代中国特色社会主义理论教育青年学生；用中国社会主义发展的巨大成就教育学生；坚持中国共产党对教育工作的领导。

**【关键词】** 新时代；特色社会主义教育思想；植根中国大地；实现四个服务

新时代特色社会主义教育思想是党和政府治国理政理论体系的重要组成部分，涉及我国新时期教育工作的历史定位、教育的本质、教育的根本任务、教师的作用、中国教育应该怎么办以及中国共产党对教育工作的领导等，内容极为丰富，是当前我国教育工作的根本指导思想，对植根中国大地办教育的思想具有强烈的现实意义和实践指导意义。

#### 一、植根中国办教育的现实意义

（1）只有扎根中国大地办教育才能有所作为。习近平在欧美同学会成立一百周年庆祝大会上找准专业优势和社会发展的结合点，中指出："在中国的大地上，要想有建树、有成就，关键是要脚踏着祖国大地，胸怀着人民期盼，找准先进知识和我国实际的结合点，真正使创新创造落地生根、开花结果。"[①]2016 年 12 月 7 日至 8 日习近平在出席全国高校思想政治工作会议时再次强调指出，我国有独特的历史、独特的文化、独特的国情，决定了我国必须走自己的高等教育发展道路。中国有五千年的文明史，有强大的传统文化基因，有不同于东西方任何国家的独特的国情，要想成就一番事业，有所建树，就必须要了解中国国情，研究中国国情，思想和行为要符合中国国情。同样，中国教育发展，也必须立足中国大地，以中国特有的历史文化为背景，以传承中国文化，造福中国人民，培养具有中国情怀的各类人才为根本出发点，才是好的教育，才能有所作为。民办教育也只有以区域经济社会发展为背景，坚持"服务区域经济社会发

① 习近平．在欧美同学会成立一百周年庆祝大会上的讲话[N]．人民日报，2013－01－22(2)．

作者简介：王学成，男，陕西汉中人，陕西国际商贸学院研究员，主要研究地方高等教育发展。

梁潇凝，女，陕西咸阳人，硕士研究生，陕西国际商贸学院讲师，主要研究方向为高等教育发展及区域经济发展。

展”①，才是好的民办教育。

(2)只有植根中国大地办教育才能传承好中国文化。传承与创新文化是中国教育的重要功能。文化“是人类在社会历史发展过程中所创造的物质财富和精神财富的总和，特指精神财富，如文学、艺术、教育、科学等”②，教育就是要对人类创造的全部精神财富进行传承，在传承过程中，为了满足经济社会发展和人的发展需求，就必然在原有的文化基础上进行创新，在更高层次上适应社会需要。文化有显性和隐性之分，显性文化主要是指有形的文化，如建筑文化等，隐性文化主要是指精神层面的文化，甚至是没有文字记载的。对显性文化的传承可以通过学习模仿实现，如一个具有深厚中国建筑功底的设计师，在不同文化国度里也可以设计甚至建造出具有中国风格的建筑，但要整体形成中国风格氛围就难以实现。隐性文化的传承就更加难以在不同文化背景下实现，许多属于观念形态上的东西是看不见摸不着的，但又无时不在，无处不有，这些文化的传承就只有在中国大地上才能实现。实现传承中国文化的功能必须扎根于中国大地办教育。

(3)只有植根中国办教育才能培养出具有中国情怀的人才。据百度解释，情怀是一种高尚的心境、情趣和胸怀，中国情怀就是具有高尚的中国情操和宽广的胸怀，具有爱中国之志、爱中国之情、爱中国之才。有中国情怀，首先要有自己的政治信仰，有自己的理想，现阶段就是要拥护新时代中国特色社会主义思想，要在意识形态上保持正确方向。习近平同志指出，当代中国大学生有热爱党、热爱祖国、热爱人民的真挚感情，有为中华民族伟大复兴而奋斗的理想信念。2013 年 5 月 4 日习近平主席在同各界优秀青年代表座谈时进一步对青年一代提出要求：第一，一定要坚定理想信念；第二，一定要练就过硬本领；第三，一定要勇于创新创造；第四，一定要矢志艰苦奋斗；第五，一定要锤炼高尚品格。这是习近平同志对青年一代的殷切希望，是中国青年的努力方向，也是当前中国青年一代应该具备的基本素质。

培养具有理想信念、过硬本领、勇于创新创造、矢志艰苦奋斗、高尚品格的人才，是教育工作的根本职责。因为教育具有阶级性和民族性的基本特点，培养具有当代中国情怀的人才，只有在中国共产党的领导下，在党的教育方针指引下才能实现。我国的教育工作要扎根于中国大地，扎根于深厚的中华传统文化，以马克思主义和新时代中国特色社会主义理论为指导，怀着复兴中华民族伟大目标，脚踏实地，努力拼搏，才能将梦想变为现实，培养出具有家国情怀的卓越人才。

## 二、扎根中国办教育的根本任务

高等教育的基本任务是培养人才，在不同的时代，不同的国家和地区，对人才有不同的标准和要求。当前我国的高等教育要通过培养高素质人才实现为人民服务，为中国共产党治国理政服务，为巩固和发展中国特色社会主义制度服务，为改革开放和社会主义现代化建设服务。

(1)为人民服务。为人民服务是中国共产党的根本宗旨，是立党之基，也是教育工作的根本目标和基本任务。为人民服务，首先要有爱人民之情、爱人民之志，只有对人民有无限的爱，才有可能主动地自觉地服务人民；同时要有爱人民之才，只有志向和热情是不能实现服务人民的，必须要有服务人民的能力和才干，有了能力和才干才能把服务人民爱人民的热情和愿望落

① 王学成. 民办高校服务区域产业结构调整的思考——以陕西国际商贸学院为例[J]. 陕西国际商贸学院论坛，2017(3)：23－25.

② 中国社会科学院语言研究所词典编辑室. 现代汉语词典[M]. 5 版. 北京：商务印书馆，2007.

到实处。具有中国情怀的人才不但要有爱人民之志，还要有爱人民之才。为人民服务是教育工作的出发点和归宿，教育政策的制定、教育内容的确立、教育方式的选择都要从有利于提高人才培养质量，有利于促进教育发展出发，更要把真正使广大人民群众享受优质教育，让人民群众得实惠，受人民群众欢迎作为基本标准。

(2)为中国共产党治国理政服务。中国共产党是中国的执政党，是各项事业的领导核心，没有共产党就没有中国人民翻身得解放，就没有中国人民的富裕和国家的强大。中国共产党治国理政的根本目标是带领全中国人民从站起来到富起来再到强起来，最终实现中华民族的伟大复兴。教育的基本属性和特点决定了中国教育必须为中国共产党领导的治国理政服务，为中华民族的伟大复兴服务。服务的基本方式是培养出具有中国情怀，自觉热爱中华民族，自觉服务于党的治国理政，服务于中华民族伟大复兴的高素质人才。

(3)为巩固和发展新时代中国特色社会主义制度服务。中国特色社会主义制度是几代中国共产党人在革命和建设实践中探索总结出来的，是全面建成小康社会，实现中华民族伟大复兴的根本保障。十八大以来，以习近平同志为核心的党中央紧密结合新的时代条件和实践要求，以全新的视野深化对共产党执政规律、社会主义建设规律、人类社会发展规律的认识，进行了艰辛探索和理论创新，取得了新时代中国特色社会主义思想重大理论与实践成果，在此思想指导下创造性地形成了治国理政制度体系。特色社会主义理论和治国理政制度体系是保障全面建成小康社会，实现中华民族伟大复兴的根本制度。教育工作以及培养的具有中国情怀的人才就是要巩固和发展这个制度，把巩固和发展中国特色社会主义制度作为现阶段的重要任务。

(4)为改革开放和社会主义现代化建设服务。习近平主席在十九大报告中指出，只有社会主义才能救中国，只有改革开放才能发展中国。这是对中华民族发展历程的经验总结，是对中国从贫穷到富裕，从弱到强的经验总结，要实现两个一百年奋斗目标，实现全面小康社会，实现中华民族伟大复兴的中国梦，就必须继续坚持改革开放。社会主义现代化建设是我国亿万人民在共产党领导下正在进行的伟大事业，是全党全国人民的中心工作，是在任何情况下都不可动摇或者有丝毫改变的方向和目标。全党全国人民都要围绕现代化建设这个中心矢志不渝，努力奋斗。新时代教育工作的根本任务就是要为深化改革、扩大开放，全面开展现代化建设提供高质量的各类人才，为深化改革开放和加快现代化建设步伐贡献力量。

## 三、扎根中国办教育，实现教育强国梦

(1)扎根中国大地，培养优秀人才。要努力办好中国教育，培养优秀人才，为中国的社会主义建设，为中国的改革开放，为实现两个一百年奋斗目标，实现中华民族伟大复兴服务。中华人民共和国成立以来，在中国共产党领导下，全国各族人民都有了享受教育的权利，中国人民受教育年限迅速提高，文盲率大幅下降。尤其是改革开放以来，教育得到了进一步快速发展，实现了 9 年义务教育，个别地区实现了 12 年义务教育。教育部高等教育司司长吴岩介绍，截至 2017 年，中国高等教育在学总规模达到 3 699 万人，占世界高等教育总规模的 1/5，规模位居世界第一；普通高校招生规模已经达到 748 万，毕业生规模突破 700 万，高等教育毛入学率从 30% 增长到 42.7%，我国正在快速迈向高等教育普及化[①]，真正成为高等教育大国。但是教育发展的均衡性，优质教育还不足，优秀人才的数量和质量还不足，与人民群众对教育的

① 刘羡.中国高等教育在学总规模达到 3 699 万人　世界第一[EB/OL].(2017－09－28)[2018－05－25].http://www.Chinanews.com/gn/2017/09－28/8342539.shtml.

要求还有较大距离，与快速发展的经济社会现实需要还有距离。我们必须扎根中国，立足于人民群众需求，立足实现两个一百年奋斗目标，发展中国教育，培养更多高质量优秀人才。要立足更好地服务于中华民族伟大复兴，进一步发挥高等教育中国特色和优势，同时学习借鉴发达国家高等教育成功经验，提高我国高等教育办学水平和质量，建成若干世界一流大学，为世界高等教育发展做出应有贡献。

(2)用中国文化、爱国主义和民族精神培育青年一代。当前中国需要大批政治坚定、具有中国情怀的优秀人才。中国情怀需要用中国文化、爱国主义和民族精神来教育、熏陶和培养。习近平主席指出，中华文化源远流长、博大精深，如同一座宝藏，一旦探秘其中，就会终生受用。中国文化是五千年来中华民族传承下来的，是中华民族的根，也是中华民族得以延续的血脉，具有独特的个性特点和魅力。长期以来，用中国文化教育熏陶青年一代，培养造就了大批民族精英和仁人志士，使其成为推动中华民族进步发展的中坚力量。当前，对中华文化要取其精华、去其糟粕，赋予中华传统文化以新的时代内涵，使之成为我们的精神追求和行为准则。习近平还希望大家通过学习和了解我们民族和国家的历史，汲取中华民族的精神力量，增强民族自豪感，增强文化自信，增强作为一个中国人的骨气和底色。对于高等学校，一是要通过教育教学活动宣传灌输中国文化、爱国主义和民族精神，编写中国文化教材，开设专门课程；二是要通过多种途径宣传民族文化，充分利用电视、报纸、刊物、网络等媒体大力宣传中国文化，在全社会形成学习中国文化、继承中国文化和弘扬中国文化的氛围，让青年学生在浓郁的中国文化氛围中健康成长。

(3)用马克思主义和新时代中国特色社会主义理论教育青年学生。马克思主义是中国革命和中国共产党的指导思想，在中国革命史上，中国共产党与马克思主义相结合，取得了一个又一个胜利，这是有目共睹的。积极参与中国社会主义建设的优秀人才和青年学生，必须树立马克思主义立场，具有运用历史唯物主义和辩证唯物主义认识社会、分析社会，正确认识改革开放特别是十八大以来取得巨大成就的基本观点和能力。新时代中国特色社会主义理论是十八大以来以习近平同志为核心的党中央领导全国各族人民开展社会主义建设的过程中探索总结出来的思想结晶，是经过实践检验的正确思想，也是实现两个一百年奋斗目标的根本指导思想。即将参加全面建成小康社会，实现社会主义强国伟大工程的青年学生，一定要认真学习，深入领会，掌握其精神内涵和实质，要着重学习和领会"四个全面"和"五大发展理念"的具体要求。高等学校要把马克思主义基本理论与新时代特色社会主义理论作为一个体系，对学生进行教育，不断提高青年学生的思想认识水平和能力，成为新时代优秀的建设者和接班人。

(4)用中国社会主义发展的巨大成就教育学生。传统的教育方法主要是通过课堂讲授来完成的，学生从教师的讲授中明白了道理，增长了知识。要让这些道理和知识更加深刻牢固，就要让学生亲自实践。我们今天要用马克思主义理论，用新时期特色社会主义理论教育培养社会主义建设者和接班人，在理论分析的基础上，完全有条件让学生了解在这个理论体系指导下取得的巨大成就。我们要鼓励学生积极参与社会实践，深入社会实际，了解和感受在中国共产党的领导下，中国社会的快速发展和巨大变化，包括进行国际比较研究等，使青年学生在新时代中国经济社会快速发展的现实中，充分认识社会主义制度的优越性，更加坚定特色社会主义的道路自信和理论自信，激发他们学习热情和动力，激发他们投身火热现代化建设的积极性，成为特色社会主义建设的优秀人才。这也是只有在中国大地上才可能实现的。

(5)坚持中国共产党对教育工作的领导。没有共产党就没有新中国，没有中国共产党的正确领导，就没有中国的改革开放，就没有中国社会的巨大发展和变化，这是被实践证明了的。

在中国共产党领导下，中国的教育事业也得到了快速发展，培养出了数以亿计的各类优秀人才，为我国经济社会发展奠定了坚实的基础，为赶超发达国家做出了不可磨灭的贡献。我们要进一步发展中国教育事业，也必须在中国共产党的领导下才能实现。民办高校当前要坚持做好：①坚持党对民办高校的领导，建立健全各级党组织，充分发挥党组织在民办高校的政治核心作用和监督保障作用。②认真贯彻党的教育方针，坚持社会主义办学方向不动摇，认真贯彻中共中央办公厅《关于加强民办学校党的建设工作的意见（试行）》的通知（中办发〔2016〕78号）和陕西省委办公厅《关于加强和改进民办普通高等学校党的建设的实施意见》通知精神（陕办发〔2017〕37号），做好党建的各项工作。③加强民办高校思想政治工作，把立德树人落在实处。深入开展社会主义核心价值观的学习教育，推进新时代特色社会主义理论"三进"工作，确保师生员工坚定正确的政治方向。④加强校园文化建设，充分发挥校园环境的教育功能。通过校园建筑设施、网络、报刊、广播等媒体，大力宣传党的方针政策和改革开放成就，进行正面引导，营造良好的氛围，促进青年学生人生观和价值观的形成。

习近平在党的十九大报告中指出要"加快一流大学和一流学科建设，实现高等教育内涵式发展"。这是党中央为我国高等教育确立的发展目标，是高等教育工作的重大任务。高等教育要转变发展方式，加快一流大学和一流学科建设，实现高等教育内涵式发展；要由数量发展转变为质量内涵发展，由规模效益发展转变为质量效益和社会效益同步发展，由粗放式管理转变为精细化管理；要不断提高教育质量和人才培养质量，更好地满足飞速发展的经济社会需要，使中国真正从高等教育大国发展成为高等教育强国。

# 浅论习近平对马列主义教育思想的继承、发展与创新

张治国

**【摘要】** 在21世纪第二个10年开始不久，习近平代表中国共产党人提出了“两个一百年”的“中国梦”奋斗目标。为了实现中华民族的伟大复兴，习近平又提出了“一带一路”倡议。要实现“中国梦”和中华民族伟大复兴，教育的地位、作用尤为重要。习近平在党的十九大报告中明确提出了优先发展教育事业，必须把教育事业放在优先位置，同时对教育的各个层次、各个方面以及与教育相关的各个领域做出了战略部署。新时代特色社会主义教育思想主要体现在大局意识和宏观思维上，是对中国特色社会主义进入新阶段后对教育、人才工作的清醒认识和准确判断。新时代特色社会主义教育思想是对马克思主义、毛泽东思想、邓小平理论中关于教育认识的继承、创新和发展。

**【关键词】** 新时代特色社会主义教育思想；“中国梦”；“一带一路”；中华民族伟大复兴

在中国几千年的传统社会里，统治阶级及其民间的教育思想，总体而言是以儒家思想为核心的中国传统儒、释、道教育思想，其主要内容可概括为儒家的仁、义、礼、智、信、忠、孝、悌、节、恕、勇、让。道家的教育思想与儒家侧重点不同，本质上有相通之处，即儒家思想的核心是有为，强调制名（礼）教，规范人性，而道家思想的核心是无为，主张顺自然，因物性①。佛教思想并非中国本土所生，是一种外域文化传入，其核心是教人出世，强调轮回，教人行善积德。经过几千年的相互融合与渗透，这三种传统中国社会的主要学说，在发展中你中有我，我中有你，相互渗透，在对立中不断借鉴。但其各自倾向还是很明显的，其对社会和人的作用表现在“以佛治心，以道治身，以儒治世”，由此形成传统社会里中国人的思想内核。当一百多年前西方的马克思主义传入中国后，中国共产党人又将这种域外文化与中国优秀的传统文化相融合，于是逐渐形成了中国特色的社会主义教育思想。本文将在概要介绍马克思主义的教育观，阐述毛泽东、邓小平教育思想的基础上，着重论述习近平对马克思主义教育思想的继承、发展与创新。

## 一、马克思主义教育思想的基本内容及其在我国的研究概况

马克思主义的教育思想，就是以马克思主义经典作家关于教育问题的一系列思想、观点及学说的科学理论体系，它是在长期的理论研究和社会实践中逐渐形成发展而成的，其主要内容包括关于人的全面发展学说，关于教育与生产劳动相结合的学说，关于思想道德教育的理论。人的全面发展学说是马克思主义教育思想中最为闪光最为精彩的内容。实现人的自身发展，是几千年来人类社会的一个美好理想。马克思在汲取前人研究成果的基础上，创建了这一学说，指出人的体力智力的充分自由与和谐的发展，就是人的全面发展，同时论述了人的全面发展的条件、途径与手段②。关于教育与生产劳动相结合的理论，主张理论与实践相互贯通，理论指导实践，实践丰富发展理论。关于思想道德教育的理论，在马克思主义经典作家的著作

① 楼宇烈．中国文化的根本精神［M］．北京：中华书局，2016：189.

② 秦建军．马克思恩格斯关于人的全面发展的学说及其现实意义［J］．河南大学学报（社会科学版），2004(6)：142－144.

作者简介：张治国，男，陕西咸阳人，编审，主要从事高等教育研究和学术期刊编辑出版。

中，也时常会见到。思想道德教育是人之为人的必不可少的教育内容，古往今来的伟大思想家、教育家没有不对此特别重视的，马克思主义经典作家亦然。据刘黎明、吕旭峰的统计，我国对马克思主义教育思想的研究，第一个高峰出现在 1981 到 1984 年，第二个高峰出现在 1992 到 1995 年，两人先后在《华东师范大学学报》（教育科学版）等学术期刊上发表了大量的论文[①]。

## 二、毛泽东思想与邓小平理论中的教育观

毛泽东思想、邓小平理论及其后任中国共产党的主要领导人的教育思想，在继承中国优秀传统文化教育观念的同时，也把马克思主义的教育思想与中国国情相结合，根据不同发展阶段的社会情况和现实需求，明确提出了符合国情的教育的路线、方针和政策，但有时也出现过在实践中走弯路的现象。

关于毛泽东思想中的教育观，著名教育学研究学者顾明远认为，毛泽东教育思想的主要贡献表现在如下几个方面：一是教育要为无产阶级政治服务，为发展社会主义经济服务；二是要使学生在德智体多方面主动地得到发展；三是强调理论与实践必须相结合；四是重视知识分子的作用。毛泽东的上述教育思想，是新中国成立初期面对国际形势和当时我国的社会现实的正确反映。他的教育思想为中国的独立自主、和平发展、尽快摆脱一穷二白的面貌提供了理论基础。

邓小平理论中的教育思想是在马克思主义教育思想和毛泽东教育思想基础上继承发展而来的。1997 年邓小平逝世时，时任国家教委主任的朱开轩在《教育研究》发表长文，全面总结了邓小平的教育思想，以此纪念邓小平对当代中国教育的丰功伟绩[②]。该文从五个方面进行归纳：第一，从战略高度抓紧发展教育事业，各级党政领导亲自抓是关键；第二，正确处理教育与经济、科技的关系，确立科教兴国发展战略的理论基础；第三，教育要承担起发展社会主义物质文明和精神文明的双重历史使命；第四，切实落实党的知识分子政策，重视教师队伍的建设；第五，教育要面向现代化，面向世界，面向未来。从以上五个方面的概述可以看出，邓小平作为改革开放的总设计师，对教育的重视是高瞻远瞩的，体现了战略家的宏阔眼界和博大胸怀。在文革刚刚结束的 1977 年，他就急切下令恢复高考制度，并因此留下了一段美谈。从基础教育到高等教育、职业教育等方面，邓小平对中国教育的论述，都是在了解中国现实国情的前提下所做出的判断，是对马克思主义和毛泽东教育思想的继承，同时又结合变化发展了的国际国内情势，以及科技发展的新态势，而做出的发展与创新。有学者将邓小平教育思想归结为三个方面：一是把马克思恩格斯一直到毛泽东没有经历和认识到的问题明确了；二是把毛泽东已认识到也已提出来要做，但由于种种原因还没有做到或做得不好的事情做了；三是把毛泽东说得不够全面的或错了的补充完善或改正过来了[③]。

## 三、新时代特色社会主义教育思想的精髓

在 21 世纪第二个 10 年开始不久，中国共产党这个带领全国人民要实现伟大民族复兴重任的中国社会领导核心，先描绘出了“中国梦”的宏伟蓝图，再提出“一带一路”这个令世界为之一振且追随者众多的倡议。新时代特色社会主义教育思想，是新时代里马克思主义教育思

---

① 刘黎明，吕旭峰．重唤马克思主义教育思想研究[J]．华东师范大学学报（教育科学版），2010(3)：13－24.

② 朱开轩．邓小平同志光辉的教育思想永远指引我们前进[J]．教育研究，1997(3)：3－12.

③ 吴畏．邓小平对毛泽东教育思想的继承和发展[J]．教育研究，1994(6)：10－14.

想的中国化，是对毛泽东、邓小平教育思想的继承和发展，并以"中国梦"为总目标，以"一带一路"倡议为抓手。

**1."中国梦"中包含的教育思想**

2012年11月29日，习近平在国家博物馆参观"复兴之路"展览时，首次阐述了"中国梦"的概念。2013年3月17日，习近平在第十二届全国人大一次会议闭幕会上，号召人们为实现中国梦而努力。习近平的"中国梦"思想赢得了十余次掌声，由此可见，这一设想多么深得人心，号召力多么强大！"中国梦"的具体内涵是，到中国共产党成立100年时(2021年)中国将全面建成小康社会；到新中国成立100年时(2049年)实现中华民族伟大复兴！"中国梦"最大限度地激励中国人民斗志昂扬，聚精会神，一心一意谋发展，全心全力搞建设。"中国梦"的特色体现在把国家、民族和个人作为一个命运的共同体，把国家和民族的利益与每个人的具体利益紧密地联系在一起。而要将"中国梦"的理想变为现实，除了目标明确，任务清楚，最大最根本的问题就是落实了。这里就牵涉一个很具体的问题：事情是由人干的，而人的能力、品格、水平、职业精神等才是最最关键的！没有高素质的人组成的国民，一切都是空谈！在清朝末年中华民族被列强欺凌的时代，一大批民族精英提出了"教育救国"的口号，正是基于此基本常识。而高素质的人又赖于教育和培养，这就自然而然地涉及教育问题。近五年多来，党和政府对教育的重视程度是空前的，2012到2016年，国家财政性教育经费占GDP的比例连续五年均超过4%，分别为4.28%、4.30%、4.15%、4.26%、4.22%。虽然近几年经济下行压力较大，但从国家对教育的支持力度就可见以习近平为首的党中央对教育的重视。这些年来，国家下大力气对农村地区、边远贫困地区及少数民族地区进行了大规模教育投资，改善办学条件，充实教师队伍，并在全国普及了9年义务教育的基础上，在有些地方率先普及12年义务教育。现在我国每年有700万左右的高校毕业生，高等教育规模全球第一。教育是一项前人栽树后人乘凉的事业，社会效益和经济效益都有较长的滞后期，只有胸怀远大、格局宏阔、思想超迈、眼光远大的领导人，才会具有如此战略眼光。习近平做到了这一点，证明其胆识非凡！当然，现在我国虽然是教育大国，但离教育强国的目标还有一段距离，这从另一个侧面来看，也正是我们奋起直追的大好时机！关于"中国梦"的实践与评述，朱宗友、季正矩已有专文论述①。

**2."一带一路"倡议中包含的教育思想**

2013年9月和10月，习近平在访问中亚和东南亚国家期间，先后提出了共建"丝绸之路经济带"和21世纪"海上丝绸之路"的重大倡议，这就是人们现在耳熟能详的"一带一路"倡议。这个倡议提出以后，得到世界上很多国家的响应和支持。说到"一带一路"倡议，必然离不开人才支撑与教育路径的问题，对此，周谷平和阚阅有专题研究成果发布②。"一带一路"倡议将是影响中国乃至世界几十年的重大决策，对中国社会和整个世界未来走向将产生广泛而深远的影响。仅就教育思想而言，"一带一路"将促使中国更深更广地融入世界，对教育与人才提出的挑战将是空前的。例如，就落实"一带一路"倡议，我国在涉及政策、文化和人才等软实力方面，就急需培养创新创业人才、国际组织人才、非通用语言人才、华人华侨人才、海外高端人才以及各个领域内的专业人才。只有人才保障工作做好了，"一带一路"倡议才能开花结果。由此可见，"一带一路"倡议中包含的教育思想是极其重要的。

**3. 新时代特色社会主义教育思想集中体现在中华民族伟大复兴之中**

近五年多来，每年到教师节习近平都要到学校慰问师生并发表讲话，以此表示党和国家对

---

① 朱宗友，季正矩．十八大以来"中国梦"研究述评[J]．当代世界与社会主义，2014(4)：193－198.

② 周俗平，阚阅．"一带一路"战略的人才支撑与教育路径[J]．教育研究，2015(10)：4－9，22.

教育的重视。从已出版的习近平的著作来看，其中有许多关于文化和教育的精辟论述。他特别强调坚守我们的核心价值观和核心价值体系，要求弘扬主旋律，传播正能量，一再指出中华传统优秀文化是我们民族的根与魂，在狠抓经济硬实力的同时，也不忘国家文化软实力建设。新时代特色社会主义教育思想是中国社会进入新时代的背景下，为适应我国社会的主要矛盾已转化为人民日益增长的美好生活需要和不平衡、不充分的发展之间的矛盾而与时俱进的必然产物。这种教育思想主动适应变化了的国际国内形势，是习近平治国理政思想的重要组成部分，顺应了时代潮流，主动担当，是马克思主义教育思想中国化的最新体现。新时代特色社会主义教育思想传承了中国传统文化的精髓，又是对毛泽东、邓小平教育思想理念的继承和发展创新，必将在中国教育史上写下光辉的一笔。中国传统文化中，有"实事求是""与时俱进"两个成语，前者强调主观认识必须与客观实际相符合，后者强调主观认识必须随客观事物的变化相适应，不可墨守成规。中国共产党第十九次全国代表大会已胜利闭幕，大会对我国未来五年乃至更长时期的发展做出了规划，其中涉及教育方面的主要内容如下。

优先发展教育事业，建设教育强国是中华民族伟大复兴的基础工程，必须把教育事业放在优先位置，加快教育现代化，办好人民满意的教育。要全面贯彻党的教育方针，落实立德树人根本任务，发展素质教育，推进教育公平，培育德智体美全面发展的社会主义建设者和接班人。推动城乡义务教育一体化发展，高度重视农村义务教育，办好学前教育、特殊教育和网络教育，普及高中阶段教育，努力让每个孩子都能享有公平而有质量的教育。完善职业教育培训体系，深化产教融合及校企合作。加快一流大学和一流学科建设，实现高等教育内涵式发展。健全学生资助制度，使绝大多数城乡新增劳动力接受高中阶段教育，更多接受高等教育。支持和规范社会力量兴办教育。加强师德师风建设，培养高素质教师队伍，倡导全社会尊师重教。办好继续教育，加快建设学习型社会，大力提高国民素质。

从这段对教育的规划、论述可以看出，在我国进入新时代中国特色社会主义之后，国家在教育方面的提法、目标、任务等与之前有了很大变化，例如，提法上强调"优先发展教育事业，建设教育强国是中华民族伟大复兴的基础工程，必须把教育事业放在优先位置，加快教育现代化，办好人民满意的教育。"目标、任务方面强调"发展素质教育，推进教育公平""推动城乡义务教育一体化发展，高度重视农村义务教育，办好学前教育、特殊教育和网络教育，普及高中阶段教育，努力让每个孩子都能享有公平而有质量的教育。"就国家层面来说，我国现阶段对教育的重视程度比以往任何时候都高，也更有能力做以前想做而没有做到的事情，并已经高度意识到教育对民族复兴的根本性作用和先导意义，同时强烈意识到教育事业应随时代发展变化而与时俱进。报告中关于教育的宏观论述充分显示出新时代特色社会主义教育思想的本质和精髓，这是符合中国现实国情的论断和阐述，是适应未来国际竞争的英明之举，作为教育战线上的每一位成员，我们一定要认真领会其精神实质，准确把握政策导向，并将其贯彻到教育教学工作中的各个环节之中。

在当今时代，全球化成为时代潮流，并且随着经济、科技发展和信息技术革命，整个世界的竞争将更加激烈。从本质上讲，当今世界各国的竞争就是人才的竞争，对人才的培养已成为各国政府的共识。以习近平为首的党中央十分重视人才工作，并为此专门召开了全国人才工作会议。由此可见，在习近平的心目中，教育的地位和作用是何等重要。习近平提出"中国梦"的战略目标，并以"一带一路"倡议为抓手来实现这个梦想，是对我国教育工作和人才工作提出的新的要求。实现中华民族伟大复兴，教育在这盘大棋中的地位和作用已不言自明了。

# 民办高校“四有”好老师的塑造
## ——学习习近平关于做一个好老师的心得体会

袁焕

【摘要】 习近平总书记指出,广大教师要做“有理想信念、有道德情操、有扎实学识、有仁爱之心”的好老师,这四个标准是教师队伍建设的新方向。本文通过对“四有”好老师标准的学习,指出高校教师应努力提高自身的能力,践行“四有”好老师标准,进一步促进教师队伍健康发展。

【关键词】 “四有”好老师;高校教师;教师能力

党的十八大以来,习近平总书记从国家繁荣、民族振兴和教育发展的大局出发,深刻阐释了教育工作和教师工作的重要性,2014 年在我国第三十个教师节来临的前一天,即,9 月 9 日,习近平同志在同北京师范大学师生代表座谈时的讲话中,明确提出成为一名党和人民满意的好教师要“有理想信念、有道德情操、有扎实学识、有仁爱之心”。“四有”好老师的标准赋予了人民教师神圣的职责与使命,是新时期进一步加强教师队伍建设和培养高素质专业化创新型教师的行动指南。学习好、领会好、贯彻好及落实好“四有”标准,对于全面提升教师队伍质量和水平,加快推进教育现代化,具有重大而深远的历史意义。

“四有”好老师系习近平总书记对教师职业道德的具体希望和要求。教师职业道德是指教师在其职业生涯中调节和处理与学生、学校、家长、社会、国家及自身等关系所应遵守的行为规范,以及在这一基础上所表现出来的观念意识和行为品质。“四有”好老师的要求准确地反映了新时期教师在处理个人与国家、个人与学校、个人与学生等关系时应遵守的行为规范以及应有的道德素养。

常言道,“学高为师,身正为范”,教师的自身素养对学生的心智影响力不可小觑。在学生成长的过程中,优秀教师的教育理念及对学生的人生指引,能影响甚至决定学生一生的成长。有效地发挥教师主导作用是教育成功的重要条件。教师一个由衷的微笑、一句鼓励的言语与一个冷漠的眼神、一句讥讽的话语,对学生的影响天壤之别,甚至可能造就其不同的人生。在教育这一师生互动过程里,师生关系往往决定着教育的质量以及教学的效果,如何发挥教师的主导地位,充当学生人生之师,是每个教育工作者的出发点和落脚点。

### 一、“四有”好老师的概念及内涵

(1)好老师,是民族的希望。欲民族之复兴,必先文化之复兴;欲国家之崛起,必先文化之自觉。中华文明作为民族之根、民族之魂,是民族复兴和发展的基本依靠力量。而传承文明、发扬文明的重任就落在教育身上,落在教师肩上。当今世界,科技进步日新月异,国际竞争日趋激烈,更加注重科技进步和创新驱动,人才越来越成为推动经济社会发展的战略性资源。教育的基础性、先导性、全局性地位和作用更加突显。从这一意义上看,教师就是托起明天的人。百年大计,教育为本;教育大计,教师为本。人才培养靠教育,教育发展靠教师,好教师是中华

作者简介:袁焕,女,陕西乾县人,管理学硕士,陕西国际商贸学院讲师,主要从事财务管理专业的教学工作,研究方向为实证会计与公司金融。

民族的希望。

(2)好老师,要有理想信念。习近平同志指出:“正确理想信念是教书育人、播种未来的指路明灯。”教师作为一个特别的职业,一方面和其他职业一样要求追求个人成长,另一方面还要指引千千万万社会主义建设者和接班人。作为一名教师,如果没有职业理想,就会迷失方向、动力不足、看不清道路。习近平同志就理想信念的讲话论述不仅指明了信念的社会主义“基准”问题,而且在此基础上进一步深刻地论述了教师的教育对象,以及受教育者的培养方向。一名教师只有与党和人民的教育目标保持一致,才能自觉地把国家的教育方针政策贯彻落实到教育教学实践中去。广大教师要始终同党和人民站在一起,自觉做中国特色社会主义的坚定信仰者和忠实实践者,忠诚于党和人民的教育事业。要用好课堂讲坛,用好校园阵地,用自己的行动倡导社会主义核心价值观,用自己的学识、阅历和经验点燃学生对真善美的向往。

(3)好老师,要有道德情操。师者为师亦为范,学高为师,德高为范。教师的职责是传道、授业、解惑。“传道”是第一位的。子曰:“其身正,不令则行;其身不正,虽令不从。”教师是学生学习和效仿的榜样和楷模,身教重于言教,无德难为师,教师这个崇高而神圣的职业对品行风范提出最为严格的要求。习近平同志曾多次指出道德情操的重要性,而且详细地指出师德修养的途径。教师的道德情操培养既需要通过外部教育,更需要加强自身修养。老师对学生的影响,离不开老师的学识和能力,更离不开老师为人处世、于国于民、于公于私所持的价值观。老师是学生道德修养的镜子。好老师应该取法乎上、见贤思齐,不断提高道德修养,提升人格品质,并把正确的道德观传授给学生。

(4)好老师,要有扎实学识。习近平同志指出,扎实的知识功底、过硬的教学能力、勤勉的教学态度和科学的教学方法是教师的基本素质,其中知识是根本基础。他的这一论述告诉每一位教师,要想胜任教育教学这一工作职责,不仅要有所教专业的学科理论知识,还要在分析时代特点、学生需求的基础上提升过硬的教学能力。同时要具备严谨的教学态度,学习先进的、高效的、学生乐于接受的教学方法。这为教师学识的内涵进行了新的界定,使不同成长阶段的教师认清了自身学识的短缺,同时为拓展与提升自身的学识水平找到了新的发展方向和更广泛的发展目标。好老师还应该是智慧型的老师,具备学习、处世、生活、育人的智慧,能够在各个方面给学生以帮助和指导。

(5)好老师,要有仁爱之心。“爱是教育的灵魂,没有爱就没有教育。”① 习近平同志指出,作为一名教师要有爱心的重要意义,同时为教师指出爱的对象,包括热爱自己的教育岗位,热爱自己所教的学生,同时要热爱身边一切美好的事物。同时,他更加细致地讲述了爱的方法:尊重学生,信任学生,做学生的知心人、好朋友。教师的爱心不仅是自身的素养,而且是一种有效的教学方法,用教师的爱培养学生的爱。有爱心才能有责任,有责任才能有担当,才能有勇气实现教师的远大理想。爱是教育的灵魂,没有爱就没有教育。好老师要用爱培育爱、激发爱、传播爱,通过真情、真心、真诚拉近同学生的距离,滋润学生的心田。好老师应该把自己的温暖和情感倾注到每一个学生身上,用欣赏增强学生的信心,用信任树立学生的自尊,让每一个学生都健康成长,让每一个学生都享受成功的喜悦。

## 二、做“四有”好老师的途径与方法

近些年来,虽然高校教师的学历水平有所提高,知识结构有所改善,但从前面习近平同志

① 习近平.做党和人民满意的好老师[N].人民日报,2014-09-10(2).

所提出的好教师标准来看仍然存在较大的差距。随着社会发展的不断变化，对人才培养的需求也提出新的要求，故而对教师的能力要求也随之发生改变。教师既要懂得“教什么”，也要懂得“如何教”。教师应该达到学科专业知识与教育教学能力的统一，将学科专业与教育专业由引整合，同时要注重与信息技术的融合。教师能进行有效教学，一是要拥有自己所从事专业的知识和技能等，二是要用知识和技能帮助学生获得这些专业内容，这也是教师专业发展必不可少的两类基本知识，即“学科性”知识和“教育性”知识①。而目前实际状况是大多数教师这两方面发展不平衡，或达不到要求，不仅新教师经验不足，而且从教多年的某些老教师也不能较好地适应新的教学需求。

**1. 加强师德修养**

师德修养是教师在从事教育教学工作中逐步形成的道德观念、道德情操、道德行为和道德意志，是教师从事教育工作时应该遵循的行为规范和必备的品质，它体现着社会和人民对教师的希望和要求。为了维护教师这一崇高的职业，提高自身教学水平和进一步加强自身师德修养，老师就要以塑造教师良好形象为方向，并以关注学生为己任，以学生的成长为目标，在不断充实、不断完善自我的同时，加强师德修养。

**2. 提升专业能力**

能力是完成一项目标或者任务所体现出来的素质。显然，教师能力就是教师为完成教育教学任务所体现出来的综合素质。教师所具备的实际能力和教育教学所需要达到的能力之间存在一定的差距，这种差距的补足无疑需要一定的时间。这是一种长期的动态提升过程，是通过终身专业训练，依托专业组织，习得教育专门知能与规范，取得教师资格，实施专业自主，表现专业道德，逐步提高自身从教素质，成为一个良好的教育专业工作者的专业成长过程。目前教师的作用和地位已经发生深刻变化，由知识的传播者转变为学习的促进者，由“黑板加粉笔”的“教书匠”转变为善于整合技术和方法，使教学成为既是科学又是艺术的专业工作者。教师职业的专业化要求教师的教学不再仅仅是“传道、授业、解惑”的过程，而是师生共同学习、共同探究新知的过程，是师生共同发展的过程，也是教师的职业理想、职业道德、职业情感和社会责任感不断成熟、不断提升和不断创新的过程。

**3. 提升教学能力**

教师专业发展需要经历从师范生到入门教师，从入门教师到合格教师，从合格教师到优秀教师的持续发展过程，前一发展阶段是后一发展阶段的基础，后一发展阶段则是前一发展阶段的拓展与延伸。教师专业发展是持续的、终身的，而在教师职业生涯发展的不同阶段是有侧重的，同一阶段发展又是多层面的。随着高等教育大众化阶段的到来，高等教育人才培养的质量已经越来越被社会所关注，因此，提高高等教育的教学质量，已经成为我国高等教育扩招后的一个重大而紧迫的问题。在影响高等教育教学质量的众多因素中，高校教师的教学能力是最直接、最重要的因素之一。高校教师教学能力的提升可以从教材转化能力、教学研究能力、教学创新能力和科研成果的转化能力四个方面着手。

**4. 提升社会实践能力**

高等学校承担着培养人才、科学研究和社会服务三大职能。以“以服务为宗旨，以就业为导向”为办学方针的高职院校与普通高校相比，其社会服务的职能更为突出，意义更为重要。随着社会经济的发展，高职院校仅仅为社会提供人才、强调特色专业建设是远远不够的，还应加强教师的科研能力，提升其社会服务的功能①。高职院校提升社会服务能力，是区域经济社

① 王卫军. 教师信息化教学能力发展研究[D]. 兰州：西北师范大学，2009.

会发展的客观要求,也是高职院校自身生存发展的需要。作为高职院校的教师,除了教书育人,传播先进思想和知识之外,还应该承担起直接将这些知识和文化转化成生产力和社会效益的责任,切实地利用自己的知识文化投身于社会实践,直接服务于社会。

总的来说,习近平同志提出的“四有”好老师,目的是清晰界定“好老师”的标准,指明广大教师努力奋斗的方向,赋于其明显的价值取向性,它既是评价尺度,又兼具规范引领作用。每一位身在一线的教师,需要结合自己的实际工作岗位,通过一定的有效途径,在已有的基础上逐步向“好老师”标准看齐。概括来说,可以通过诸多途径提升发展,包括在学习研究中提升,在观察思考中提升,在团队引领中提升,在解决问题中提升,在严格管理中提升②,并且这种提升不是一成不变的,而是永无止境、动态发展的。

① 高海风. 高职院校教师社会服务能力提升途径探析[J]. 中国市场,2016(15):168－169.

② 陈祖召. 习近平“四有”好老师和博尔坎“四有”魅力老师概念比较分析[J]. 贵州师范学院学报,2015(10):95－100.

# 习近平关于高等教育与社会服务论述对地方本科高校的启示

张玲

【摘要】 新形势下地方本科高校教育教学工作仍然面临巨大的压力和挑战，针对当前地方本科高校教学与社会服务关系中存在的主要问题，我们要深刻领会习近平有关高等教育与社会服务关系论述，这有助于推进地方高校教育教学改革，提升地方高校与社会服务关系进一步融合，时刻将适应需求主动服务作为地方高校转型发展的着力点，通过改革学科专业设置，加强实践教育，完善社会服务体系建设等措施推进地方高校转型发展。

【关键词】 高等教育；社会服务；需求

十八大以来，全国上下深刻学习领会习近平系列讲话精神，习近平同志曾多次提出教育要牢牢地把握服务发展促进就业的理念，随着高等教育综合改革工作的深入推进，许多地方本科院校将目光瞄准向应用技术型高校转型，2014 年 5 月 2 日，国务院也正式发布了国务院关于加快发展现代地方本科高校教育的决定，明确支持和鼓励地方本科高校向应用技术型大学转型①。通过整理学习习近平同志各个时期有关教育与社会服务关系的论述发现，习近平同志的论述对于当前地方本科院校转型发展具有极高的指导意义。因此，在发挥好习近平总书记提出的新思想、新论断来构建地方高等教育与社会服务之间的关系中的指导和引领作用，力争突破传统理论传授的教学框架，用充实鲜活的教学内容探索灵活的教学方法，提高课堂活力，拓展实践教学等方面进行有益的探索和尝试，加强科学合理的地方高校教学体系构建，对探寻地方本科院校提高社会服务能力，实现地方本科院校转型发展具有重要的借鉴意义。

## 一、习近平同志关于教育与社会服务需求的论述

### 1. 十八大前，习近平同志关于教育与社会服务的阐述

习近平同志在重视教育的基础上，更突出强调要通过教育实现每个人都有人生出彩机会，而要使人生出彩机会得以实现，就要求我们的教育尤其是高等教育要更紧密地与社会服务结合在一起②。习近平同志还提出了非常具有指导性的意见，即要努力把教育的热能转化为经济发展的动能，既强调教育的普及，又讲究教育的实效，要在经济实力不足的情况下，讲究办教育的效益③。

### 2. 十八大以来，习近平同志关于教育与社会服务的阐述

十八大以来，习近平同志站在全局和战略高度，多次对教育工作做出重要指示，提出了许多富有创见的新思想、新观点、新要求，其中有很多关于教育要服务社会发展的论述④。2014

① 陶小平．当前高校思政课教学中存在的突出问题及对策选择[J]．喀什师范学院学报，2015(2)：79－82.

② 蒋家胜，贺继明，李丹．简论高职院校思想政治理论课的价值存在与教学能力目标[J]．思想理论教育导刊，2016(9)：129－132.

③ 蔡春，扈中平．从“独白”到“对话”——论教育交往中的对话[J]．教育研究，2002(2)：49－53.

④ 陈秉公．试论思想政治理论课教材体系向教学体系转化的规律性[J]．思想理论教育导刊，2008(9)：42－43.

作者简介：张玲，女，陕西西安人，硕士研究生，陕西国际商贸学院讲师，主要从事区域经济和财务管理研究。

年9月9日,习近平同志在北京师范大学师生代表座谈会中指出教育是为人民服务,为中国特色社会主义服务,为改革开放和社会主义现代化建设服务的。在2015年6月23日召开的全国职业教育大会上习近平同志也指出,职业教育要牢牢地把握服务发展促进就业的办学方向,深化体制机制改革①。习近平同志关于教育工作的重要论述,指明了我国教育改革发展的目标和方向,揭示了中国特色社会主义教育的本质和发展规律。这些有关教育服务社会需求的思想为新建本科高校深化教育改革,推进应用型高校转型发展提供了重要理论指导。

**3. 习近平同志关于教育与社会服务思想对地方本科院校的启示**

随着教育部对地方本科院校向应用技术类型高校转型发展方针的确立,地方本科院校也迎来了转型发展的新机遇。但与此同时,地方本科院校也面临着如何成功转型的问题。习近平同志关于教育与社会服务思想为地方本科院校向应用技术型转型发展提供了重要的理论参考和转型启示,即适应需求和主动服务。潘懋元先生认为,应用技术型大学非常重要的一大特点就是要根据市场的需要培养适销对路的人才,通过培养应用技术型人才提供技术指导和服务来服务社会发展。因此,地方本科院校的应用技术型转型就应牢固树立以适应需求为导向,以主动服务为宗旨的办学理念②。

## 二、地方本科院校转型发展的路径选择

**1. 从人才培养角度看,地方本科院校应适应需求,改革学科专业设置,加强实践教育建设,培养符合需求的人才**

是否符合市场需求是检验人才培养的关键指标。近年来,出国留学和放弃读大学的学生日渐增多,认为大学生不如农民工的言论也甚嚣尘上,而从就业市场来看,市场对应届毕业生的需求也呈两极化发展。较好的企业在招聘人才时往往在招聘条件上设立种种障碍,排挤地方本科院校学生,而对普通的企业,往往大专学历要比本科学历更具优势。究其原因,固然有高校扩招带来的人才过剩,但更重要的是,地方本科院校专业设置的不合理以及大学生实践技能的严重匮乏,因此,应该从以下几个方面来培养符合需求的人才。

1)转变发展思维,重新确立人才培养目标

在新形势下,地方本科高校要想更好地发展,就必须转变发展思维,重新确立人才培养的目标。地方本科高校经过前期的发展,在硬件设施建设和招生规模上已经达到或接近峰顶,一味地追求学校规模的扩大已不符合经济社会发展趋势,高校必须转变发展思维,立足人才培养,推进内涵发展,提高人才培养质量。另一方面,地方本科高校应从社会需求的实际出发,充分结合自身的办学条件和办学优势,科学而合理地设置学科专业。

2)立足区域需求,优化学科设置

地方高校要在科技经济教育文化等方面为地方社会提供服务,设置合理的专业是实现这些服务职能的重要保证。地方本科高校应从区域实际需求出发,结合自身的办学条件和办学优势,充分利用地方的地缘优势、资源优势和产业优势,调整学科专业结构,找寻适合的学科发展方向,设置对口专业,建设自己的特色专业,发挥专业的龙头作用和品牌效应,满足地方经济和社会发展的需求。

① 张良. 职业素质本位的高职教育课程建构研究[D]. 长沙:湖南师范大学,2012.

② 陆文敏. 知行合一思想政治教育模式及其实现路径[J]. 当代教育理论与实践,2013(4):135-136.

3）调整课程体系和教学内容，加强实验实习和实训教育

地方本科院校在增设对口专业的基础上，要进一步调整课程体系和教学内容，将教学与实践相结合，强化实践环节的教育和实践技能的培养，通过合作教育、产学结合等多种理论与实践教育相结合的形式，落实大学生的实验实习和实训教育，使毕业生一步入社会就能尽快进入工作角色，适应工作和社会环境，尽快为社会创造效益。

4）注重双向沟通，优化教学过程

作为大学教师要勇敢地彻底地摆脱课堂说教状态，自觉摒弃被时代淘汰被学生厌烦的话语体系和教学方法，注重双向沟通，促进“独白”到“对话”的转变，不断地优化整个课堂教学过程。针对当前不少领导干部话语平庸的现象，习近平总书记也进行过非常形象的描述。其实，广大的高校教育者同样面临着相似的境遇，大学课堂上，大部分老师仍然垄断着话语叙述的表达权，惯于采取命令式语气，教学语言教学理念都带有十分浓厚的过去式气息。所以，在教学过程中，教师既要保持必要权威，又要以对待朋友的态度关照大学生；善于通过分析、思考大学生们热衷的网络资料、微信等媒介信息去认识学生，走近学生，同时通过巧妙的话语转换，让我们的教育教学话语彰显亲和力，提高学生对课程的认同度。

在互联网+时代背景下，高校教师还要不断地运用新媒体、新技术来创新教育教学方法。习近平总书记在全国高校思想政治工作会议上指出，要运用新媒体、新技术使工作活起来，推动高校工作传统优势同信息技术高度融合，增强时代感和吸引力。面对当前高校教学不理想的现状，适时地将信息技术有效地融入课堂教学过程中，让教学内容和互动话题通过图表、图像、动画及微电影等方式生动地呈现出来，使学生感受到不一样的听觉和视觉效果，在调动学生探究问题的兴趣的同时增强教学效果。

**2. 地方本科院校应树立办学新理念，完善社会服务体系建设，主动服务经济社会发展**

地方本科院校在我国高等教育体系中的层次定位是面向地方经济社会发展，为区域培养高素质劳动者的教学型大学。这一定位表明，与老牌大学为社会发展重大理论需求和技术需求相比，地方本科院校主要是以提供教学和服务为主。既然地方本科院校人才培养、科学技术都无法与老牌院校相比，那么，地方本科院校要在激烈的竞争中获得自身发展，就更应该树立经营理念，完善社会服务体系建设，主动服务社会，不断发展壮大自己。

1）树立办学新理念

在激烈竞争的市场经济条件下，地方本科院校要想在竞争中获得发展，就必须打破传统的办学理念，用现代企业经营的理念经营大学。我们知道，大学拥有大量为社会服务的知识，但却严重缺乏把这些知识用于实践的途径和渠道，如果大学为社会服务的知识不能转化为社会生产力，造福社会，那么公众就会认为大学学习是没有必要的，进而认为大学是无用的，那么大学就失去了存在的根基，因此，就不会再为大学提供经费了。所以，在当前的社会背景下，高校应以经营企业的理念，引入优胜劣汰的竞争机制，激发大学的发展动力。

2）完善服务体系

完善服务体系，一是要完善服务平台，构建开放式的服务体系。地方本科院校应利用与地方政府关系密切的优势，积极建立和完善与政府合作平台、与行业协会合作平台以及与企业合作平台等多种服务平台，积极引导广大教师与政府企事业单位开展科研项目合作，共建产学研联合体。二是创新服务模式。地方高校要主动构建全方位的服务体系，通过开展科技公关项目联姻成果孵化等形式，联合政府企事业单位积极开展多种形式的产学研合作，建立面向区域

的开放式科技创新服务模式。三是整合社会资源，构建立体化的服务体系。通过完善组织机构寻求政府支持引入互动机制等途径，建立高校、政府、社会三者间良性互动的运行机制，保证服务体系的高效运行。

3）拓展服务领域

地方本科院校还应在调研区域社会经济结构和经济发展需要的基础上，充分发挥自身优势，积极拓展社会服务领域。例如，地方本科院校应结合本地区历史文化传统，参与开发地方历史文化遗产与资源，挖掘地域文化，光大地方文化精神，为提升地方文化品位提供优质服务。

# 新时代高等教育公平思想探究

康卫忠

【摘要】 教育公平是社会公平在教育领域的延伸。新时代高等教育思想中蕴含丰富的公平思想和实践策略。大力促进高等教育公平,必须全面深化高校招生制度改革和创新创业教育改革,在注重机会公平的同时坚持补偿原则,提高贫困地区人群的高等教育入学数量与质量,打破影响高等教育公平的壁垒,通过公平的高等教育阻断贫困代际传递,实现社会和谐及社会公平。

【关键词】 新时代;高等教育;公平;探究

公平是自古以来人类梦寐以求的最高理想。教育公平,是社会公平在教育领域的延伸,是社会公平的重要体现。我国高等教育的公平问题近年来随着经济社会改革的不断深入而日益突显,并成为社会公平公正问题的主要表现之一。实现高等教育的公平公正,是教育理想的崇高追求,更是新时代中国特色社会主义的内在要求。

习近平总书记长期关心教育,关注高等教育发展,对现阶段高等教育中存在的不公平现象提出了许多重要论断和实践策略,形成了具有新时代指导意义的高等教育公平思想。

## 一、新时代高等教育公平思想的形成背景

习近平同志长期关注高等教育发展,他着眼于中华民族的伟大复兴,立足于治国理政实践,聚焦于高等教育时弊,对高等教育的改革发展做出了精辟论断,进行了全局谋划,成为当前高等教育发展的指导思想。同时,习近平同志多次提到教育公平问题,对高等教育的公平问题多次提及并作出了重要指示。

习近平同志多次强调,“高等教育发展水平是一个国家发展水平和发展潜力的重要标志”。在关于教育的系列讲话中,习近平同志高度强调公平问题。2014 年 9 月 9 日,习近平在北京师范大学考察讲话中指出:“目前,教育短板在西部地区、农村地区和老少边穷地区,尤其要加大扶持力度。少年强则中国强,中西部强则中国强。”①2015 年 10 月,习近平在演讲中指出:“扶贫必扶智,让贫困地区的孩子们接受良好的教育,是扶贫开发的重要任务,也是阻断贫困代际传递的重要途径。我们正在采取一系列措施,让贫困地区每一个孩子都能接受良好教育,让他们同其他孩子站在同一条起跑线上,向着美好生活奋力奔跑。”②2016 年 9 年 9 日,习近平在北京市八一学校考察时说:“要优化教育资源配置,逐步缩小区域、城乡和校际差距,特别是要加大对革命老区、民族地区、边远地区和贫困地区基础教育的投入力度,保障贫困地区

① 习近平．青年要自觉践行社会主义核心价值观——在北京大学师生座谈会上的讲话[EB/OL].(2014-05-05)[2017-06-13]. http://www. xinhuanet. com/politics/2014-05/05/c_1110528066_3. htm.

② 习近平．在 2015 减贫与发展高层论坛的主旨演讲:携手消除贫困促进共同发展[EB/OL].(2015-10-19)[2017-06-13]. http://politics. people. com. cn/n/2015/1017/c1024-27708324. html.

作者简介:康卫忠,男,甘肃渭源人,教育学硕士,陕西国际商贸学院助教;研究方向为高等教育和德育原理。

办学经费，健全家庭困难学生资助体系。要推进教育精准脱贫，重点帮助贫困人口子女接受教育，阻断贫困代际传递，让每一个孩子都对自己有信心、对未来有希望。”

促进教育公平，是以习近平同志为核心的党中央对当下教育事业发展的价值取向与实践追求。2013 年在党的十八届三中全会《中共中央关于全面深化改革若干重大问题的决定》中明确要求“大力促进教育公平，逐步缩小区域、城乡、校际差距”。习近平高度重视和关注教育公平问题，发表了系列讲话，明确了高等教育公平的价值、取向、目的和措施等诸多方面。

## 二、新时代高等教育公平思想的核心要义

总结和梳理习近平关于教育公平讲话精神，其主体内容包括：一是教育要惠及每一个人，让每一个人通过教育提升能力，获得出彩的机会；二是优化教育资源配置，缩小教育差距，实现教育均衡发展；三是要实现教育公平，必须着力对贫困地区和人群进行教育精准脱贫，阻断贫困代际传递；四是强调要做好顶层设计，以招生考试制度改革作为推进和实现教育公平的切入点。这些思想内容，虽然是对教育公平的整体认知和指示，但实然地指出高等教育公平发展的目的和举措；同时，这些思想具有深厚合理的理论依据，成为当前我国高等教育公平发展的思想基础和指导方针。

新时代高等教育思想中理论内涵丰富，实践特色鲜明。习近平多次提及高等教育的公平问题，注重社会和谐与公平公正。明确高等教育必须要全面深化改革，通过改革破除体制机制中的某些束缚与制约，调动高校的积极性和创造性，促进高等教育发展。高等教育必须大力促进公平，在注重机会公平的同时，更要坚持补偿原则，提高贫困地区人群的高等教育入学数量与质量，通过公平的高等教育阻断贫困代际传递。

## 三、新时代高等教育公平思想的现实审理

教育公平是人的发展的基础，更是社会公平的基础。每个人都应有接受教育和公平占有教育资源的机会，并能通过教育获得理想就业和实现人生最大价值的机会。公平会让每个人都有生存和发展的机会，可以说，公平是人类自古以来梦寐以求的最高理想，也是新时代中国特色社会主义“中国梦”的内在要求。

美国著名政治哲学家、伦理学家约翰·罗尔斯(John Rawls)在其名著《正义论》中提出公平的两项基本原则：自由权利优先原则和差异原则。自由权利优先原则的核心就是机会公平，差异原则主要是对弱者进行补偿和保护。罗尔斯极为重视和坚持差异原则，他认为，“为了平等地对待所有人，提供真正的同等机会，社会必须更多地关注那些天赋较低和出生较不利的社会地位的人们。”

在理论形态上，教育公平的核心内容包含起点公平、过程公平和结果公平。起点公平是指受教育者权利和受教育机会公平；过程公平是指公共教育资源配置公平，结果公平是指教育质量公平”①。以此标准来审视我国当前高等教育，三者均存有一些不公平不公正的现象。

(1)从权利和机会公平角度来看，高等教育公平问题最为突出。其本质就是高等教育入学机会公平问题。现阶段我国高等教育招生政策是分省定额，划线录取。在各省市区招生名额划定标准中，主要依据就是高等教育资源的多寡，而忽略了考生数量这一更为关键的要素，

① 王善迈．教育公平的分析框架和评价指标[J]．北京师范大学学报(社会科学版)，2008(3)：17－19．

造成各省市区考试入学的不公平。就各省市区而言，在“虹吸效应”的作用下，中学的优质资源不断向城市的名校流动，城市与农村、发达地区与欠发达地区、名校与普通学校之间考生入学呈现突出的“马太效应”，城市名校的考试入学率高、质量好，示范学校或重点学校学生考入本科以上高校的机会远远要大于非重点学校。实际上，经济发展差距过大引发的教育发展差距是当前教育公平隐匿的重要因素。据调查，“985”高校中的农村考生比例仅为 20.8%，更多农村考生进入二本、三本院校。此外，随着社会经济的发展，优质民办中学不断涌现，硬件基础良好，高薪聘请名师，遵循市场规律进行办学，其高考入学质量得到社会认可，但高昂的学费实际上进一步拉大了不同家庭背景学生的入学差距，机会公平的裂痕更加凸显。以此观之，家境、户籍成为学生能否步入高校，尤其是步入重点大学的极为关键的隐形要素，入学机会公平成为显性规则下的顽疾与壁障。

（2）从过程公平角度考量，高等教育公平问题特别明显。过程公平考量的是学生接受高等教育的质量。我国高校分化非常明显，双一流、985、211，部属、省属和市属院校间质量不一，差异很大，尤其是发达地区高校和欠发达地区高校的软硬件资源差异显著。2017 年 1 月，教育部办公厅发布的《关于坚持正确导向 促进高校高层次人才合理有序流动的通知》中明确指出，不鼓励东部高校从中西部、东北地区高校引进人才，力图扭转“孔雀东南飞”的人才流动现象。“高校之间资源配置分化生成教育质量优劣的现实，普通高校尤其是欠发达地区高校学生培养质量不高，成为学生及家庭通过教育改变命运的社会问题，读书无用论开始抬头，教育的功能和价值被悬置和异化。”①

（3）就结果公平角度而言，高等教育公平问题更为直接。在普遍意义上，学生就读高校的层级和质量与其就业成明显正比关系。用人单位，尤其是好的单位更倾向 985、211 高校的毕业生，甚至将毕业学校作为入职定位门槛。在当前学历文凭不断贬值的形势下，“好大学”已经成为用人单位筛选人才的重要信号，名校的学缘关系、校友会等已成为结果不公平的进一步延续和证明。另外，由于我国城乡二元社会结构的深层次矛盾，城镇和农村学生在就业结果上也存在较为明显的差异。据调查，城市家庭出身的毕业生就业率为 87.7%，而农村家庭出身的毕业生就业率仅为 69.5%。

依据教育公平理论分析当今教育现状，高等教育公平存在问题毋庸置疑。事实上，教育公平出现问题的核心在于资源配置的失衡与不合理。教育作为政府应当提供的公共产品，其公平实现程度与政府息息相关。《国家中长期教育改革和发展规划纲要（2010—2020 年）》明确指出，“教育公平的主要责任在政府”。弥足珍贵的是，习近平高等教育思想特别重视和凸显教育补偿，通过政策的制定和实施，有力地推动我国高等教育公平发展进程。

毋庸讳言，高等教育的公平问题是伴随着经济社会改革的不断深入而日益突显的。“倘若高等教育更多地向低社会阶层、低收入群体开放，就可以提高他们占有社会财富的份额，使更多弱者摆脱贫困而向上流动，从而缩小社会贫富差距，提高社会公平程度。”②

从根本上说，高等教育公平的落脚点是就业过程和结果的公平，核心取向是促进大学生实现高水平的就业。假如学生付出高成本投资高等教育，却不能获得公平的教育效果，“毕业即失业”的现象不但会形成高收费低就业的心理反差，而且会造成“因教致贫、因教致困”问题。

① 邓丽群，王玉珏．习近平高等教育思想研究[J]．四川理工学院学报（社会科学版），2017(5)：57－70.

② 张继平．高质量高等教育公平的主要特点及实现机制[J]．高等教育研究，2016(2)：13－18.

因此以质量保证提升就业水平是促进高等教育成功机会公平的根本方法。若每一所高校都在其所属领域或行业办出特色、创建一流，每一个学生都能获得名副其实的优质高等教育和特质高等教育，不但能化解高等教育市场上的供需矛盾，而且能提高人才培养与社会需求的契合度和学生求职与单位用人的满意度，有效地破解大学生就业难的问题，提升高等教育公平水平和社会公平水平。习近平高等教育思想契合当前实际，抓住问题的关键，耦合公平理据，通过政策落实，我国高等教育公平发展将取得积极的进展和成效。

## 四、新时代高等教育公平思想的实践成效

在当前阶段，我们应当深入理解教育公平的内涵及要义，分析现阶段影响高等教育投入、师资队伍建设，制约高等教育公平的主要因素以及实现公平目标的制度措施。从实践层面看，习近平高等教育公平思想已得到有效的贯彻与落实，我国高等教育公平政策到位、措施得力，进程加速，效果显著。

（1）不断提高高考录取率。从普遍意义上讲，提升高考录取率，提高公民接受高等教育的比例，已成为落实推进高等教育公平的现实体现。近年来教育部公布的相关数据显示，2012 年以来，高等教育发展明显，提供机会让更多的人进入高校接受教育。一是高校数量增加明显，2012 年，全国共有高等学校 2 790 所，2016 年达到了 2 879 所，增加了 89 所；二是高等教育毛入学率逐年稳步提高，2012—2016 年高等教育毛入学率为 30.0%、34.5%、37.5%、40.0%、42.7%；三是高等教育总规模大幅度提高，2012 年全国各类高等教育总规模达到 3 325 万人，2016 年升到 3 699 万人，比 2012 年增长了 374 万人。从这三项核心指标看，公民接受高等教育的机会逐年明显提高，成为高等教育公平发展与效果的直接证明。

（2）落实补偿原则，不断提高农村和贫困地区学生高考录取质量和数量。2014 年，《国务院关于深化考试招生制度改革的实施意见》（国发〔2014〕35 号）下发，从改进招生计划分配方式、改革考试形式和内容、改革招生录取机制、改革监督管理机制、启动高考综合改革试点五个部分和十八个方面对考试招生制度进行全面优化和改革，明确规定："提高中西部地区和人口大省高考录取率""严格控制属地招生比例"等，在国家制度层面上进一步确立落实教育公平的补偿原则。基于此，国家对高校招生制度进行改革完善，针对贫困地区和人群专门实施了"农村和贫困地区定向招生专项计划"和"支援中西部地区招生协作计划"。据统计，2012 年以来国家专项计划定向招收贫困地区学生，实施区域覆盖所有集中连片特殊困难县和国家级扶贫开发重点县，招生计划由 2012 年的 1 万人增至 2017 年的 6.3 万人。"五年来，上述专项计划累计招收农村和贫困地区学生 27.4 万人，初步形成保障农村和贫困地区学生上重点高校的长效机制，有效促进了城乡入学机会公平。"①

（3）创新兴教，促进学生的学业成功。高等教育公平的根本目的就是通过创新创业教育为每个学生提供相对均等的成功机会，获得学业成绩尤其是就业方面的公平待遇和公平感受。近年来，国家出台了一系列包括工商、税务等方面的优惠政策鼓励大学生创业，并多渠道创造就业岗位，全力解决高校毕业生就业难问题。各高校主动适应经济发展新常态，以推进素质教育为主题，以提高人才培养质量为核心，分阶段分层次地进行创新思维和创业能力教育，已初

---

① 教育部有关负责人就 2017 年普通高等教育招生计划管理工作答记者问[EB/OL].(2017-05-10)[2017-06-13]. http://www.noe.gov.cn/jyb_xwfb/s271/201705/t20170510_304227.html.

显成效。

十八大以来，各地各高校采取有力措施，不断深化创新创业教育改革，推进创新创业教育与专业教育有机融合，组织实施国家级、省级大学生创新创业训练计划项目，不断加强孵化平台、创业基金及行业导师库等支撑体系建设。据统计，目前我国大学毕业生创业率已超过3%，超过发达国家近一倍，这是我国高校创新创业教育改革的实践成果。同时已初步形成了一批典型经验和制度成果，进一步提升了学生的创新精神、创业意识和创新创业能力。

## 五、结语

党的十九大报告明确提出，要推进教育公平。将教育公平作为加强和创新社会治理的优先方面，教育发展成果由人民共享，是新时代教育公平思想的理论精髓，更是新时代中国特色社会主义思想本质要求在当前的伟大实践①。

当前影响中国高等教育发展的重要因素就是教育公平，可以说它严重影响着民族和国家的长远发展。我们要深入理解新时代高等教育公平思想的深刻内涵，进行科学、合理的教育决策，打破影响高等教育公平的壁垒，改革现行基础教育体制、改革高校招生制度以及改善高校布局等，建立一个全新的公平的教育运行机制。唯其如此，才能促进我国高等教育的规范、有序和可持续发展，才能满足人民群众对高等教育的需求，才能实现社会公平正义的崇高理想。

① 吴跃东．习近平教育公平思想研究[J]．上海师范大学学报(哲学社会科学版)，2018(1)：56－62.

# 陕西省教育扶贫现状、特点、问题及建议
## ——贯彻落实习近平“教育公平”思想的思考

齐凤祥

**【摘要】** 陕西省教育扶贫是贯彻习总书记“教育公平”思想的重要举措,文章回顾了陕西省教育扶贫现状,总结了陕西省教育扶贫特点,对存在的问题进行分析,最后对陕西省教育扶贫提出了具体建议,以实现习总书记所希望的“促进教育发展成果更多更公平惠及全体人民,以教育公平促进社会公平正义”的目标。

**【关键词】** 陕西省;教育扶贫;教育公平;精准扶贫

习近平总书记指出,教育公平是社会公平的重要基础,要不断促进教育发展成果更多更公平惠及全体人民,以教育公平促进社会公平正义①。陕西省为了贯彻习总书记这一思想,2007—2018 年开展了十多年教育扶贫工作,并取得一系列的成果。下面将针对陕西省教育扶贫现状、特点、存在的问题及建议逐一进行研究分析,以更好地促进陕西省教育扶贫工作进一步发展,实现习总书记提出的“教育公平”的目标。

### 一、陕西省教育扶贫现状

陕西省教育扶贫从2007 年开始起步,至2018 年陕西省教育扶贫又打出“组合拳”,已经经历了十多年发展历程②。

2007 年国家决定在陕西省等五省市开展生源地信用助学贷款试点工作。

2009 年陕西率先在农村义务教育中小学校实施学生营养“蛋奶工程”,保证每天供应学生一袋牛奶和一个鸡蛋。

2011 年陕西实施学前教育三年行动计划,并在全国第一个实行学前一年教育免保教费和贫困家庭儿童补助生活费政策。

2012 年陕西率先建立了高等学校特困学生“全程全部”资助工作制度。

2013 年全省 107 个县级学生资助管理中心通过达标验收,在全国第一个实现了县级学生资助中心全覆盖目标。

2016 年陕西对贫困家庭就学子女实施精准资助,资助资金落实全覆盖。

2106 年陕西公布了“十三五”期间教育扶贫方案③。

2017 年陕西教育厅成功地研发了“陕西省教育精准资助管理信息系统”。

2017 年陕西教育厅把抓好“教育精准扶贫”作为工作要点,对建档立卡家庭子女从幼儿

① 顾明远. 习近平教育思想指引中国教育改革和发展前进方向[N]. 中国教育报,2017-07-26(1).

② 兜住你的学费:图解陕西省教育扶贫十年历程[EB/OL].(2017-08-01)[2018-05-25]. http://www.sohu.com/a/161536079_151037.

③ 陕西省教育厅. 陕西:教育扶贫实施方案[EB/OL].(2016-04-22)[2018-05-24]. http://www.gaokao.chsi.com.cn/gkxx/2c/ss/201604/20160422/1530145799.html.

作者简介:齐凤祥,男,山东聊城人,硕士,经济学讲师,研究方向为市场经济学。

园、小学、中学、大学直至就业实行“一条龙”帮扶①。

2017 年陕西省教育厅下发了《关于做好 2017 年普通高校家庭经济困难新生入学资助项目有关工作的通知》,对集中连片特困地区、国家扶贫开发工作重点县和革命老区县“本年度普通高校家庭经济困难新生赴校交通费及短期生活费进行一次性补助”,并公布了入学资助项目分配方案②。

2018 年陕西省教育扶贫又打出“组合拳”:完善“控辍保学”“七长责任制”等基本制度和教育精准资助信息系统,重点关注留守儿童等特殊群体,确保义务教育阶段贫困户学生不因为贫困辍学,优先保障建档立卡家庭学生享受资助;要求特岗教师、“国培计划”向深度贫困县一线教师倾斜,落实 43 个国家集中连片特困县乡村教师生活补助提高标准政策,推进中小学教师、校长交流轮岗不低于 10%;引导和支持省内高职院校与贫困县职教中心继续举办“3 +2”高职教育,把贫困地区未升学初高中毕业生纳入免费培训计划;举办农民学院、产业培训班等,探索建立“贫困户 + 合作社 + 学校”的农产品产销模式,帮助贫困人口脱贫致富等③。

2007—2016 年,陕西教育扶贫共资助各学段学生 7 589.09 万人,资助资金总额 493.71 亿元,其中财政投入 467.23 亿元,学校资助 22.95 亿元,社会资助 3.53 亿元。录入建档立卡家庭学生 60.84 万人,并由此形成了覆盖各个学段具有“陕西特色”的学生资助模式。

学前教育阶段:学前一年达到每生每年1 300元标准,免除保教费和补助公用经费;对贫困家庭幼儿、孤儿和残疾儿童接受学前教育按照每生每年 750 元标准进行资助;对中班和小班按照每生每年 400 元标准补助公用经费。

义务教育阶段:全面免除城乡义务教育阶段学生学杂费,农村和城市享受最低保障政策家庭的义务教育阶段学生免费提供教科书,对家庭经济困难寄宿生提供生活补助费,小学每生每年 1 000元、初中每生每年 1 250 元,同时全面实施农村学生营养改善计划,每生每年补助 800 元。

普通高中阶段:所有学生免除学杂费,对建档立卡贫困户普通高中在校生,每生每年最高档 2 500 元发放助学金补助。

职业教育阶段:对中职在校生免除学费,贫困生每年每生补助 2 000 元生活费,贫困中职及高职在校生享受国家教育资助政策,同时给予每人一次性 3 000 元扶贫助学补助。

普通高校阶段:建立了国家奖学金、国家励志奖学金、国家助学金、国家助学贷款、退役士兵教育资助、服义务兵国家资助、直招士官国家资助和新生“绿色通道”等多种形式的资助政策体系,由高校向学生发放助学金,一般贫困生每生每年 2 500 元,特困生每生每年 3 500 元,建档立卡家庭子女每生每年 6 000 元。

对在读研究生实行国家奖学金、学业奖学金、国家助学金、国家助学贷款以及“三助”津贴等资助;加大就业创业支持力度,各高校建立了家庭经济困难毕业生信息台账,对各类就业困难群体开展就业指导、岗位推荐和经费补贴等精准帮扶;对低保家庭毕业生、残疾毕业生和享受国家助学贷款的 2.95 万名毕业生,每人发放一次性求职创业补贴 1 000 元。

① 许祖华. 陕西今年将推进效率精准扶贫[EB/OL]. (2017 - 02 - 08) [2018 - 05 - 30]. http://www.xinhuanet.com/Politics/2017 - 02/08/c_/1120432338.htm.

② 陕西省教育厅. 关于做好 2017 年普通高校家庭经济困难新生入学资助项目有关工作通知[EB/OL]. (2017 - 05 - 15) [2018 - 05 - 29]. http://www.snedu.gov.cn/jiaoyuting wenjian/201705/15/12246.html.

③ 程伟. 陕西教育扶贫打出“组合拳”助力全省脱贫攻坚[EB/OL]. (2018 - 02 - 09) [2018 - 05 - 25]. http://www.sxdaily.com.cn/n/2018/0209/c266.

## 二、陕西省教育扶贫的特点

### 1. 从一般性的扶贫逐步过渡到精准性的扶贫

陕西省2007年开展了生源地信用助学贷款试点工作,2009年实施了学生营养“蛋奶工程”,2011年实施了学前教育三年行动计划,2012年率先建立了高等学校特困学生“全程全部”资助工作制度,2013年在全国第一个实现了县级学生资助中心全覆盖,2016年对贫困家庭就学子女实施精准资助,2017年陕西省教育厅成功地研发了“陕西省教育精准资助管理信息系统”,历经十多年时间,成功实现了从一般性教育扶贫到精准教育扶贫的转变。

### 2. 教育扶贫覆盖面广,资助比例高

陕西省教育扶贫从2007年开展生源地信用助学贷款开始,逐渐形成覆盖学前教育、中小学义务教育、职业教育、高中教育及高等教育等各学段教育扶贫模式,并且2007—2016年(不包括2007年)资助各学段学生就达到7 589.09万人(次),相当于陕西省人口总数近2倍(2017年陕西省常住人口为3 835.44万人[①]),资助比例相当高。

### 3. 教育扶贫逐步定型化、制度化和系统化

陕西省教育扶贫从2007年开展生源地信用助学贷款试点工作启动到2012陕西率先建立了高等学校特困学生“全程全部”资助工作制度,再到2013年全省107个县级学生资助管理中心通过达标验收,2016年对贫困家庭就学子女实施精准资助,2017年陕西教育厅成功研发了“陕西省教育精准资助管理信息系统”,逐步实现教育扶贫政策的定型化、制度化和系统化。

## 三、陕西省教育扶贫存在的问题

### 1.“十三五”教育扶贫方案缺乏保障措施

2016年陕西公布“十三五”期间教育扶贫方案,涵盖了贫困家庭就学子女精准资助、改善贫困地区学校基本办学条件、扩大高等学校招收农村学生覆盖面、加强贫困地区教师队伍建设、推动贫困地区技术技能人才培养与劳动力转移等方面,共20条,规定得非常全面,但有的方面没有出台具体配套措施来跟进,并且实施时间表不明确,缺乏实施评估细则来保障落实,这些问题的存在使方案实施缺乏保障。

### 2. 教育扶贫对民办学校就读学生资助力度不够

在教育资源供给不均衡的情况下,在民办学校就读的城乡家庭经济困难学生普遍面临学费的问题,这是教育扶贫必须面临的一个现实问题,并且陕西民办学校数量众多,2014年陕西全省共有各级各类民办学校5 345所,在校生达到155.306 9万人[②],而从陕西现有教育扶贫状况来看,对在民办学校就读的城乡家庭经济困难学生资助和在公办学校就读的城乡家庭经济困难学生资助同等对待,没有注意到在民办学校就读的家庭经济困难学生“高学费”这种特殊性,这就使在民办学校就读的家庭经济困难学生面临更大的经济压力,在这种情况下,教育扶贫很难实现公平。

### 3. 教育扶贫对城乡家庭经济困难学生就业保障工程重视程度不够

教育扶贫重点是在校资助,对城乡家庭经济困难学生就业保障工程重视程度不够,尽管制

---

① 汪曼莉. 陕西常住人口达3 835.44万人六成的家庭不愿生育二孩[EB/OL].(2018-04-04)[2018-05-27]. http://www.xian qq.com/a/20180404/002505.htm.

② 王昕.“十二五”期间陕西省民办本科院校数居全国前列[EB/OL].(2016-01-21)[2018-05-29]. http://www.gaokao.com/e/20160121/56a080950a9c5.shtml.

定了“加大就业创业支持力度,各高校建立了家庭经济困难毕业生信息台账,对各类就业困难群体开展就业指导、岗位推荐和经费补贴等精准帮扶。对低保家庭毕业生、残疾毕业生和享受国家助学贷款的2.95万名毕业生,每人发放一次性求职创业补贴1 000元”“继续引导和支持省内高职院校与贫困县职教中心举办‘3+2’高职教育,把贫困地区未升学初高中毕业生纳入免费培训”“落实家庭经济困难毕业生专项行动,加强困难群体毕业生就业创业精准帮扶,促进建档立卡家庭经济困难毕业生等困难群体充分就业”等措施,但缺乏具体保障措施及信息反馈系统,无法保证这些措施能真正得到贯彻落实。

**4. 教育扶贫仅关注物质扶贫和技术扶贫,没有考虑到精神扶贫**

从陕西现有教育扶贫状况来看,重点是物质扶贫并且兼有技术扶贫,没有考虑到精神扶贫,即没有出台具体措施从心理和精神层面加强对城乡家庭经济困难学生及家庭进行鼓励、引导,使他们产生强大的精神动力去战胜贫困、摆脱贫困。

外因是条件,内因是根据。要彻底解决贫困产生根源必须重视精神扶贫,应坚持物质扶贫和精神扶贫“两手抓”,使城乡家庭经济困难学生及家庭在接受物质帮助的同时,从思想上认识到脱贫的必要性,进而产生脱贫精神动力,积极通过自身努力去摆脱贫困,改善自己及家庭经济处境,最终实现教育扶贫目标。

**5. 教育扶贫缺乏专门针对贫困山区留守儿童的精准扶贫措施**

陕西省2018年在教育扶贫“组合拳”中提到了“重点关注留守儿童等特殊群体”,但没有出台具体措施来解决这一问题,特别缺乏针对一些贫困山区留守儿童教育精准扶贫应对措施,近几年媒体屡屡曝光一些关于贫困山区(如秦巴山区)留守儿童教育问题,引起了社会的广泛关注,教育扶贫应该彻底解决这一盲区,并出台一些具体的精准扶贫措施来切实解决这一社会问题。

## 四、对陕西省教育扶贫的建议

**1. 制定“十三五”教育扶贫方案实施保障措施**

首先,要制定方案实施详细具体的时间表,督促方案尽快尽早落实实施,以使其发挥应有作用。

其次,要抓紧制定详细配套措施,保障方案顺利实施,并且要加大精准扶贫实施力度,针对各学段贫困家庭就读子女的数量,搞好摸底调查,锁定精准扶贫的对象,并进行公示,以防虚报瞒报;调拨专项财政经费,完善贫困地区办学基础设施,优化贫困地区办学基本环境;各高等学校要制订专门招生计划,优先招收农村家庭经济困难学生,保障家庭经济困难学生到高校就读;加强对贫困地区教师培训,提高贫困地区教师各方面待遇,进一步吸引优秀教师到贫困地区支教,巩固扩大贫困地区教师队伍;制订贫困地区技术技能人才专项培养计划,切实培养一批技术技能突出人才,通过帮、传、带示范效应,持续推动技术技能人才与劳动力转移;进一步做好“两联一包”教育扶贫工作,要明确责任,层层分解,具体到市、县、乡、镇、村,实行专人负责,专人监督,并且逐步制度化,不受主管人员更替影响。

最后,制定陕西“十三五”教育扶贫方案实施评估细则,引入第三方评估机制,加大对方案涉及教育扶贫项目量化考核,对没有达到预期效果的教育扶贫项目进行挂牌督办,切实保障陕西“十三五”教育扶贫方案实施效果,推动陕西省教育扶贫工作进一步发展。

**2. 加大对民办学校就读城乡家庭经济困难学生资助力度**

教育扶贫不仅要有普遍性，还要有特殊性。教育扶贫面对“在民办学校就读城乡家庭经济困难学生”这一特殊群体，应在补贴标准、数额、项目上相应提高标准，不能和公办学校搞一个模式，一刀切，统一按一个标准对待。民办学校自筹经费办学，在一定程度上弥补了教育资源短缺，满足了社会对教育的需求，并且在教育经费投入这方面给政府节约了很大一笔财政支出，政府作为施政责任主体，理应在教育扶贫这一块，相应在财政上进行“补偿性”多投入，以使在民办学校就读的城乡家庭经济困难学生实实在在地享受到教育的公平和好处，受益于教育公平，真正实现人人能上学，人人上得起学，才能达到“办好人民满意教育”的最终目标。

教育扶贫若不关注民办学校就读城乡家庭经济困难学生这种特殊性，城乡家庭经济困难人民就会不满意，对教育就会有意见，就办不好人民满意教育，习总书记提出“教育公平”目标就会落空，教育扶贫政策实施效果最终也会大打折扣。

**3. 强化实施城乡家庭经济困难学生就业保障工程**

教育扶贫不能仅限于城乡家庭经济困难学生在校就读阶段，城乡家庭经济困难学生毕业后如何就业，也应纳入教育扶贫领域。因为城乡家庭经济困难学生属于社会弱势群体，在进入社会择业时面临诸多困难和不利因素，重视并解决城乡家庭经济困难学生就业问题，才能使他们在社会就业时不至于陷入孤立无助的处境，进而有效地实现教育扶贫与社会顺利对接。

教育扶贫要在原有就业措施的基础上，进一步强化实施城乡家庭经济困难学生就业保障工程，为他们就业提供帮助，开辟“就业绿色通道”。政府应出台具体政策，制定详细的配套措施，鼓励各职业学校和高校利用自身的资源，优先解决城乡家庭经济困难学生的就业，并且还要加大对城乡家庭经济困难学生就业跟踪调查力度，建立专门负责城乡家庭经济困难学生就业信息反馈系统，使城乡家庭经济困难学生本人通过该系统能真实地汇报自己就业的实际情况，切实保障城乡家庭经济困难学生就业真正能落到实处，真正做到使城乡家庭经济困难学生好就业、就好业。只有这样，才能使城乡家庭经济困难学生在学业完成后真正脱贫，才能让教育扶贫目标最终达到，进而实现习近平总书记提出的“2020 年消除贫困”的奋斗目标。

**4. 注重精神扶贫**

教育扶贫不仅要进行物质扶贫，还要注重精神扶贫，进行物质资助，仅能缓解物质上一时贫困，不能彻底解决贫困产生的根源。

首先，要出台一些专门措施，如安排专门教师从心理上和精神上对城乡家庭经济困难在校就读学生进行引导和鼓励，发放一些名人励志成才专著，通过名人事迹，让他们找到自己学习的榜样，锁定自己的人生坐标，从思想上清晰地认识到人为什么而生活，怎样去生活，进而树立远大的理想，激励他们产生为美好生活而奋斗的斗志，最终使他们焕发出极大的精神动力。这样他们就会自觉地、努力地投入到自己的学业中去，扎扎实实地学好文化知识和专业技能，在教育扶贫的帮助下通过自身努力立志改善自己及家庭未来的经济处境。

其次，要安排专人定期对城乡经济困难家庭进行心理和精神层面鼓励、引导，通过讲解一些脱贫致富典型事例，为他们树立学习榜样，激励他们通过自身努力，结合当地实际，积极开拓脱贫致富有效途径，尽最大努力改善家庭经济处境，争取早日脱贫。

**5. 出台专门针对贫困山区“留守儿童”教育精准扶贫措施**

陕西省教育扶贫在现有教育扶贫成果的基础上，应对贫困山区留守儿童进行摸底调查，列出清单,限期进行挂牌督办,以最快的速度制定并出台一些专门针对贫困山区留守儿童教育精准扶贫措施,并指派专门人员和机构来负责贯彻落实。政府扶贫部门还要不定期地进行摸排暗访,建立贫困山区留守儿童信息反馈系统,通过反馈情况对精准扶贫措施落实进行全盘掌控,切实保障教育精准扶贫措施起到应有作用和效果,逐步解决陕西贫困山区(如白于山区、秦巴山区、六盘山区、吕梁山区)留守儿童教育精准扶贫问题,让贫困山区留守儿童生活在党和政府关怀之下,切实享受到“教育公平”的恩惠。

# 第二部分 “双一流”建设与民办高校发展研究

## 坚持以本为本 推进“四个回归”,加快建设应用型本科教育
## ——在陕西国际商贸学院暑期研讨会上的讲话

黄新民

**【摘要】** 新时代全国高等学校本科教育工作会议于2018年6月21日在成都召开。这次会议直面中国教育“玩命的中学、快乐的大学”的现象,提出了“以本为本”,合理为本科生“增负”,提升学生的学业挑战度,合理增加大学本科课程难度、拓展课程深度、扩大课程的可选择性,激发学生的学习动力和专业志趣。真正把“水课”变成有深度、有难度、有挑战度的“金课”的本科教育思想。这对民办本科教育同样具有针对性和指导意义。

**【关键词】** 新时代;本科教育;以本为本

### 一、办好本科教育是大学的根本

新时代全国高等学校本科教育工作会议于2018年6月21日在成都召开。教育部部长陈宝生指出,中国教育“玩命的中学、快乐的大学”的现象应该扭转①。对中小学生要有效“减负”,对大学生要合理“增负”,提升大学生的学业挑战度,合理增加大学本科课程难度、拓展课程深度、扩大课程的可选择性,激发学生的学习动力和专业志趣。真正把“水课”变成有深度、有难度、有挑战度的“金课”。会议指出,本科教育是提高高等教育质量的最重要基础。建设一流大学,人才培养是本,本科教育是根。建设高等教育强国必须坚持“以本为本”,加快建设高水平本科教育,培养一大批有理想、有本领、有担当的高素质专门人才,为全面建成小康社会、基本实现社会主义现代化、建成社会主义现代化强国提供强大的人才支撑和智力支持。

这次会议的精神为办好高水平本科教育指明了方向。尽管近年来我国高校本科教育取得了长足进步,但从当前的现状来看,全社会对学校教育的整体印象仍然是“玩命的中学,快乐的大学”。我们必须认识到,我国高等教育在本科阶段实现人力资源增值的功能与发达国家和地区高水平大学存在差距。

(1)高水平的本科教育需要进一步严格要求,建立和完善本科阶段学业淘汰和分流机制。目前的情况是,我国高校的学生毕业率比较高,而淘汰率很低。如果放眼国际可以发现,世界一流大学一般都有严格的学业淘汰机制和学校内部专业之间的分流机制,精英型大学本科生向大众型大学分流的机制也比较完善。在这种严格的制度约束下,学生自然会产生学习的紧

① 陈宝生. 坚持以本为本 推进四个回归 建设中国特色、世界水平的一流本科教育[EB/OL]. (2018-06-21)[2018-07-21]. http://www.education.news.cn/2018-06/21/c_129898414.htm.

作者简介:黄新民,男,陕西汉中人,教授,陕西国际商贸学院院长,主要方向为高等学校管理和物理学。

迫感和压力，同时也能够在学习压力难以承受的情况下，及时寻求分流的计划和安排。反观我国高校，淘汰率偏低的现象仍未能得到有效改观。不少学校内部的淘汰机制和学校之间、专业之间的分流机制也未能有效建立。很多学生比较喜欢的课程往往是压力小、给分高的课程。越是严格的教师，往往在学生评教中越得不到好的评价。本科教育的淘汰和分流机制需要高校内部的不断探索，也需要整个高等教育系统的整体设计和推进。

（2）高水平的本科教育需要学校管理层和广大教师拿出更多时间和精力进行投入。本科教育在我国大学仍然处于“说起来重要，做起来次要”的状态，学校管理层和广大教师将主要的时间和精力投入到科研和创收等方面。教师是学生学习过程的引导者和组织者，只有教师的心回到课堂，高水平本科教育才有保障。

（3）要办高水平的本科教育，还需要警惕大学教育高中化问题。当前我国高校的课程安排模式仍然是用课程数量填满学习时间的“知识点”教学模式，大学学习模式高中化问题比较突出。欧美大学的本科生通常每周上 4 门课，我国高校的本科生通常每周上 10～12 门课，但人家都觉得学习压力很大。事实上，人的注意力是有限的，课程科目太多必然导致学生难以进行深度学习，而离开了深度学习，创新人才培养就会受到影响，“蜻蜓点水”式的浅层学习不利于培养真正的人才。以自主学习为基础的高水平经典研读和高水平课堂研讨应当成为高水平本科的重要抓手，其背后是教师和学生在教学与学习上的大量有效时间的投入。

只有准确把握本科教育的基本规律和学生成才规律，以“回归常识、回归本分、回归初心、回归梦想”为基本遵循，从激励与约束的基本机制入手，才能让学生回归自主、深度学习；才能让教师潜心、热情育人。也只有这样才能真正激发学生的学习动力和发展潜能，为建设社会主义现代化强国和实现中华民族伟大复兴的中国梦提供强有力的人才保障。

## 二、“四个回归”是本科教育的“定盘星”

在成都召开的新时代全国高等学校本科教育工作会议上，教育部部长陈宝生指出，面对本科教育中出现的理念滞后、投入不到位、评价标准和政策机制的导向等问题，必须推进“四个回归”，也就是“回归常识”“回归本分”“回归初心”和“回归梦想”。陈部长强调，要推进“四个回归”，把人才培养的质量和效果作为检验一切工作的根本标准①。高校的办学目标和各类资源、高校的标准和政策都要主动聚焦到这个中心、这个根本上来。

当前，我国经济发展进入新常态，人民群众对优质教育的期待越来越高，教育必须把提高质量作为发展的生命线，坚持以人为本，回归常识、回归本分、回归初心、回归梦想，深化人才培养模式改革，推进教育治理体系和治理能力现代化，努力提供公平、优质及高效的教育。

（1）要回归常识，砥砺“真本领”。我国本科教育整体管理较松、学习要求较低、淘汰率更低的宽松环境，使得一些学生迷失了方向。正视存在的问题，发现教育短板，要围绕学生刻苦读书来办教育，针对被人诟病的育人目标倒挂现象，改变考试评价方式，对大学生合理“增负”，提升其学业挑战度，激发其学习动力和专业志趣，改变轻轻松松就能毕业的情况，引导学生求真学问、练真本领。

（2）要回归本分，打造一流教师队伍。一段时间以来，部分高校中出现的教学、科研与社

① 陈宝生．坚持以本为本 推进四个回归 建设中国特色、世界水平的一流本科教育[EB/OL]．(2018－06－21)[2018－07－21]．http://www.education.news.cn/2018－06/21/c_129898414.htm.

会服务三者关系本末倒置的现象,挫伤了教师教书育人的积极性;一部分新建本科高校表现更为突出,导致教育质量低下。打造一支"四有"教师队伍,是立校办学之本。要探索建立针对不同类型和不同岗位教师分类评价的评价体系,坚持师德为先、教学为要,注重凭能力、实绩和贡献评价教师,所有教师都必须承担教育教学工作,把教授为本专科生上课作为基本制度,克服唯学历、唯职称、唯论文等倾向,引导教师热爱教学,潜心教书育人。对我们这类新建本科院校,虽不存在不为本科生上课的问题,但教学科研关系也要正确处理,确保教学质量。坚持以师德师风作为教师素质评价的第一标准,将师德建设与加强教师队伍其他各项建设结合起来,在教师专业技术职务晋升中实行本科教学工作考评一票否决制,教育引导教师弘扬求真务实的学术风气,树立崇高的职业理想,增强事业心和责任感,抵御急功近利的不良风气。

(3)要回归初心,办好中国特色社会主义大学。办什么样的大学,怎样办好大学和培养什么样的人,如何培养人,为谁培养人的问题,事关党和国家前途命运,是每一所大学首先要回答的重大问题。要扎根中国大地,加强党对高校的领导,坚持正确政治方向,坚持社会主义办学方向,使高校成为坚持党的领导的坚强阵地。要坚持把立德树人作为根本任务,不断改革创新思想政治工作,用知识体系教、价值体系育、创新体系做,坚定不移地把思想政治工作贯穿于学校教育教学和管理服务中,把习近平新时代中国特色社会主义思想融入立德树人全过程、融入改革发展全过程、融入"双一流"建设全过程,促进专业知识教育与思想政治教育相结合,实现全程育人、全员育人、全方位育人,为中国特色社会主义事业培养更多德才兼备、全面发展的合格建设者和可靠接班人。

(4)要回归梦想,加快教育现代化建设。建设教育强国是中华民族伟大复兴的基础工程,要进一步贯彻落实新发展理念,努力在全面深化综合改革、创新治理体系、全面提升人才培养质量等重点领域和关键环节取得新突破,推动办学理念创新、组织创新、管理创新和制度创新,倾力实现教育报国、教育强国梦。要把培养拔尖人才和强化爱国担当相结合,把肩负国家使命和探索科学前沿相结合,把开展科研创新和面向国民经济相结合,把优秀传统文化的传承和大学文化传播相结合,在各自办学的层面上,不断提高教育教学质量,不断增强科学研究实力,不断提高社会服务水平,不断优化文化传承创新成果,不断扩大国际交流影响,加快建设扎根中国大地的一流大学。

学习是学生的天职,不好好读书,不能较好地完成学业,如何适应社会,实现人生价值? 尤其是在当前就业形势严峻、就业结构性矛盾突出的情况下,要想谋求成功的未来,作为大学生,理应明确学习目标,珍惜来之不易的大学时光。

## 三、全面贯彻落实本科教育工作会议精神,坚持以本为本,推进"四个回归",加快建设应用型本科教育

在全国本科教育工作会议,教育部部长陈宝生强调,本科教育是具有战略地位的教育,是纲举目张的教育。要全面梳理"不抓本科教育的高校是不合格的高校、不重视本科教育的校长是不合格的校长、不参与本科教学的教授是不合格的教授"的理念。一定要把本科教育放在人才培养体系的核心地位,一定要把本科教育放在教育教学的基础地位,一定要把本科教育放在新时代教育发展的前沿地位。

**1. 采取有效措施,加快建设高水平本科教育**

(1)落实一个根本任务。2014 年 5 月 2 日,习近平同志在与北京大学师生座谈会上的讲

话中强调,高等教育的根本任务,就是培养德智体美全面发展的社会主义建设者和接班人。加快建设高水平本科教育,必须以习近平新时代中国特色社会主义思想为指导,全面贯彻落实党的十九大精神,全面贯彻党的教育方针,坚持教育为人民服务、为中国共产党治国理政服务、为巩固和发展中国特色社会主义制度服务、为改革开放和社会主义现代化建设服务,全面落实立德树人根本任务,准确把握高等教育基本规律和人才成长规律,以"回归常识、回归本分、回归初心、回归梦想"为基本遵循,激励学生刻苦读书学习,引导教师潜心教书育人,努力培养德智体美全面发展的社会主义建设者和接班人。

(2)坚持一个根本标准。要把立德树人的成效作为检验学校一切工作的根本标准。高校教师的80%是专业教师,课程的80%是专业课程,学生学习时间的80%用于专业学习,要强化"课程思政""专业思政",建立课程、专业、学科"三位一体"的思政教学体系,把思想政治教育有机地融入每门课程。我们将建设一批育人效果显著的精品专业课程,打造一批课程思政示范课堂,选拔一批课程思政优秀教师,推动形成专业课教学与思政课教学紧密结合、同向同行的育人格局。

(3)突出一个基础地位。本科教育在人才培养体系中占据基础地位,高等学校要坚持以本为本。这主要源于本科教育的两个极为重要的作用。第一,眼睛向外看。全国高等本科院校在校生、毕业生中,本科生与研究生的比例是8∶1,大学为社会提供的毕业生中87%是本科生,2017年本科毕业生接近400万人,本科生培养质量的高低直接影响着高等教育整体质量。因此说,本科不牢,地动山摇。第二,眼睛向上看。没有优秀的本科生培养质量,研究生教育就没有高质量的毛坯和种子,就成了无源之水、无本之木,就无法培养出优秀的高层次人才,本科生培养质量直接影响到我国高层次人才培养质量。因此我们说,人才培养是本,本科教育是根。

(4)强化一个基本抓手。专业是人才培养的基本单元和基础平台,是建设一流本科、培养一流人才的"四梁八柱"。我们要把建设一流专业作为加快推进双一流建设、实现内涵式发展的重要基础和根本抓手,切实使一流专业建设立起来、响起来、热起来。要建立健全专业动态调整机制,对标国家发展战略和经济社会发展需求,主动布局大数据、人工智能、养老护理等战略性新兴产业发展和民生急需相关学科专业要重点发展,学校要结合办学特色,以建设面向未来、适应需求、引领发展、理念先进、保障有力的一流专业为目标,推进一流专业建设。

(5)打造一支育人队伍。百年大计,教育为本;教育大计,教师为本。人才培养,关键在教师,教师队伍的素质直接决定着大学办学能力和水平。要坚持把师德师风作为教师素质评价的第一标准,健全师德考核制度,推动师德建设常态化和长效化,引导广大教师教书育人和自我修养相结合,做到以德立身、以德立学、以德施教,更好地担当起学生健康成长的指导者和引路人的责任。要加强教师教学发展中心建设,全面开展教师教学能力提升培训。加大对教学业绩突出教师的奖励力度,改革教师评价体系,引导教师潜心教书育人。

(6)完善一套协同机制。学生的实践教育一直是我们的突出短板,要解决这一问题,关键靠协同。要坚持国际国内相结合、产学研相结合、校内校外相结合,推进高校与实务部门、科研院所及行业企业合作办学、合作育人、合作就业、合作发展。建立和完善培养目标协同、教师队伍协同、资源共享协同及管理机制协同的全流程协同育人机制。加强理论教学与实践相结合,加强实践平台建设。

(7)下好一步"先手棋"。教育改变人生,网络改变教育。持续推进现代信息技术与教育教学深度融合，是抢抓新一轮世界科技革命和产业变革机遇的“先手棋”，是实现高等教育发展由“跟跑”“并跑”到“领跑”的“加速器”。加快建设多元协同、形式多样、应用广泛、服务及时的高等教育云平台，打造适应学生自主学习、自主管理、自主服务需求的智慧课堂、智慧实验室和智慧校园，大力推动互联网、大数据、人工智能及虚拟现实等现代技术在教学和管理中的应用。建设一批精品在线开放课程、线上线下精品课程和虚拟仿真实验教学项目。建立慕课学分认定制度，推动优质资源开放共享，不断引入优质教学资源，提升教学水平。

(8)培育一流质量文化。文化是国家和民族的灵魂。质量文化是推动大学不断前行、不断超越的最深沉、最持久的内生动力。提高人才培养质量，建设高等教育强国，必须建立大学质量文化，将质量要求内化为全校师生的共同价值追求和自觉行为。要把人才培养水平和质量作为一流大学建设的首要指标，落实本科专业教学质量国家标准，启动本科教学工作审核评估，开展专业认证等举措。

**2. 还一所“严格、严肃、有质量底线”的大学，培养具有“爱国、励志、求真、力行”品质的人才**

“快乐的大学”，更确切地说是“轻松的大学”，一语道破当下大学生的学习生态，即大学光阴使大学生们太轻松。从表面上看，反映了学生虚度光阴；从深层次看，反映了社会对高校人才培养质量不满。

轻松的大学，“松”的是传统，“松”的是严格，“松”的是严肃，“松”的是底线。传统文化中，“头悬梁，锥刺股；彼不教，自勤苦”，这是读书人的传统。

对大学生而言，只要考上大学就可万事大吉，就可轻松度余生，再加上外界对大学绩效的评价方法，使得一些大学放弃了本应坚守的质量标准。

大学的轻松现象，看起来在学生身上，背后遮蔽的是大学管理问题。缺乏敬畏、缺乏严格、缺乏严肃、缺乏底线。大学的神圣和格局明显不够。例如，在校园里看不到早读、出早操，看不到大学生参加校园劳动(这些都由物业和保洁来承担)。

大学应该是严格的。“以学生为中心”的内涵是关爱学生但不是溺爱。但今天的大学，关心学生有余，严格不够，乃至不敢严格要求。大学学习时间多，为的是让学生自主学习去畅游学海，但无人看管监督，却不会学习，成了离开鞭子就不会转的“陀螺人”。根源在于没有用国家要求和国家标准来培养人。

大学应该是严肃的。严肃是一种神圣，是大学独有的“标签”。然而，轻松的学习环境使大学生们掌握了若干“学习套路”或“考试技巧”；考试，老师给圈重点，复印店售历年考试真题，很多考题历年重复率高于50%，考试不及格，还有众多补救措施，毕业前还让“清考”，宽松的考试纵容了学生的轻松，没有质量底线的“清考”竟成了大学生“挂科的护身符”，也成了毕业的“潜规则”，使大学生“肆无忌惮”。放松要求形成了大学的“管理文化”。同时学生评教也导致教师给学生成绩“放水”或“降低考试难度”。

针对大学的轻松现象，教育部提出了合理“增负”，但“增负”容易，提升质量难。“增负”不是“增量”，而是“提质”。纵观我们的人才培养方案，课程不少，在2015年陕西国际商贸学院教学工作会议上笔者曾讲过，中国大学教学周数世界第一，教学时数世界第一，学分数世界第一，班级人数世界第一，课程门数和必修课比例世界第一……解决大学轻松问题，是要“减量”“提质”。

解决大学轻松的问题，可“宽进严出”，从严格入手；也可增加学生“负担”，从“加压”入手；还可改进教学内容与教学方法，从“提质”入手。但必须遵循教育教学规律和把握大学使命。遵循教育规律,就要按照人才成长规律设计培养方案、设计教学内容;把握大学使命,就是要把人才培养置于大学的中心地位,立德树人,培养全面发展的人才。

没有严格就没有大学的规范;没有严肃就没有大学的神圣;放弃了传统,大学就丧失了根;没有底线,就无法保障人才培养质量,就无法培养出具有“爱国、励志、求真、力行”品质的人才。

**3. 新形势下提高本科教育的途径**

1)以优化本科培养方案为基础,构建科学合理的能力素质结构

本科培养方案代表人才培养的顶层设计,是提高本科教育质量的首要环节。为进一步突出应用型人才培养的新要求,要把通识教育与专业教育有机融合,科学教育与人文教育有机融合,理论教育与实践教育有机融合,创新创业教育与专业教育深度融合,共性培养与个性发展有机融合的育人理念,根据服务面向和岗位需求构建科学合理的能力素质结构,打造培养高素质应用型人才的课程体系、实践教学体系和专业评价体系。

2)以完善实践教学体系为重点,强化培养学生的实践能力

强化实践教学是对应用型人才培养工作的有力支撑。我们要在保持原有优势的基础上,深度校企融合,继续优化实践教学内容,创新实践教学模式,加强实验室和实习基地建设,逐步构建和完善产学研深度融合的实践教学体系。

(1)积极推进实验教学资源共享平台建设。实验教学资源共享平台建设的目标是创建资源配置合理、功能结构完善、管理运行高效的实验室管理体制,实现对优质实验教学资源的共享。平台建设坚持学校引导、学院为主的基本原则,遵循“有利于系统的学科专业建设、有利于学生实践能力和创新精神的培养,有利于办学质量和效益提高”的指导思想,以实验教学体系建设、实验教学资源整合及实验技术队伍建设为着力点。目前,学校已初步构建了经管类实验教学资源共享平台。今后,学校将进一步理顺实验教学资源共享平台管理体制和运行机制,打破院(系)壁垒,不断拓展实验教学的内涵与外延,不断提高实验室建设的投资效益和教学效益。

(2)大力加强实践教学基地建设。实习基地建设工作一直是我们办学的特色和亮点,但是近几年也遇到了企业出于安全效益方面的原因不愿接受学生实习,企业生产集成化程度的加大使一些实习流于形式等多方面困难和挑战。面对这一形势,学校以产学研结合为依托,按照“深入挖掘校内资源、广泛拓展校外空间”的工作思路,积极对实习基地建设工作进行统筹规划:以校企合作,协同育人为依据,组建不同层次的实习基地群,创建集团式的综合实习基地,从而实现满足教学各类需求的实践教学基地建设格局。

(3)积极推动大学生科技创新活动。学校是大学生创新性实验计划基地之一,我校又建成了 5 个省级实验教学示范中心、1 个虚拟仿真中心、2 个创新创业试点学院,为充分利用这些实验教学的优势资源,全面推动大学生的科技创新活动,学校一方面建立了校、省、国家三级大学生创新性实验计划培养体系,引导大学生主动参与科技实践;另一方面以实验教学示范中心、创新创业试点学院为依托,遴选和建设一批既能开设创新性实验项目,又能服务于学科竞赛、大学生创新性实验计划和课外科技创新活动的科技创新实验室,入住创新创业园区的项目,为学生实践创新能力的培养搭建平台。

(4)深入推进毕业论文(设计)模式改革工作。毕业论文(设计)是培养学生实践能力和创新精神的关键环节,而目前存在着与工程实际结合不够紧密,实施过程中学生实验与实训较

少等问题。为进一步提高毕业论文(设计)质量,学校鼓励各二级学院探索开展本科毕业论文(设计)模式改革试点工作,理工类要实施“一体式、分层次、多元化”的本科毕业论文(设计)教学新模式,经管类要进行“深入企业调研,理论与实践紧密结合”模式的改革试点工作。同时,学校依托在企业生产单位和科研院所建立的毕业论文(设计)网点开展校企培养一体化试点工作,使学生能在双方导师的共同指导下真刀真枪地开展毕业论文(设计),实现工程实践与创新能力培养的无缝对接。

3)深度产教融合、校企合作、协同育人,培养具有创新创业能力的高素质应用型人才

构建合作平台、夯实合作基础、创新合作理念、丰富合作模式,推动形成产教融合、校企合作、工学结合、知行合一的共同育人机制。近年来,我们一是引企入校共建校企实训平台;二是送教入企,在企业中设立教师工作室;三是开设订单班、校企互融育人模式。但各学院参差不齐,还没有形成真正机制上的创新、模式上的创新、运营上的深度融合,还需下大力气去做实、做好。

4)深化创新创业教育改革,把创新创业教育融入人才培养全过程

深化高校创新创业教育改革是党中央、国务院做出的重要决策,是一项事关国家创新驱动发展战略、高等教育综合改革、高校人才培养要求和毕业生更高质量就业创业的系统工程,意义十分重大。深入学习贯彻《关于深化高等学校创新创业教育改革的实施意见》等文件精神,落实教育部的重要部署和明确要求,有力有序有效地将创新创业教育融入人才培养的全过程,是高等学校在新时代的历史使命和责任担当。

(1)深化创新创业教育改革,不是简单地做加减法。比如说增加一些创新创业教育课程,增加一些实践育人环节,增加一些创业平台,甚至增加一套教育体系,而相应减少一些课程和培养环节,甚至盲目地鼓励学生脱离专业学习,过早地介入创业实践。如果这样做,可以说是对深化创新创业教育改革的一种误读,其实践的效果肯定是有问题的、不可持续的。我们认为,创新创业教育改革的实质是引领整个人才培养体系和培养方式的改革,是将创新创业教育融入人才培养的全过程。这里,“融入”很重要,必须以创新创业教育触发人才培养体系的“化学反应”。

深化创新创业教育改革还应注意对“创业”的科学理解。事实上,能在各个领域、各个行业真正“建功立业”的人,都可以称为“创业的人”。创业的“业”并不仅仅是“企业”,以创造性的精神和能力成就任何事业的行为都可以看作是创业行为。创办企业固然是创业,创新管理模式、创办社会组织、创新研究领域、创建新的学科乃至在任何就业岗位上从事创造性工作,都可以说是在创业。如此理解创业才是科学全面的,在实践上也可以开拓更为广泛的创业空间,促进学生的多元成长,促进整个社会的协调发展。

(2)深化创新创业教育改革要更加重视学生创新素质的培养,以创新促创业,寓创业于创新,是加强创新创业教育的一个方向。大学的校园文化、人才培养模式、人才培养环节、课程教材建设教学方式方法、课外教学活动安排、学生学习评价以及教学管理制度等方方面面,都应该注意培养学生的创新精神、创新意识和创新能力。良好的创新素质是成功创业的重要前提。

(3)深化创新创业教育改革也要科学看待学生的创业实践。有越来越多的学生毕业后自主创业,可以说是一件好事。但是,盲目鼓励学生脱离课堂、脱离专业、脱离学校跻身于商海,不仅会增加学生个人成长的风险,而且会加剧社会整体的风险。青年学生中蕴藏着巨大的创业冲动和潜力,这是客观事实,高等教育的一个重要目标正是努力将学生的创业冲动和潜力转

化为真实的能力。这样一种转化的过程离不开课堂教学、专业教育和必要的创业训练、创业实践。针对传统上创业教育与实践脱节、教学方式方法单一、针对性实效性不强、实践平台短缺、指导帮扶不到位等问题,我们需要大力加强创业实践环节,但是不能过于急功近利。我们在为全体学生提供创业机会并为特定学生提供精准指导扶持的同时,还是要着眼长远,高度重视坚守和完善常规的人才培养体系,将创业教育融入专业教育的全过程,更加重视知识传授、能力提升、意识普及和精神培育。

(4)深化创新创业教育改革需要着眼于完善协同育人机制,在更为广阔的空间里整合教育资源。创新创业教育具有很强的实践性,依靠传统的教育模式,局限于学校内的教育资源,是很难取得良好效果的。必须实行开放办学,大力推进校校之间、校地之间、校企之间的广泛合作,充分发挥校友的积极作用,整合多样化的教育资源,以促进创新创业教育的师资队伍建设、课程建设和实习实践,创建良好的创新环境。

5)基于评估要求,国家标准突出办学特色

本科教学工作合格评估要求是看你这一所高校是不是大学,审核评估要求是看你这所高校培养的人才与你设定的人才培养目标是否一致,本科专业类教学质量国家标准是专业类人才培养、专业建设等应达到的最基本要求,国标的出台是为了规范基本的本科专业教学行为。

当前,我国高等教育已步入提高质量和发展内涵的新阶段,国标将进一步规范我国本科教育的各个环节,促进双一流的建设与发展。

专业教学质量国家标准中,已经充分考虑了研究型大学、教学科研型大学、教学型本科院校和高等专科学校或高等职业学校等不同类型高校的差异性与灵活性。同时,明确强调了“基于标准、高于标准、突出特色”的专业建设思想,为各高校专业办学点留下了充分的办学空间。不同高校可以在符合专业教学质量国家标准基本要求的前提下,根据自己的人才培养目标特色定位制定自己的进一步细化、量化的质量标准。

根据自身的类型定位,选择差异化发展策略,办出特色,有效地规避“千校一面、千人一面”的局面。

应用型本科高校要走特色发展之路,统筹做好地方性、应用型、开放性的文章,坚定地实施固基础、明特色、强应用、重协同的发展战略。这需要从适应和引领经济发展和创新驱动发展的大局出发,转变发展理念,增强改革动力,强化评价引导,把办学思路真正转到服务地方经济发展上来,转到产教融合校企合作上来,转到培养应用型技术技能型人才上来,转到增强学生就业创业能力上来,全面提高学校服务区域经济社会发展和创新驱动发展的能力。

6)以强化本科教学激励机制为动力,深入推进教育教学改革

教师是深化教学改革、提高教学质量的最核心要素,只有将全体教师融入本科教学建设和改革的行动中,才能最终实现全面提高高校教学质量的目标。为有效地调动教师从事本科教学工作的积极性,学校要以强化本科教学激励机制为动力,深入推进教育教学改革与研究工作。

(1)制定与完善激励政策,强化本科教学工作的中心地位。“十二五”期初,学校组织制定并出台了《关于完善本科教学激励机制的实施办法》,遵循“以政策引导教学,以奖励促进教学”的指导思想,采取物质奖励和精神奖励、过程性激励和结果性奖励相结合的形式,对积极从事教育教学改革、在应用型人才培养方面投入大量精力、做出较大贡献、取得突出成果的教师进行相应奖励和工作量计算;并明确规定对教学效果优秀、贡献突出的教师,在职称评定和

岗位聘任中优先考虑。进一步强化本科教学工作的中心地位，调动广大教师从事教学建设和教学改革的积极性和主动性。今后，学校将继续探索和完善本科教学激励政策，尤其是要加大本科教学在职称评审、岗位聘任与津贴发放、评奖评优中的权重，建立"教学优先"的激励约束机制。

（2）加强对教改项目的规划和培育工作，促进高水平教学成果的形成。"十三五"期间，学校按照"鼓励创新、培育特色、加强整合、注重实践"的思路大力开展教学研究与改革工作，紧密围绕高等教育的热点和难点问题，结合应用型人才培养的优势和特色，采用"项目驱动"的形式，专门设立一批关于人才培养模式改革、教学方法研究、创新性实验或实践等促进教学质量提高的教学改革项目，在经费和政策上激励广大教师积极参与创新人才培养的改革研究和教学实践工作；同时，加大对教学成果的培育力度，集合优质资源，有重点、有强度地扶持一批优势项目，加强宏观指导，强化过程管理，加快促进高水平教学成果的形成。

7）切实加强人力资源和物质资源建设

建设一流本科教育，必须具备精良的人力资源和物质资源保障，包括教师队伍、教学管理队伍、本科生源以及教学经费和教学条件等。

（1）加强教师队伍建设。要制定和实施教师队伍建设规划，加强师德建设，倡导敬业精神和团队精神，加强学术规范建设，引导教师教学科研相长，激发教师重视教学、关爱学生和自我提高的自觉性。要优化教师队伍结构，包括年龄、学科、职称、学历和学缘结构以及专兼职和"双师型"教师结构。抓住"双一流"建设的机遇，引进海外高层次人才，为海外学子报效祖国搭建平台。要完善教师在职培养培训机制，如设立教师发展中心、研发教师发展模块课程、出台激励约束政策，不断提高教师队伍的整体素质，尤其是提高中青年教师的教学能力和水平。建立和完善新的助教制度，规范担任助教的要求，开展助教的岗前培训和工作评估。要关心教师的生活待遇，解决他们的后顾之忧，努力形成体面生活、开心工作、在竞争中成长的良好氛围。

（2）重视教学管理队伍建设。要增强教学管理人员为教师学生服务、为教学科研服务的意识，克服"行政化"和"官本位"倾向，不断提高教学服务质量和管理效能，实现人才培养和教学工作的科学化、规范化和精细化管理。要通过有计划的系统培训提高教学管理队伍的专业化水平，鼓励教学管理人员研究问题，克服职业倦怠感，创造性地做好本职工作，促进他们的职业生涯发展。

（3）重视本科生源质量。随着高等教育规模的扩大和教育国际化的推进，生源竞争日趋激烈，本科生源已经成为高校发展的重要人力资源。要通过加强内涵建设、提高办学水平、改善社会声誉来吸引数量充足、质量较高、结构合理的生源。要抓住高考招生制度改革的机遇，明确人才选拔标准，探索考生综合评价和多元录取机制，为选拔合适人才和提高本科人才培养质量奠定基础。

（4）建立稳定的物质资源保障机制。要多种渠道筹集人才培养和教学经费，建立规范的财经、资产管理制度，管好教学资金和资产，发挥有限教学资金和资产的使用效率，用好教学资金和资产。要加强教学条件的建设，包括教学基础设施和实验室建设，图书资料添置、仪器设备更新、后勤管理服务以及校园信息化建设等。

8）构建科学的教学治理结构和管理运行机制

建设一流本科教育，需要科学的教育教学治理结构、先进的教学管理体制和运行机制作为体制机制保障，这也是现代大学制度建设的重要内容。

(1)优化本科教育教学治理结构。要根据学科发展的趋势和经济社会发展的需求，调整和优化院系设置和教学组织，加强教学管理和质量保证机构建设，完善本科生导师制，优化学校的教学治理结构，提高人才培养和教学工作治理能力，不断改善教育教学管理效能。要完善本科教学基本状态数据库，建立本科教学质量年度报告制度，保证社会知情权和公众问责权。

(2)改革本科教育教学管理体制。要改革教师聘任制度和考核制度，创新学生事务管理制度，完善常态管理和突发事件应急管理机制。健全教务公开和教学信息透明机制，落实教师学生的参与权和监督权，发挥院系和师生的积极性和主动性。要完善产学研合作、产教融合培养本科人才的体制，建立线上教学与线下教育融合育人、科教协同育人、高水平科研支撑创新人才培养等机制，为培养本科生的创新精神和实践能力提供制度保障，为拔尖创新人才的脱颖而出创造条件。

(3)深化综合改革，创新学习制度。要加强系统研究和顶层设计，继续深入探索学分制、书院制、弹性学习制度等改革。应该强调指出，学习制度的改革与创新不仅仅是学校教学和教务部门的责任，而是涉及人才培养、教师聘任、教学组织、教学管理、学生管理以及大学生就业等方方面面的工作，必须举全校之力，统筹谋划，协同探索改革。

9)要营造优良的校园文化和育人氛围

大学文化是大学的灵魂，是一所大学在长期发展过程中形成的历史积淀、人文品格和价值理念。大学文化内化于大学的办学理念、价值追求和学术品位，外显于大学的制度规范、行为方式和物质条件，以潜移默化的方式影响着师生的思想和行为以及大学发展方向，是建设一流本科教育的内在支撑。要高度重视大学文化建设，努力形成重视本科教学的育人氛围，为本科人才培养和学校健康可持续发展营造优良的文化环境。

大学文化建设要贯穿于学校发展和人才培养的全过程。要充分利用大学的软资源，努力形成学术自由的文化、科学精神与人文精神并重的文化、传统与现代交融的文化、价值宽容的多元文化和全球视野的开放文化。应强调指出的是，中国特色的现代大学文化，必须有利于促进大学主动参与社会变革，引领和推进社会进步。要重视培养本科生的爱国主义精神和社会责任感，使他们融入社会，自觉承担起国家和人民赋予的使命，在推动经济发展和社会进步中实现人生价值。

# 全面落实“四个回归”,努力建设高水平本科教育
## ——学习“新时代高教四十条”的体会

王振亚

**【摘要】** “建设中国特色、世界水平的一流本科教育”是一个宏伟而艰巨的目标,这一目标的实现,直接关系着中国“双一流”建设战略目标的达成。“新时代全国高等学校本科教育工作会议”第一次以“本科教育”而不是“本科教学”为名举行会议。高度肯定了本科教育在高等教育中的战略地位、基础地位、核心地位、前沿地位;强调了必须坚持“以本为本”,回归高等教育的本质和本位,其基本内涵是:以人才培养为本、以本科建设为本、以学生发展为本、以立德教育为本。坚持“以本为本”,必将促进我国本科教育进入新境界。

**【关键词】** “四个回归”;本科教育学习体会

2018 年 6 月 21 日,“新时代全国高等学校本科教育工作会议”在成都召开,这是我国进入新时代以来第一次以“本科教育”而不是“本科教学”为名举行的会议。“本科教育”与“本科教学”虽然仅有一字之差,但二者的区别是根本性的,它表明我们必须以新时代的“大教育”观和“大人才”观来审视今天的本科教育和重建明天的本科教育。

会议提出了“建设中国特色、世界水平的一流本科教育”,应该说这是一个宏伟而艰巨的目标,这一目标的实现,直接关系着中国“双一流”建设战略目标的达成。因此,建设高水平本科教育,是“双一流”建设总体战略的有机组成部分,是建设高等教育强国、实现教育现代化的必然要求。

为了实现上述目标,教育部出台了《关于加快建设高水平本科教育 全面提高人才培养能力的意见》(以下简称《意见》)。《意见》被世界称为“新时代高教四十条”,主要包括四个方面内容:①建设高水平本科教育的背景和意义;②建设高水平本科教育的指导思想、目标和原则;③建设高水平本科教育的途径和措施;④建设高水平本科教育的组织保障。

### 一、为何要突出强调本科教育:后评估时代的现实之殇

20 世纪末以来,本科生大规模扩招之后,本科教育质量出现了大面积滑坡的现象。于是,2002 年教育部出台文件,决定对高校本科教学工作进行“水平评估”;2012 年教育部又决定对新建本科院校和本科教学工作进行“合格评估”;2013 年教育部又启动了全国所有高校本科教学工作“审核评估”。客观地讲,上述三大评估在一定程度上提升了对本科教学的关注度,促进了本科教学工作的规范化,尤其是促进了新建本科院校的整体建设和规范化办学。从这个意义上讲,三大评估功不可没。目前,许多高校已顺利进入“后评估时代”,我校正在大踏步地走向“后评估时代”。

但令人遗憾的是,“后评估时代”的到来,并没有改变国人对教育的总体印象:“要命的小学”——“玩命的中学”——“乐命的大学”。大学本科教育的水平和质量仍不尽如人意,这不

作者简介:王振亚,男,陕西商洛人,教授,博士生导师,陕西国际商贸学院科技处处长。

仅是大学的尴尬,更是整个中国高等教育的悲哀,它严重制约了“双一流”建设及教育强国目标的实现。正是在这样的背景下,教育部召开了这次“新时代全国高等学校本科教育工作会议”,并出台了被称为“新高教四十条”的《意见》。

《意见》指出,目前本科教育存在的突出问题是:其一,人才培养的中心地位和本科教学的基础地位还不够巩固;其二,一些学校领导精力、教师精力、学生精力、资源投入不到位;其三,教育理念相对滞后;其四,评价标准和政策机制导向不够聚焦。这些问题涉及教育的本质、理念、政策导向、管理机制、评价标准以及学校的资源投入、精力投入等一系列重大的根本性、全局性问题。这说明目前的本科教育不能适应国家战略发展的新需求,不能适应世界高等教育发展的新趋势。无须讳言,与发达国家相比,我国本科教育管理松弛、要求不高、学业挑战度和难度低,学生进了大学犹如进了“保险箱”,轻轻松松学习,快快乐乐生活,稳稳当当毕业。据厦门大学高等教育研究院对全国820所高校本科毕业率和学位授予率的统计,两者分别平均达到97.75%和96.90%[①];而美国排名前50位的高校6年毕业率只有89.7%,排名51~100位的高校6年平均毕业率仅有56.2%。由于外部压力小,学生学习的内在动力不足,教师教学的精力投入也不足,致使我国本科教育质量不高,学生的高阶思维能力和创新能力普遍偏低,本科阶段高等教育的人力资源增值功能与发达国家相去甚远。结论:我国与发达国家高等教育的差距主要差在本科教育上,特别是近20年来本科教育的“野蛮生长”和“拔苗助长”进一步拉大了这一差距。

为此,教育部陈宝生部长在成都会议的讲话中大声疾呼:高教大计,本科为本,本科不牢,地动山摇。他强调,人才培养是大学的本属职能,本科教育是大学的根和本,是高等教育中最具有战略地位的教育,是纲举目张的教育。因此,不抓本科教育的高校不是合格的高校,不重视本科教育的校长不是合格的校长,不参与本科教育的教授不是合格的教授。《意见》强调,本科教育是提高高等教育质量的最重要基础,是大学人才培养之根,必须坚持“以本为本”,加快建设高水平本科教育。《意见》和陈部长的讲话,首先高度肯定了本科教育在高等教育中的战略地位、基础地位、核心地位、前沿地位;其次,强调了必须坚持“以本为本”,回归高等教育的本质和本位,其基本内涵是:以人才培养为本、以本科建设为本、以学生发展为本、以立德教育为本;最后,对高校、校长、教授重视和加强本科教育提出了明确的要求,并将这一要求上升至办学与任职是否合格的高度,这在中国高等教育史上是前所未有的。

## 二、何为高水平的本科教育:目标定位与基本特点

### 1. 目标定位

我们要建设的高水平本科教育——“中国特色、世界一流”的高水平本科教育。《意见》提出,到2035年要实现这一目标,所以,这是中国高等教育的一个中长期目标,是高等教育的共性与个性、世界性与民族性相统一的目标。

### 2. 基本特点

特点之一:我们要建设的高水平本科教育是坚持“三个服务”的本科教育。

一是坚持为人民服务;二是坚持为中国共产党治国理政服务;三是坚持为巩固和发展中国

① 李欣.教育部部长:中国“玩命的中学、快乐的大学”现象应扭转[EB/OL].(2018-6-24)[2018-07-03].http://www.baijiahao.baidu.com/s?id=1604118174292165746&wfr=spider&for=pc.

特色社会主义制度服务。

特点之二:我们要建设的高水平本科教育是遵循两大规律的本科教育。

一是遵循高等教育的基本规律;二是遵循人才成长规律。

特点之三:我们要建设的高水平本科教育是全面落实“四个回归”基本遵循的本科教育。

一是回归常识。常识是什么?常识就是上大学不该那么轻松,要刻苦读书、求真学问、练真本领。二是回归本分。教师的本分就是教书育人,所以教师要热爱教学、倾心教学、研究教学。三是回归初心。初心就是要牢记为谁培养人、培养什么人的问题,即不是培养“精致的利己主义者”,而是培养社会主义事业的建设者和接班人。四是回归梦想。也就是通过观念、组织、制度、管理等一系列创新,实现教育现代化和教育强国梦。上述“四个回归”聚焦到一点,就是回归本科教育和人才培养。

特点之四:我们要建设的高水平本科教育是坚持五项基本原则的本科教育。

一是坚持立德树人,德育为先;二是坚持学生中心,全面发展;三是坚持服务需求,成效导向;四是坚持完善机制,持续改进;五是坚持发挥优长,特色发展。

**3. 评价体系框架**

《意见》实际上提出了建设高水平本科教育的框架性评价体系:①形成高水平人才培养体系;②立德树人的办学宗旨得到落实;③建成一批一流本科专业;④学生学习成效显著提升;⑤教师育人能力全面增强;⑥协同育人机制更加健全;⑦现代信息技术和教育教学深度融合;⑧质量督导评估制度更加完善;⑨质量文化建设取得显著成效。

## 三、如何建设高水平本科教育:向度、路径与措施

为了落实《意见》强调的本科教育的“四个地位”,答好时代之题,陈部长在会议的讲话中提出了本科教育的八个“首先”:一是高校领导注意力要首先在本科聚焦;二是教师精力要首先在本科集中;三是学校资源要首先在本科配置;四是教学条件要首先在本科使用;五是教学方法和激励机制要首先在本科创新;六是核心竞争力和教学质量要首先在本科显现;七是发展战略和办学理念要首先在本科实践;八是核心价值体系要首先在本科确立。这八个“首先”实际上指出了回归本科教育、落实本科教育“四个地位”的向度和路径。

**1. 回归本科教育、落实本科教育“四个地位”的向度和路径**

1)坚持社会主义办学方向,把思想政治教育贯穿高水平本科教育全过程

(1)把立德树人的成效作为检验学校一切工作的根本标准。

(2)面向全体学生加强“马克思主义理论教育、社会主义核心价值观教育、道德教育、社会责任教育”四大教育。

(3)实施高校思政工作质量提升工程。

(4)构建全员、全过程、全方位“三全育人”大格局,强化课程思政和专业思政,在专业教育和课程教学中有机融入思政教育元素。为此,《意见》提出了打造“三个一批”。

2)提升学业挑战度和课程难度,通过深化教学改革激发学生学习兴趣和潜能

(1)改革教学管理制度,重点是探索辅修制、完善学分制,鼓励学生跨学科、跨专业学习,允许学生自主选择专业和课程,扩大学生学习自主权和选择权。

(2)开展以“研究型学习”为目标的课堂教学革命和学生学习革命,提升学生自我管理能力和自主学习能力。

(3)加强学习过程管理,严格过程考核,严格考试管理,以考促学,激励学生主动学习、刻

苦学习。

(4)强化管理育人和服务育人,建立宽严相济的学生管理制度体系及学生诚信档案制度。

(5)提升学业挑战度,合理增加课程难度和拓展课程深度,营造学生勤奋刻苦的学业生态。

3)适当提升教师专业发展挑战度,全面提高教师教书育人能力

一是加强师德师风建设,把师德师风作为教师素质评价的第一标准,健全师德考核机制和教师诚信机制;二是加强教师教学能力培养,不断提高教书育人水平;三是引导教师回归人才培养的职业本分,把更多精力投入教育教学活动;四是改革和完善教师职业能力、职业成就、职业贡献的评价体系,实行分类管理和分类评价,在专业技术职务晋升中实行本科教学考评一票否决制,在职称评审、绩效考核和津贴分配中把教学质量与科研水平作为同等重要的依据。

**2. 回归本科教育、落实本科教育"四个地位"的措施**

1)大力推进一流专业建设,引领和支撑高水平本科教育

(1)实施一流专业建设"双万计划",明确一流专业建设的目标和要求,鼓励应用型本科高校创建一流特色专业。

(2)适应新时代对人才的多样化需求,全面提高专业建设质量,从人才培养方案、课程体系、教学大纲、专业与课程标准等各方面加强专业建设。

(3)深化本科专业供给侧改革,建立专业动态调整机制,做好存量升级、增量优化、余量消减。

(4)培育优势特色专业集群,打造专业建设新高地。

2)加强智能化建设,推进现代信息技术与教育教学深度融合

(1)加强智慧课堂、智慧实验室和智慧校园建设,探索网络化、数字化、智能化和个性化教育,重塑信息化时代教育教学新形态。

(2)大力推进慕课和虚拟仿真实验建设,教育部拟推出3 000门精品在线开放课程和1 000项虚拟仿真实验教学项目,以形成高校处处能学、时时可学的泛在化学习环境。

3)坚持开放办学,构建全方位全过程深融合的协同育人新机制

(1)有效地整合社会资源,充分发挥各方优势,建立和完善互利共赢、开放共享的协同育人机制,具体包括培养目标协同机制、教师队伍协同机制、资源共享机制及管理协同机制。

(2)与行业、企业共建实践育人平台,进一步提高实践教学比重。

(3)强化科教协同育人,用最新科研成果和高水平科学研究支撑高质量本科人才培养。

(4)深化国际合作,与国外高水平大学和研究机构联合培养师资及本科生。

4)加强质量文化建设,完善质量评价和保障体系

(1)把人才培养水平和质量作为评价大学的首要指标,形成以提高人才培养水平为核心的质量文化,并将其转化为师生的共同价值追求和自觉行动。

(2)构建以学校内部质量保障为基础,教育行政部门为引导,学术组织、行业协会和社会机构共同参与的质量保障体系。

(3)建立本科教学自我评估制度,强化高校质量保障主体意识和主体责任。

(4)建立本科专业认证制度,开展保合格、上水平、追卓越的三级本科专业认证。

(5)建立动态监测、定期评估和专项督导的新型评估体系。

《意见》最后要求,各高校要把建设高水平本科教育作为新时代学校建设和发展的重点任务,开展全面提高人才培养能力的思想大讨论,并结合本校实际,制定实施方案,明确建设目标、重点内容和保障措施,加强组织领导,确保建设工作真正落实。

# 关于中国“双一流”大学建设的思考

常引　　求赋

**【摘要】** 本文在学习习近平总书记关于创建世界一流大学讲话精神的基础上，通过对“双一流”大学的概念、基础及来源分析，参照世界一流大学特征，提出了中国“双一流”大学与世界一流大学的差距所在。并认为不济的原因是“教育观念转变不大；‘双一流’大学的排名取决于政府管控；传统大学精神和行为准则被遗弃；大学自主办学权未完全落实”。提出了中国创建世界一流大学，要“加强世界一流大学建设的管理机制研究；重塑大学精神；树立正确的办学理念；扭转‘名师不名’‘高师不高’‘博士不博’状态”。

**【关键词】** 世界一流大学；大学精神；办学理念

2015 年 8 月 29 日，习近平总书记指出，“我国科技队伍的规模是世界上最大的，这是产生世界级的科技大师、领军人才和尖子人才的重要基础，但是，我国世界级的大师缺乏，领军人才和尖子人才不足”；“要全面贯彻党的教育方针，遵循教育规律，以‘立德树人’为根本，以中国特色为引领，以支持创新驱动发展为战略，以服务经济社会为导向，推动一批高水平大学和学科进入世界一流行列或前列，提升我国高等教育综合实力和国际竞争力。培养一流人才，产出一流成果；要引导和支持高等学校优化学科结构，凝练学科发展方向，突出学科建设重点，通过体制、机制改革，激发高等学校的内驱力和活力”。

如何贯彻落实习近平总书记这一重要讲话精神，是全国高等学校和每一个高等教育工作者必须深入思考的问题。

## 一、“双一流”大学建设的提出

“双一流”，一般是指世界一流大学和一流学科；“双一流”建设是指世界一流大学和一流学科的建设，简称为“双一流”大学建设。

建设世界一流大学和一流学科，是党中央和国务院做出的重大战略决策，亦是中国高等教育领域继“211 工程”和“985 工程”之后的又一国家战略，是为提升中国高等教育综合实力和国际竞争力，实现“两个一百年”奋斗目标和中华民族伟大复兴的中国梦提供的有力支撑。

2015 年 8 月 18 日，中央全面深化改革领导小组审议通过了《统筹推进世界一流大学和一流学科建设总体方案》，将原“211 工程”“985 工程”及“优势学科创新平台”等重点建设项目统一纳入世界一流大学和一流学科建设，并决定统筹推进建设世界一流大学和一流学科。

2017 年 1 月，经国务院同意，教育部、财政部和国家发改委印发了《统筹推进世界一流大学和一流学科建设实施办法（暂行）》。

2017 年 9 月 21 日，教育部、财政部和国家发改委联合发布了关于公布世界一流大学和一流学科建设高校及建设学科名单，首批“双一流”建设高校共计 137 所，其中世界一流大学建

作者简介：常引，女，陕西渭南人，陕西国际商贸学院副教授，主要从事企业财务和高等教育研究。
求赋，女，陕西咸阳人，陕西国际商贸学院教授，主要从事人力资源管理和高等教育研究。

设高校42所，世界一流学科建设高校95所；双一流建设学科共计465个（其中自定学科44个）。

2017年10月18日，习近平同志在十九大报告中指出，“要加快一流大学和一流学科建设”。

## 二、世界一流大学的特征

“世界一流大学”是一个模糊的概念，没有一个约定俗成的固定标准，但从《美国新闻与世界报道》（USNEWS）、英国《泰晤士报》（TIWES）和加拿大《麦卡林》（MACLEANS）等报刊每年一度的排行榜中，可以归纳出“世界一流大学”的基本特征。

（1）世界一流大学的学科水平很高且门类较为齐全，如哈佛大学、麻省理工学院、斯坦福大学、加州大学伯克利分校等，均有20余个学科在美国名列前茅，在世界上享有很高的声誉。世界一流大学学科门类较为齐全，不仅能在广阔的领域为学生提供学习条件，而且还为学科交叉渗透和新兴学科的培育提供前提①。

（2）世界一流大学教师的素质很高且学术大师会聚，多数教师拥有其他世界一流大学的博士学位，他们都是经过严格的筛选程序，从几十名甚至数百名候选人中挑选出来的；他们中不乏有诺贝尔奖获得者、世界杰出的科学家和划时代的科技成果的发明者。

（3）世界一流大学的科研成果卓著且学术声誉很高。世界一流大学都是研究型大学，不仅具有良好的学术氛围，还代表着科学研究的国际前沿，且拥有一批国际一流的实验室和国际领先的原创性成果，在世界范围内享有很高的学术声誉。到目前为止，世界上共有400余名大学的教师获得过诺贝尔奖，而这些教师基本上都是世界一流大学的教师。

（4）世界一流大学的科研经费充足且研究力量雄厚，年度科研经费少则一亿美元，多则数亿美元。世界一流大学除了具有很高水平的教师外，还拥有庞大的研究队伍，一般博士研究生的人数占全校学生总数的60%左右，博士后的数量一般都是数百名。如哈佛大学则拥有3 000多名博士后②。

（5）世界一流大学的学生素质一流且师生比例不高。世界一流大学非常重视吸引本国和世界上最优秀的学生入校就读，培养的学生毕业后普遍深受社会欢迎，对社会乃至整个人类的创新和进步起着带头的作用。世界一流大学的师生比一般不高，这既是研究型大学的教师从事大量科学研究的要求，也是创造性人才培养的要求。

（6）世界一流大学管理科学、规范且有杰出的校长掌舵。世界一流大学都有自己的大学章程，并以章程为基础，制定了各种规章制度。世界一流大学都具有高度的权威性和严肃性，高度地形成了规范管理和依法办学的良好氛围。世界一流大学都有杰出的校长掌舵，他们不仅是享有崇高威望的科学家，而且都是具有独特办学思想的教育家，更是出色的社会活动家。

（7）世界一流大学一般都具有较为悠久的发展历史和深厚的文化底蕴。世界一流大学在长期的办学实践中形成了鲜明的办学特色和明确的办学理念。它们不断地根据教育、科技、社会、经济发展的需要，确定自己的发展战略和目标定位，积极主动地进行改革创新。

（8）世界一流大学是全方位的开放式办学，是国际化教育，是文化、科技交流的桥梁，它们

① 丁学良. 什么是世界一流大学[J]. 高等教育研究，2001(3)：4－9.

② 陶爱珠. 我国创建世界一流大学的研究[M]. 上海：上海交通大学出版社，1999.

不仅是世界著名学者学术交流的中心，也是国际化人才培养的基地；世界一流大学不仅国际化程度很高，而且留学生的比例也很高，一般都占在校生人数的20%以上[①]。

(9)世界一流大学的办学经费投入巨大，而且办学设施优良。年度经费一般都在10亿美元以上；还拥有一流的图书馆、博物中心和丰富的馆藏资料，为师生提供良好的工作环境和学习环境。

## 三、中国“双一流”大学建设现状

(1)中国“双一流”大学建设与世界一流大学的差距

如果按照诺贝尔奖获得的数量和在《自然》《科学》杂志上发表论文的数量，可将世界一流大学分为“世界顶尖大学”“世界一流大学”和“世界知名大学” 三类：将获得过若干诺贝尔奖，且在《自然》和《科学》杂志上年均发表20篇论文以上的划为“世界顶尖大学”，世界上共有20所，其中美国有16所；将绝大多数大学获得过诺贝尔奖，且在《自然》和《科学》杂志上年均发表12篇以上论文的划为“世界一流大学”，世界上共有50所，其中美国有39所；将在《自然》和《科学》杂志上年均发表12篇以下6篇以上的划为“世界知名大学”，世界上共有100所，其中美国有59所。中国“双一流”大学均与“世界顶尖大学、世界一流大学和世界知名大学”无缘。

(2)中国“双一流”大学建设在世界大学体系中的位置

中国北京大学和清华大学基本上处于世界大学体系中的200名~300名，其他若干的“双一流”大学建设尚处于世界大学体系的300名~500名。预计到2025年，北京大学和清华大学有可能进入世界大学体系的前100名，成为世界一流大学，其他若干“双一流”大学建设有可能进入世界大学体系的前200名，成为世界知名大学。

## 四、中国“双一流”大学建设存在较大差距的原因

### 1. 传统“教育观念”转变不大

改革开放以来，中国的高等教育发展不能说没有进步，但这些进步主要是量的增加，或者说是一些添枝加叶的修饰工程。从根本上来说，教育观念是陈旧的，教育模式是保守的，教学方式是死板的[②]。以教师为主体，把学生当作被动的客体，维护教师的绝对权威，这与当代教育自由平等的原则相悖；以课堂为中心的弊端在于满堂灌，使教学脱离实际、脱离社会，特别是脱离日新月异的技术革命和经济建设；以课本为中心，致使学生的知识陈旧且知识面狭窄，妨碍学生广泛阅读、深刻思考，不利于创新型人才的培养。

在这种传统的“封闭型、重复型、记忆型，专制性、权威性、统一性”的教育观念下，是很难培养出“尖子人才”“领军人才”和创造、创新型人才的。

### 2. 大学建设排名取决于政府管控

从“双一流”大学建设如何通过具体的实践发展成为“双一流”大学建设的过程来看，无论是1993年由原国家教委确定的“211工程”大学，还是1998年后确立的“985”工程大学，都是延续了1954年开始一直到20世纪90年代初期政府圈定和确认的“重点大学”建设的思路和

① 张风莲，江丕权. 美国经验：世界一流大学的条件[J]. 高等教育，1994(1)：96－102.

② 卢晓中. 当代世界高等教育理念对中国的影响[D]. 厦门：厦门大学高等教育研究所，2001.

逻辑。而这种建设的思路和逻辑，完全是基于政府行为，特点如下。

（1）通过顶层设计，对大学进行区分对待。如前述的“211 工程”大学和“985 工程”大学的诞生和发展就是在政府指导下，通过工程项目及规划纲要的制度化方式，对大学进行有区别的资源配置。政府决定着一所大学的专业设置，并通过本科专业、硕士点和博士点的集中管控，将一所大学的发展限定在政府的框架中。

（2）以身份认定为杠杆。无论是早年的“重点大学”，还是后来的“211 工程”大学和“985 工程”大学及目前的“双一流”建设大学，都是政府对大学的一种身份认定，都是依靠政府行政手段制定的。正如有些学者所说，所谓的“211 工程”大学、“985 工程”大学和“双一流”大学建设并不是通过学术、教学上的竞争和“狭路相逢勇者胜”决出来的，而是在一轮又一轮项目认定的基础上，通过“资源配置的剪刀差”形成的。

**3. 优良的大学精神和行为准则被遗弃**

在中国传统教育思想中，对“道”的追求是一项重要内容，强调君子要关心大事和大道理，反对跟着世俗的变化而随波逐流。

现代教育家蔡元培在《大学令》中确定了大学教授高深学术的宗旨，他认为，“所谓大学者，非仅为多数学生按时授课，造出一毕业生之资格而已也，实以是为共同研究学术之机关”。大学生应该以科学研究为单纯目的，反对“以学校为科举，以学院为书院”的急功近利、守一排他的做法。梅贻琦以“大学之道，在明明德，在新民，在止于至善”作为大学精神的注释，指出“大学之道重于大学之用”，并明确指出，“大学的使命有二，一曰学生之训练，二曰学术之研究”；“大学要进行高深研究，培养知类通达之人；大学应该保持学术独立”。然而，20 世纪 90 年代后，中国的大学进入到一个很独特的阶段。

（1）在大学，师生不谈股票，不谈金钱，极有可能被视为异类。在许多情况下，大学里的话题与市井谈论似乎已无本质的区别，传统的行为准则被实用主义所取代；商业化、产业化、市场化，使大量的师生涌入世俗。

（2）由于受政府排名影响，所有成就和人才都是通过标准化的指标来选择。校园建设是以庞大宏伟的建筑来衡量；科研成果以数量的多少来衡量；学科建设以硕士点、博士点的多少来衡量；办学水平以国家重点学科、国家级实验室、院士人数的多少、国家科研奖项的多少以及科研经费的多少等来衡量。岂不知这些数量的大小和多少，都是政府用资金的“剪刀差”形成的。更严重的是，排名衡量的指标导致了大学校园圈地运动风起云涌，越来越重视科研成果的数量，而忽视科研成果的内容与质量。几乎所有的大学都在追求学科建设的综合性、低水平的重复和互挖人才，有些大学的硕士生导师和博士生导师滥竽充数，使大学由原初通过知识创新、知识传播和真理引领形成的自我确认转化为对外部可见物的追求。各种违背科学道德的不良行为和学术不正之风愈演愈烈，科学研究普遍存在着浮躁情绪，急于求成，甚至有些人置道德于不顾，不惜抄袭、剽窃他人科研成果，以此求得个人名利。在经济市场化、行为功利化、利益多样化及价值多元化的面前，大学精神和行为准则受到了严峻挑战。

**4.“自主办学”权利尚未完全落实**

中华人民共和国成立后，我国逐渐形成与计划经济相适应的“政府举办、计划调控、封闭办学、集中统一”的高等教育体制，大学没有“自主办学权”。

从 1985 年后进行教育体制改革，由于市场经济体制的出现，不仅使“办学自主权”未得到落实，反而使大学与政府的关系变得更加扑朔迷离；1995 年后，随着改革深化，传统的计划经济共同体一分为二,出现了市场和公共两个不同的社会领域。从理论上讲,在社会转型的过程中还应该再分划出一个介于市场领域和公共领域之间的一个非企业、非政府的社会组织,而问题是我国并未分划出一个成熟的第三个社会组织来,这不仅给大学如何定位带来了较大的困难,而且使大学与政府的关系一直还存在着一种过密的联系,甚至是政府的附属物。

直到进入21世纪后,大学才从政府系统中游离出来,但政府与大学的关系还存在着许多不确定的因素:在运行机制方面,或借鉴市场体制,或沿袭计划经济体制,至今还未找到能体现大学特征的办学机制。

## 五、中国“双一流”大学建设应注意的几个问题

### 1. 加强“双一流”大学建设的管理机制研究

(1)根据世界一流大学的九大特征,加大对世界一流大学的分类研究,对世界顶尖大学、世界一流大学、世界知名大学给予明确的定义。在此基础上制定我国科学、客观的“双一流”大学建设战略目标和做出可行性的“双一流”大学建设规划及可操作的方案①。

(2)加大对“双一流”大学建设投资力度,在科学、实事求是预测的基础上,专款划拨科研经费,并下放充分的“自主办学权”,使“双一流”大学建设按照大学章程的规定,实现自治自理、规范管理。

(3)加强对“双一流”大学建设评价研究和第三方中介机构建设研究,参照世界一流大学的评价标准,建立科学的评价体系,既重视总体实力,更重视师资水平和发展潜力,并将评价结果与拨款挂钩,实行动态和有区别的管理。

### 2. “双一流”大学建设应重塑“大学精神”

“双一流”大学建设应该是探索高深学问、追求真理、关怀终极、关注人类命运的场所,是人类追求文明进步的精神殿堂。只有真正理解了这一点,才能维护与保持大学的本性,恪守大学的本质,才能更加科学地对待“双一流”大学建设带来的挑战和变革。

大学不能为了“发展”而放弃原则,不能为了“生存”而改变信仰。“双一流”大学建设要时刻关注自身,关注变革,关注世界,超越现实,抵制诱惑,将研究高深学问、追求真理作为一种崇高的大学生活方式。教育师生要从纷杂的俗物中摆脱出来,全身心地沉浸于高深学问研究之中。“坐十年冷板凳”耐住寂寞,不为社会和经济利益所左右;坚持独立精神,自由思考,与政府保持密切关系,与社会保持互动关系,但不要“逢迎”,不要媚俗,不要盲从,不要随波逐流。应遵循自己的发展规律,追求真理,做社会和新时代的先锋。

### 3. 树立正确的“办学理念”

创建一流大学,首先要制定明确的规划,明确的发展目标、实践进程及实现目标的关键因素。其次,要特别重视选聘高水平的院、系领导,通过好的方法和制度,为具有不同专长的人员提供广泛的“智识性”的领导,并将专业化的、异质的、动态的单位组成一个有机整体,使每一个单位都具有非常高的自治程度和权限,使每一个单位都依赖于相当有才能、智慧及人格魅力的负责人;要认识到,要指导和管理好一所大学,很大程度上是依赖领导个人的能力去激发、协调及为各种不同专业特长的个人提供广泛的智识性领导,而不是去命令。最后,创建一流大学要有一流的教师。因此,如何选择和聘任教师,是一个非常关键的问题;要建设一流大学必须

---

① 康宁. 论教育决策与制度创新:以99高校扩招政策为案例的研究[J]. 高等教育研究,2000(2):31-38.

坚持有所为和有所不为，找出自己的比较优势，利用自己的强项，并使自己的强项更强。

**4. 扭转“名师不名”“高师不高”“博士不博”状况**

“双一流”大学建设是培养拔尖人才的基础。诺贝尔奖获得者绝大多数都是出自于世界一流大学。大学作为创造知识、传播知识的基础，其特有的产品就是知识和人才。今日的中国不是英才太多，而是世界级的拔尖人才太少，尤其是创新能力较为薄弱。其主要原因是，我国大学与发达国家大学相比，科学研究整体根本就不在同一层次上。“双一流”大学建设的博士生导师，目前的科研水平已成为制约培养世界级拔尖人才的“瓶颈”。为此，“双一流”大学建设一方面要千方百计地引进世界一流水平的专家和学者充实到博士生导师队伍中来，或吸引世界各国优秀科学家来华进行短期讲学、学术交流、合作研究或联合培养博士生；另一方面，要建立公平竞争的机制，完善优胜劣汰的博士生导师遴选机制，彻底有效地扭转目前存在的“名师不名”“高师不高”和“博士不博”的状况，强力推进博士生导师队伍整体水平提升，为培养一代胜过一代的世界拔尖人才奠定厚实的师资基础，实现我国高水平人才培养“质”的飞跃。

总的来说，大学的存在不仅仅是为经济发展，大学的使命是挖掘真理，挖掘人类物理世界到精神世界的教学。大学应该培养学生判断事物的能力、独立思考的能力，培养成功者所需的社会和个人品质。一所大学时常标榜的院士、重点学科、重点实验室和科研论文的数量，只是对过去成绩的总结和今后工作的起点，它本身并不能代表一流大学和一流教学。要知道学生更需要高水平、高质量的教学，到社会找到好的工作，获取较高的社会回报。高校立身之本在于立德树人，只有培养出一流的人才，才能成为世界一流大学。

# 培养一流人才是建设一流高校的核心任务

卞淑云

【摘要】 人才培养关系到大学为社会输送的人才的层次和素质，是教育的出发点和归宿，是高等教育的核心职能之一。本文首先论述了培养一流人才是建设一流高校的核心，提出了建设世界一流高校最为迫切的就是要将高校的办学理念和职能定位回归到人才培养的核心上来。其次，深入剖析了当前本科教育受到的挑战和冲击，明确指出一流本科是一流大学的应有之义。最后，结合当前高校培养目标给出了双一流背景下高校培养一流人才的改革方向。

【关键词】 一流高校；“双一流”；教学改革

2015 年国务院发布了《统筹推进世界一流大学和一流学科建设总体方案》，拉开了我国“双一流”建设的帷幕。党的十九大提出，要优先发展教育事业，建设教育强国，加快一流大学和一流学科建设，实现高等教育内涵式发展。一流本科和一流本科教学是内涵式发展的应有之义。2016 年习近平总书记在全国高校思想政治工作会议上指出：“办好我国高校，办出世界一流大学，必须牢牢抓住全面提高人才培养能力这个核心点。”归根结底，建设高等教育强国最具标志性的任务就是要培养一流人才。因此，培养一流人才是建设一流高校的核心。

世界一流大学是在世界范围内享有卓越声誉的大学，各个国家都想拥有多所世界一流大学，每所大学都希望成为世界一流大学。然而，迄今为止何谓“一流大学”仍然是见仁见智、莫衷一是。2017 年 1 月 24 日，教育部、财政部和国家发展改革委员会联合印发了《统筹推进世界一流大学和一流学科建设实施办法（暂行）》，其中对一流大学的定义是，经过长期重点建设，具有先进的办学理念，办学实力强，社会认可度较高的高校，须拥有一定数量国内领先、国际前列的高水平学科，在改革创新和现代大学制度建设中成效显著。那么，衡量一流大学就不能仅靠若干量化的数据或指标，而应该有一套完整系统的评价体系，尤其要把握大学培养人才这一根本。

提高人才培养质量是我国“双一流”大学建设过程中必须充分重视的一个方面，只有能够培养出世界一流人才的大学才能称之为世界一流大学。随着大学的发展以及职能的演变，大学的人才培养模式也发生了转变。在此基础上，提出我国一流大学人才培养的改革方向，旨在提升我国“一流大学”人才培养质量，推动中国“双一流”大学建设。

## 一、当前我国本科教育受到挑战和冲击

育人是大学的初心，只有培养出一流人才的高校，才能够称为世界一流大学。本科教育是培养一流人才最重要的基础。“一流”是目标，也是标准，首先要体现在人才培养的成效上，而大学人才培养的成效与大学的职能息息相关。

随着大学的演变与发展，大学的职能也由单一化向多样化方向发展。现代大学具有人才培养、科学研究和为社会服务三大职能。但随着演变，大学的职能也产生了异化倾向。大学职能异化主要表现在三个方面：①大学人才培养、科学研究和开展社会服务三大职能在现实的高

作者简介：卞淑云，女，河南商丘人，硕士研究生，陕西国际商贸学院财务会计学院讲师，研究方向为应用统计。

等教育活动中逐步与其本职相背离；②本应为教学职能服务的科学研究职能，却逐步与教学相分离与分化，教学的基本职能地位逐步让位于科学研究；③由于社会发展的需求，大学被社会各子系统所牵制，使大学的职能得以扩张与分化，大学的教学职能进一步受到压缩与排挤，出现了忽视教学的严重危机。

人才培养、科学研究、为社会服务作为大学的三大职能，在功利实用主义教育哲学的影响下，作为高等学校最原始、最基本的职能——教学，却越来越被大学和教师所轻视，出现了“重科研轻教学”“教学与科研分化”“学术资本主义”“过分强调专业教育，忽视通识教育”等现象①。这些现象不仅是人才培养质量下滑的重要原因，也是大学未能正确处理“三大职能”之间关系的具体表现。

大学职能异化是高等教育与社会互动、博弈的必然结果，大学职能异化的现实使以职能为大学分类的标准背离了大学的本质属性，割裂了知识兼具学术性与应用性的特征，造成大学职能定位错位和研究型大学建设的急功近利。但是，大学创立的初衷和发展历史均表明，大学的根本使命是人才培养，学校的中心工作是教育教学，教师的第一责任是教书育人，我们应该始终牢记这一根本、中心和第一责任。

## 二、一流本科是一流大学应有之义

教育部已经明确提出，一流大学和一流学科建设中包括一流本科的建设。这里传递了两层意思：一是一流大学和一流学科建设不应该只是关注狭义的一流学科建设，还必须关注一流本科建设；二是一流本科本就是一流大学应有之义，不应该忽视一流本科建设②。显然，世界一流大学都拥有一流本科。

一流大学建设中往往容易忽视一流本科建设。现代大学中学科是一个巨大的集成体，既有形也无形，学科包含教师、本科生、硕士生、博士生、博士后及毕业校友等人员集成，包含了实验场所、实验设备、研发设备和实习基地等条件集成，包含研究积淀、人才质量和社会贡献等声誉集成。学科通过专业承担人才培养这一职能。一个专业要完成培养人才的任务，首先必须满足社会对人才的需求，其次必须依托与专业相关的学科来组织课程体系，然后实施教学过程，获得教学效果。研究生的专业与学科、科研基本实现了无缝对接，因此研究生人才培养的质量问题不是特别突出；而本科生的专业与学科、科研往往是脱节的，甚至本科生与研究生之间也不容易做到深度互动，因此本科人才培养的质量问题比较外显。

本科教育是高等教育的主体，本科教育对高等教育具有基础性、支撑性和战略性作用。首先，从人生的角度而言，绝大多数本科生是18～22岁的优秀青年人，特别是在研究型大学里更是集中了全国乃至全世界基础最好、最有发展潜力的中学毕业生。其次，从数量的角度而言，高等教育中本科生比例远高于研究生。最后，从大学人才培养的“金字塔”结构的角度而言，本科教育是高层次人才培养、精英人才教育的基础，没有高质量的一流本科教育，就不会有一流的研究生教育和精英人才的涌现。因此，一流本科是一流大学的应有之义。

## 三、“双一流”背景下高校培养一流人才的改革方向

高校“双一流”建设中的人才培养工作，必须坚持落实立德树人的根本任务，突出人才培

① 徐飞．培养一流人才是一流大学的本分［J］．中国高教研究，2017(5)：29－33．

② 陈国栋．一流本科是一流大学应有之义［J］．中国大学教学，2016(6)：6－8．

养的核心地位，以体现中国特色、世界水平为目标，以为国储才为永恒追求，着力深化教育教学改革，切实增强学生的社会责任感、创新精神和实践能力，全面提升教育教学水平和人才培养质量。

**1. 更新教育理念**

先进的教育理念是引领世界一流大学发展的思想基础，是人才培养的总纲。我国许多大学还停留在传统的重知识、轻能力，重继承、轻探索，重范式、轻个性，重专业教育、轻通识教育的教育理念阶段，已经不能满足时代对创新型和实践型人才培养的需求。在“双一流”背景下，我们要树立以学生发展为中心的理念，做到资源配置、政策导向体现人才培养核心地位；坚持专业教育与通识教育相结合，加强价值引导，培养学生的国家意识、历史使命感和社会责任感；注重教育的多元化，为学生个体发展创造更加个性化与多样化的学习体验；加强教育教学的创新性、实践性和适应性，实现从传授知识到培养能力的转变；营造开放包容的校园文化，培养学生的国际视野和跨文化交流能力等。

每一所大学都是一个独特的个体，大学的教育理念除了具有内在的统一性，也是大学历史积淀和自身发展定位的综合体现。我国高校在“双一流”的建设中，创新教育理念既要研究国际高水平大学改革趋势，又要从实际出发，发掘自身特有的历史传统和校园文化，结合人才培养目标，逐渐形成特色鲜明的教育理念，并将这种理念内化为全体师生员工共同的追求。

**2. 营造优质育人环境**

一流人才的成长需要优质的土壤孕育，高校要着力营造环境氛围，让教师潜心育人，让学生乐于学习。育人环境的构成既有硬件形式的内容，又有软件形式的内容。硬件形式是指教学楼、宿舍、图书馆等建筑物，还包括仪器设备、图书资料等教学设施，以及校园其他实体环境；软件形式主要指师资力量、教学管理制度、专业设置、课程资源、校风学风等各种非物质形式的内容。软件形式的内容和硬件形式的内容一起构成了高校人才培养活动得以顺利进行的一切要素，二者缺一不可。

我国高校经过“985 工程”“211 工程”建设，在硬件设施方面已经有了很大的提升。“双一流”期间，高校应重点围绕教学改革做好设施配套，同时，高校还应着力优化现有硬件设施的个性化服务功能，体现以师生为本。在软件环境方面，重点要营造以人才培养为中心、重视学生成长的良好氛围。一是要将一流师资优先配置给人才培养，形成教授为本科生授课的长效机制，并加强青年教师教学能力建设。二是汇聚更多的优质育人资源，把学科平台和人才培养紧密地结合起来，把教师科研、实践和教学结合起来，将一流学科和一流成果转化为一流的教学内容。三是健全制度与文化建设，严格教育教学常规制度管理，加强学风和教风建设，营造出健康和谐、积极向上的育人氛围。四是加大对学生的资助投入，提供特色化学习服务项目①。

**3. 深化教学改革**

高校“双一流”建设中的教学改革应以提高人才培养质量为核心，着力处理好教育与教学、教学与科研、课堂与实践、通识教育与专业教育、学生综合素质培养与个性化发展之间的关系。主要表现为以下五个方面。

（1）强化通识教育在本科人才培养中的地位。高校应树立正确的通识教育理念，重新设

① 莫欣，孙晓枫，谢寅波．“双一流”建设中的本科教育改革目标和方向研究[J]．教育教学论坛，2018(6)：82－84．

计通识教育课程体系，挖掘优质的通识教育资源，优化课程教学内容，丰富教学形式，帮助学生通过通识教育“成人”，继而“成才”。

(2)将创新创业教育融入人才培养的全过程。创新创业教育改革是推进高等教育综合改革的重点内容，也是“双一流”建设中人才培养的重要任务。创新创业教育不是简单地针对部分学生开设几门创业课程、资助几个创新项目就能够实现的，而是应面向全体学生和教师，贯穿到人才培养的全过程，促进学生将创新意识和能力内化为自身素质。

(3)逐步推进个性化培养改革。个性化培养是拔尖创新人才培养的重要手段。个性化培养改革的重点是打破统一范式，尊重个性差异。

(4)聚合资源广泛开展协同育人。高校要积极开展学科协同育人，推进学科交叉互动，依托学科交叉创新实践平台进行人才培养，将原有的以知识为主线的教学体系和以问题为导向的科研体系结合起来。

(5)发挥信息技术在优化教学过程中的积极作用。信息技术为知识的传播方式带来了巨大变化，高校要主动适应，推进信息技术与教育教学深度融合①。

**4. 增强学生国际竞争力**

世界一流大学、一流学科培养的人才应该具备一定的国际竞争力。我国大学生在基础知识的积累和专业理论的掌握上具有优势，但思维不够活跃，独立思考和逻辑判断能力较弱，平均英语水平较日本、韩国和新加坡等亚洲先进国家存在一定差距。许多学生出国留学后，不能很快适应国外的学习环境，害怕参与课堂讨论，不愿意表达自己的想法，这既是受到中西方文化差异的影响，又有语言障碍的问题，主要还是大学乃至中学阶段长期灌输式教学模式对学生主动思维的压抑和知识应用能力培养的忽视。高校要增强学生的国际竞争力，一方面要通过深化课程体系和教学方法改革促进学生综合素质和实践能力的提升，另一方面要着力于推进大学的国际化氛围建设，实现与国际环境的无缝对接。

**5. 加强质量保障体系建设**

高校要创建良好的质量文化氛围，引导广大师生把保障教学质量和促进人才培养质量提升内化为精神追求，外化为自觉行动，真正参与到质量建设的过程中来。完善质量保障组织体系，提升管理效率和水平，强化合作，形成提高质量、监督质量、保障质量的合力。建立质量标准体系，制定各专业人才培养质量标准，将人才培养目标和教育教学理念落实到衡量教学质量、规范教学过程的具体化标准中。健全质量保障制度，建立教学质量监控、有效反馈、持续整改和提高的自我管理机制。改进教学质量监控，加强过程性评价，提升学生学习过程、学习成长在考核中所占的比例。提升教学质量管理信息化水平，建立人才培养质量管理数据系统，以大数据支撑质量分析和管理。

---

① 吕思思．高校“双一流”建设中的人才培养工作思考[J]．科教导刊，2017(29)：1－4.

# 民办高校服务区域产业结构调整的思考
## ——以陕西国际商贸学院为例

王立新　梁潇凝　王学成

**【摘要】** 服务区域经济社会发展,是民办高校的基本任务。西咸新区经济快速发展,为商贸学院提供了发展机遇,也提出了严峻的挑战和更高要求。商贸学院根据西咸区域产业发展,坚持服务区域,服务大西安建设。坚持转型发展和质量立校,实行差异化发展,坚持人才强校,实行产教融合、校企合作,构建适应区域发展的学科专业体系,提高人才培养质量。

**【关键词】** 西咸新区;产业升级;影响对策

教育社会学认为,高等教育是社会大系统的有机组成部分,其发展包括一切办学活动都受到社会大系统的影响和制约。高等学校根据社会需要为社会大系统提供服务,以自身特有的功能发挥应有的作用。高等教育随着社会发展变革而做出相应调整,使其符合社会发展需要,是高等教育发展的基本规律。陕西国际商贸学院为西咸新区产业发展提供服务,既符合高等教育办学规律,也是义不容辞的根本职责。

### 一、西咸新区产业发展特点及趋势

(1)西咸新区产业发展现状。国家正式批准成立西咸新区已有3年多时间,新区从成立开始逐步明确发展方向,确定发展目标,统一思想认识,开展了一系列工作。但因其成立的时间较短,真正进入实质性运转的时间不长,“十二五”期间没有形成独立的产业发展体系和经济数据。据陕西省统计局发布的2015年西咸新区统计监测报告显示,西咸新区的产业发展具有六大特点:一是经济实现较快增长,全年实现新区生产总值432.06亿元,较上年增长9.5%,其增速高出陕西省1.5%;二是固定资产投资增势强劲,全年固定资产投资达到1 503.92亿元,同比增长33.0%;三是“三上企业”持续增加,较上年增加55个;四是非公有制经济占比提高,全年实现非公经济增加值255.86亿元,比上年增长10.3%,占GDP的比重为59.2%,高出全省水平5.8%,成为西咸新区发展的重要推动力量;五是民生社会事业稳步推进;六是生态环境不断改善,全年城市污水集中处理率达到70.6%,城市生活垃圾无害化处理率达到76.2%①。从这些数据可以看出,西咸新区在正式成立1年多的时间里已进入了快速发展轨道。

(2)西咸新区产业发展特点。西咸新区建成于西安市和咸阳市之间,原隶属于西安和咸阳两市,建成后,按行政规划区形成了5个组团,即空港新城、沣东新城、秦汉新城、沣西新城和

① 陕西省统计局.2015年西咸新区统计监测报告[EB/OL].(2016-03-15)[2018-05-28].www.askci.com/news/finance/2016/03/16/9403705.shtml.

作者简介:王立新,男,原陕西国际商贸学院执行董事,教授。
梁潇凝,女,陕西咸阳人,硕士研究生,陕西国际商贸学院讲师,主要研究方向为民办高等教育及区域经济发展。
王学成,男,陕西国际商贸学院民办高等教育研究所研究员。

泾河新城，各新城都有自己的产业，并形成了一定的特色。“十三五”时期，西咸新区的发展规划进一步明确了重点发展高端制造业、现代农业、信息技术产业、生物医药产业、现代服务业、节能环保业、电子商务业和文化旅游业8大新兴产业。根据陕西省政府对西咸新区的发展目标功能定位，“十三五”期间西咸新区将围绕建设现代化大西安新中心，建设成为大西安新兴产业和现代服务业的聚集区，带动大西安向西开放的新高地，引领大西安乃至全国创新城市发展方式的生态田园城市和城乡统筹发展的示范区，在未来5～10年里，西咸新区将围绕这8大新兴产业的发展做出巨大努力，加快发展步伐。

（3）西咸新区产业发展趋势。“十三五”伊始，西咸新区大事喜事连连：一是国务院决定给予西咸新区等5个国家级新区“减按15%缴纳企业所得税的优惠”；二是陕西省首家省级人力资源产业园落户西咸新区；三是以华晨集团特种车生产基地为标志的大型企业正式落户西咸；四是丝路世贸中心和西咸金融港等一批基础设施在西咸新区开工建设；五是西咸新区建成空港新城特色文化产业集群等6个省级文化产业示范基地；六是西咸奥体中心等一批文化体育项目在西咸新区开建；七是西安交通大学新校区、西北工业大学国家首个“空天地海”无人机产业基地落户西咸新区建设，大大地提升了西咸新区教育科技实力和水平。更重要的是2017年1月22日，陕西省委常委王永康代表省委在西安市党的第十三次代表大会上宣布“省委支持大西安建设，将西咸新区划归西安管理”①，昭示着西咸新区正式纳入大西安建设。从以上分析可以看出，西咸新区的文化旅游业和高端制造业会得到长足发展；发展环境和政策会更好；发展起点会进一步提高；发展视野会更加开阔；对高层次人才的需求会更加强劲。新兴产业和传统产业齐头并进，高端人才和高新技术相互支撑，以科技创新为动力的发展态势，将成为西咸新区产业发展的主要特色和趋势。

## 二、西咸新区产业升级给陕西国际商贸学院带来的机遇

（1）大西安建设将为陕西国际商贸学院提供更加广阔的视野。2017年西咸新区正式纳入大西安建设，西咸新区成为西安市的重要组成部分，这将有效地拓展西咸新区的发展空间，创新城市发展方式，提升城市能级，放大辐射效应，同时奠定了大西安的发展格局，也意味着陕西国际商贸学院的发展要纳入大西安的发展蓝图。西安作为古丝绸之路的起点，在“一带一路”战略中具有承东启西、连接南北的重要战略地位，在“推进贸易投资便利化、深化经济技术合作、建立自由贸易区”的建设中担负着重要使命。大西安的战略地位使其拥有广阔的市场前景，将会吸引大量国内外企业进驻，带动城市经济转型升级，推动城市综合经济水平快速提升。在这样的背景下，陕西国际商贸学院的发展就要在原有基础上，提升观察思考问题的视野和层次，站在大西安建设，站在国家“一带一路”战略的高度思考学校发展的方向和目标，为大西安建设和“一带一路”建设发挥大作用，做出新贡献。

（2）产业结构升级将为陕西国际商贸学院提供更好的办学环境。随着西咸新区归属西安市统一管理，办学的大环境提升了一个层次，为学校创造了更加优越的办学条件，与高水平大学的交流更加畅通便捷，国内500强企业陆续入驻，新华联集团、安徽南翔集团、金花投资控股集团及华晨特种汽车生产基地等项目落户西咸新区，一批建设资金，高层次人才、新技术、新理

① 秦振，贺桐：西咸新区将划归西安管理 全力推进大西安建设[EB/OL].(2017-01-22).[2018-06-05].http://www.sohu.com/a/124958728_348963.

念，高层次建设项目，一批顶级创新科研团队和创新创业实践模式，都将进入西咸新区，为学校深入一线开展教育教学实践，开展校企合作办学提供了更加便利的条件。这对于西咸新区的发展是一次极好的机会，也是商贸学院千载难逢的发展机遇，学校需抓住发展机遇，更新发展理念，开阔发展视野，充分利用现有办学资源，提高办学质量。

(3)产业结构升级为陕西国际商贸学院提供了更为明确的人才培养目标。教育辩证法认为，生产的发展决定教育所培养的人才规格和专业设置。生产力的发展也必然要求培养出的人才能适应新的生产力，在规格上提出新的要求[①]。西咸新区产业发展最根本的是要有一支高素质的人才队伍。企业转型升级提高了人才需求的层次和素质要求。据调查研究，西咸新区的人才需求主要有三种类型。一是高端顶级人才。在陕西省经济发展布局中，西咸新区以构筑“高端化、高质化、高新化”的产业体系为发展方向，高端人才需求将更加强劲。二是经营管理人才，在整个人才队伍中所占比例在25%左右。三是技术技能型人才，占比45%左右。西咸新区的深入发展，产业结构调整，发展高新技术产业和第三产业，技术技能型人才成为企业需求的重点。学校的办学定位和人才培养目标就是第三类人才，要根据西咸新区和大西安产业发展需要，及时做出应对，调整学科专业结构，提高人才培养质量，加快学生创新创业素质与能力的培养，才能适应西咸区域发展需要。

## 三、西咸新区产业发展对陕西国际商贸学院提出的挑战

(1)学科专业优势将不复存在，竞争将更加激烈。陕西国际商贸学院是由企业举办的本科高校，成立初衷是为企业培养制药和销售方面的人才。随着企业规模的扩大和层次的提升，对人才的知识、素质及业务能力的要求越来越高，所需专业领域越来越广泛。学校根据西咸新区制药、经贸、文化创意、现代服务及电子信息五大产业集群需求，设置了药物制剂、制药工程、宝石及材料工艺学、服装与服饰设计等25个本科专业和22个专科专业，实现了人才供给与社会需求的无缝对接，形成了满足区域经济发展需要的专业体系。在大西安建设中，陕西国际商贸学院将与其他8所民办本科高校处于同一个服务范围。通过对陕西9所民办本科高校专业设置和咸阳地区6所高校专业设置的调查分析，学校现有部分专业的重复率较高，学科专业特色和办学优势并不突出，办学资源的竞争将会更加激烈。

(2)师资队伍建设不足的短板将更加凸显。陕西国际商贸学院师资队伍中青年教师比例偏高，高学历、高职称人员数量不足，结构不尽合理，尤其缺少学术领军人物。在原有体制下，原有师资队伍还勉强能够支撑，随着西咸新区产业升级，尤其是纳入大西安建设后，其服务需求也随之不断提升，对人才的知识、能力、素质提出了更高的要求，现有师资队伍将难以胜任区域发展对学科专业建设和科学研究要求。在这样的形势下，师资队伍的弱项将会更加凸显，师资队伍建设的任务更加紧迫，难度将进一步加大。

(3)对人才培养的质量提出了更高的要求。西咸新区产业结构转型升级，对专业设置、人才数量、质量，知识、能力、素质结构有了新的标准和要求。西安交大中国西部科技创新港建设、西北工业大学“翱翔小镇”暨无人机产业化基地建设项目落成，对区域文化教育将产生较大影响，西咸新区整体水平随之提高，服务西咸的要求也大幅度提升。更值得注意的是，社会需求的有限性和人才供给途径和数量的增多，高校之间的竞争将进一步加剧，取胜的唯一砝码

① 刘楚明．教育辩证法(修订版)[M]．北京：教育科学出版社，2001．

就是为社会提供高质量的人才,陕西国际商贸学院必须随着社会需求的变化不断调整人才的学科专业结构和素质能力结构,只有提高人才培养质量,才能适应区域经济社会需求。

(4)可持续发展将面临更大压力。毋庸回避,在高等教育大众化且正朝着普及化迈进的过程中,高等教育的竞争已到了异常激烈的程度。我们知道,高等学校的发展离不开三个基本条件:一是举办者的态度,没有举办者的积极性,高等教育是不可能发展的;二是拥有丰富的办学资源;三是科学的办学行为。举办者包括政府、企事业单位或个人。在一般情况下,举办者既然办学,其积极性是毋庸置疑的。关于办学行为,因高等教育有其自身规律,举办者必须按照教育规律办事,办学规律是对办学行为的基本约束,同时校与校之间还可以学习、模仿,差异不会太大。当前教育资源的竞争成了教育普遍关注的话题,谁拥有更多、更优质的教育资源,谁就能在竞争中取胜。教育资源包括生源、教师队伍、办学经费、办学场所、实验设备、图书资料、政府的支持政策及办学环境等。从 2016 年陕西民办高校招生情况看,录取率和报到率普遍不高,因此,在招生指标、专业建设、项目审批、就业岗位等方面,民办高校之间的竞争越发激烈。西咸新区归属西安市统一管理,一是提高了要求,同时其他 8 所民办本科高校也必然与陕西国际商贸学院在一个平台上展开竞争。要想在民办高等教育发达的陕西站稳脚跟,进而实现可持续发展的目标,压力之大不言而喻。

## 四、陕西国际商贸学院面对西咸新区产业发展的对策

陕西国际商贸学院在西咸新区产业结构变化的背景下,面临极好的发展机遇,同时也遇到了巨大的挑战,学校必须因势利导,充分利用发展机遇,沉着迎接挑战。

(1)走转型发展之路。学校要尽快理清思路,坚定不移地向职业技术教育转型,重点办好职业教育本科,进一步加强学生的实践应用能力培养,为社会输送更多符合区域社会发展和产业转型升级的技术技能型人才。

课题组提出的基本思路是:进一步提高对转型发展的认识,转变思想观念,从办好职业技术教育本科的要求出发,明确陕西国际商贸学院的基本任务是服务地方、服务西咸及陕西经济发展,为基层生产及管理一线培养应用技术人才。其具体步骤是积极调整学科专业结构,根据西咸新区及陕西经济社会发展的特点及类型,产业转型升级,尤其是互联网 + 时代对各类人才的需要,重新做好专业布局,调整不适应发展需要的专业,增加社会经济发展急需的新专业。按照培养应用型人才目标,调整原有培养方案,压缩理论课时,提高实践课时比例,加强实用技术教学和实践动手能力训练。调整课程设置,增加行业产业发展需要的新课程,压缩不适应培养应用能力的课程,形成课程调整更新机制,争取 5 年换课率达到 2/5。改革不适应应用型人才培养的管理制度,建立符合职业技术教育培养应用型人才的机制体制。坚持走产教融合和产学研合作办学之路,与社会建立广泛联系,把学校融入区域经济社会发展的大系统中去,更好地服务地方,促进学校长远健康发展。

(2)坚持质量立校。质量是办学的根本,提高质量是学校的永恒主题。面对西咸新区产业结构调整对商贸学院提出新要求的条件下,提高办学质量显得更加突出和重要。提高办学质量是一个全方位的系统工程,从思想观念、办学定位、服务面向、学科专业建设、师资队伍、人才的数量和质量、科学研究及社会服务等,需要全校各级组织和全体师生的共同努力。质量还体现在办学目标与社会需求一致,学校的人才培养、科学研究和社会服务与社会需求一致才谈得上质量。因此,学校不但要牢固树立质量意识,建立符合社会需求的质量标准,还要在办学

实践中加强质量管理，牢牢地抓住每一个环节，确保为社会输送的每一个毕业生都是高质量的人才。

(3)实行差异化发展。所谓差异化发展就是与其他高校的错位发展，包括发展内容、发展道路及发展方式等。相对于公办高校，大多数民办高校无论是资金来源、生源和社会影响力都处于弱势，生存发展空间受限。要改变这种被动状态，就要寻求你无我有、你有我优的差异化发展方式。第一是办学定位及服务面向的差异化，根据学校所处地区和自身发展实际确定自己的办学定位、服务范围、服务层次，与同一地区同类型的学校错位发展。第二是人才培养的差异化。主要包括专业设置差异化、培养目标的差异化、课程设置与教学内容的差异化、人才培养模式差异化、校园文化的差异化和就业导向的差异化。人才培养要符合办学定位和区域经济社会发展需要，有针对性地培养区域地方需要的高素质应用型人才。第三是教师队伍的差异化。职业技术教育的教师队伍除具有一般优秀教师的素质能力外，还须符合培养应用型人才的“双师双能型”要求，具有区域行业和主导产业岗位的技术实践能力。第四是科学研究的差异化。应用型高校科学研究要把为区域解决生产技术难题和社会发展中的实际问题作为主要任务。第五是社会服务差异化。根据学校的优势和服务能力，做好区域科技咨询和社会管理服务，有所为有所不为。根据自身办学定位和承担的社会责任充分发挥学校功能，办出职业教育特色，在职业教育领域和本区域争创一流，在与其他高等院校的激烈竞争中开拓发展空间，保持民办高校蓬勃的发展势头和旺盛的生命力。

(4)坚持人才强校战略。建设一支符合培养应用型人才需要的教师队伍，为培养高素质人才提供保障。“双师双能型”教师队伍是应用型高校的基本标志，也是应用型人才培养的根本保证。学校现有教师队伍与学术型高校有着浓厚的血缘关系，还不能完全适应应用技术型人才培养需要。应在近几年培养培训的基础上，加快对现有教师队伍的改造性培养，继续组织教师深入行业、企业学习锻炼，待岗学习考察企业生产过程；聘请企业高级技术人员或有一技之长的能工巧匠作为兼职教师；选调有实际经验的工程技术人员和管理人员补充教师队伍，形成“双师双能型”队伍，逐步改变教师队伍的知识能力结构。“双师双能型”教师应达到教师总数的50%以上。要建立优秀教师激励机制，引导广大教师把工作热情和精力投入到教学科研中，不断提高培养应用型人才的能力。

(5)实行产教融合和校企合作办学。产教融合和校企合作是民办高校转型发展时期为区域服务培养应用型人才的必由之路。企业具有培养应用型人才得天独厚的优势条件，新建民办高校要充分利用企业现实生产条件和技术人才优势，建立稳定的实践教学基地，组织学生开展实践教学，培养训练学生实践应用能力。学校要深入企业，了解企业的人才需求，请企业参与人才培养目标的规格制定，开展专业课程建设，确定培养模式，共同完成人才培养过程。从长远发展来说，提高人才培养质量既是高校的目标，也是企业发展的重要任务，是一件双赢的事情。学校要根据人才技术优势为企业做好服务，争取企业参与学校的人才培养，让校企合作在共赢的基础上稳固发展。

# 供给侧改革与民办高校发展研究

梁潇凝

【摘要】 供给侧改革是经济型常态发展的根本要求。在人才市场中,高校处于供给侧地位。高等教育供给侧改革的根本要求是转变方式,优化存量,改善结构,补齐短板,实现可持续发展。在供给侧改革的背景下,民办高校需做好以下工作:转观念、强责任;重市场、强改革;重转型、强内涵;重调整、强特色;重行动、强实效。

【关键词】 供给侧改革;民办高校;可持续发展

自2015年11月以来,"供给侧"成为经济政策表述中的高频词。11月10日,在中央财经领导小组第十一次会议上,习近平总书记强调,在适度扩大总需求的同时,着力加强供给侧结构性改革,着力提高供给体系质量和效率,增强经济持续增长动力,推动我国社会生产力水平实现整体跃升①。11月11日召开的国务院常务会议,也提出以消费升级促进产业升级,"培育形成新供给新动力扩大内需"②。而在早前公布的十八届五中全会公报中,也有"释放新需求,创造新供给"③的措辞。一时间,关于"供给侧"的研究随即兴起,而且呈不断增长之势。

## 一、"供给侧"的概念

什么是"供给侧"呢?简单理解,"供给侧"就是与需求侧相对应的那一方。供给与需求作为市场经济中主要矛盾的两个方面,在不同时期交替成为矛盾的主要方面。供给学派强调供给侧的作用,主张强化市场调节、放松政府限制以及减少福利开支等,通过调节供给谋求经济的均衡。凯恩斯学派强调通过需求管理来调节经济周期,以积极的财政政策和货币政策来刺激投资与社会需求,弥补私人市场的有效需求不足,从而实现充分就业,特别是在经济不景气时通过加大政府公共支出来保持经济的稳定。凯恩斯主义的核心是注重需求侧的管理,通过刺激需求达到经济调控的目的,其典型工具是货币政策。尽管凯恩斯主义被一再证明在短期内确实行之有效,但从长期来看,一味地扩大需求会导致持续通胀,进而导致经济停滞。与"供给侧"概念紧密相连的是"供给侧改革",全称是"供给侧经济结构性改革"。所谓供给侧改革,简单来讲,就是从供给、生产端入手,通过解放生产力和提升竞争力促进经济发展。"供应

① 赵超. 结构性改革该如何推进——解读中央财经领导小组第十一次会议[EB/OL]. (2015-11-10)[2018-05-26]. http://www.news.xinhuanet.com/fortune/2015-11/10/c_1117101242.htm.

② 培育形成新供给新动力扩大内需[N]. 解放日报,2015-11-12(1).

③ 国务院新闻办公室.《十八届五中全会公报》[EB/OL]. (2015-10-30)[2018-05-27]. http://www.scio.gov.cn/zxbd/tt/jd/Document/1453365/1453365.htm.

作者简介:梁潇凝,女,陕西咸阳人,硕士研究生,陕西国际商贸学院讲师,主要研究方向为民办高等教育及区域经济发展。

侧”和“供给侧结构性改革”近期成为经济改革领域的高频词,也成为最高经济决策机构在宏观调控方面的一个新思路。长期以来,我国经济的高速增长主要通过改革需求侧加以实现,强调扩大由投资需求、消费需求和净出口增长“三驾马车”构成的总需求①。长时期的扩大需求和高速增长,使经济运行难以为继,下行压力逐渐增大。与此同时,经济下行虽然有周期性的因素,但根本上还是结构性问题。其表面上是由于有效需求不足,实际上是由于有效供给不适应市场需求结构的变化。传统的制造规模很大,扩张很快,但高端制造业的供给严重不足,导致一些行业和产业产能严重过剩,而一些有购买力支撑的消费需求在国内却得不到有效供给。市场需求已经开始发生明显变化,而供给侧没有跟上这种变化。产能过剩与供给不足交织并存,出现一系列不协调、不平衡、不可持续的矛盾和问题。解决“供需错位”的问题不能单单依靠需求管理政策,还要在供给端寻找解决问题的方法。而新常态下,我国经济运行还面临着劳动力供给量减少、劳动要素成本上升、企业自主创新能力不足、产业结构不合理以及资本投资效率下降等问题。因此,结合中国经济发展的现状,中央提出了“供给侧结构性改革”。在这样的背景下,供给侧改革是决策层对当前中国经济开出的一个新药方,试图从供给生产端入手,通过解放生产力、提升竞争力促进经济发展。作为全新表述,“供给侧”概念的延伸和发展,表明了宏观经济政策思路的新认知,也指明了今后宏观经济政策的走向和着力点,“供给侧”提供了解读中国经济政策和经济前景的新视角。2015 年 12 月召开的中央经济工作会议强调:“推进供给侧结构性改革,是适应和引领经济发展新常态的重大创新,是适应国际金融危机发生后综合国力竞争新形势的主动选择,是适应我国经济发展新常态的必然要求。”②基于此,《中华人民共和国国民经济和社会发展第十三个五年规划纲要》强调,在适度扩大总需求的同时,着力加强供给侧结构性改革,着力提高供给体系质量和效率,增强经济持续增长动力③。供给侧结构性改革的核心是放松管制、释放活力和让市场发挥更大作用,从而降低制度性交易成本,提高供给体系的质量和效率,增强投资的有效性。对于如何解决供给侧的矛盾,有关方面比较统一的思路是“去库存、去产能、去杠杆、降成本、补短板”。“去库存”即化解房地产库存;“去产能”就是积极稳妥地化解产能过剩,严格控制增量;“去杠杆”主要是防范与化解金融风险;“降成本”就是帮助企业降低成本,增强企业活力;“补短板”是扩大有效供给④。通过“三去一降一补”,改善供给,增强活力,取得更好、更健康的新发展。可见,今后一段时间,供给侧结构性改革是我国经济改革和发展的主旋律。

## 二、“供给侧改革”背景下民办高校发展的着力点

高等教育发展与管理的许多理念和方法源于经济发展与管理的理论。供给侧结构性改革理论对于我国高等教育发展也有着重大的现实和指导意义。经济结构的调整和产业的转型升级,必然对人才的数量和类型提出相应的要求,从而为产业发展提供强有力的人才支撑。而高等教育自身特殊的发展阶段和任务,也有必要借助供给侧改革的方法。高等教育结构和国家经济结构、产业结构的不尽吻合,直接引发另外一种后果:一边大学毕业生较难找到适合的岗

① 陈爱民.宏观经济学总供给理论与经济增长:观察与思考[J].经济学动态,2013(9):111-118.

② 王军.推进供给侧结构性改革 培育经济发展新动能———中央经济工作会议精神解读[J].紫光阁,2016(1):11-13.

③ 思远.谋局中国经济 供给侧改革将发力[J].资源再生,2015(11):1.

④ 去产能 去库存 去杠杆 降成本 补短板[N].今晚报,2015-12-22(1).

位，另一边用人单位较难找到合适的人才，这就是结构性矛盾。从高等教育发展的宏观形势来看，经过 10 多年的发展，我国高等教育已经进入了大众化阶段，其标志之一就是高等教育规模已经达到世界第一，高等教育毛入学率超过 30%，局部地区超过 50%，大众化正在向纵深发展。随着高等教育资源的增加，高等教育供不应求的矛盾得到根本的缓解，制约高等教育发展的主要矛盾从总量转为质量，亟须加强内涵建设。从中观层面分析，高等教育人才培养与地方经济和社会发展的联系度、适切性亟待改善，高校毕业生的就业已经成为全社会高度关注的一个重要问题，高等教育为地方服务的能力尚待加强，人才培养的结构矛盾较为突出，亟须加强结构优化；从高校自身来看，规模扩张基本结束，生源争夺日益激烈，亟须加强特色建设，提高学校综合实力。现在，人才培养和人力资源市场已经到了更加关注供给侧改革的时候了。高等教育供给侧改革对民办高校来说既是挑战又是机遇。整体而言，民办高校办学历史短，缺乏经验积淀；体制障碍多，缺乏制度支撑；师资队伍弱，质量认可度低。在日趋严峻的市场竞争中，民办高校处于弱势。但是，民办高校与市场有着天然的联系，运作机制相对灵活，又有国家政策支持，具有实施改革的机制优势，更容易实施供给侧改革。针对民办高校的办学实际，当前和今后一段时期，民办高校供给侧改革须做好以下五个方面的工作。

(1)转观念，强责任。一方面，民办高校要切实转变观念，当前尤其是要转变大学的象牙塔观念和大学毕业生是“皇帝女儿不愁嫁”的观念，把学校发展与社会需求密切地结合起来，把为经济和社会服务作为自身的职责担当起来，依靠做好服务获得更多的社会支持。另一方面，供给侧改革非常需要一种责任意识。在经济发展转向供给侧改革的过程中，高校责无旁贷，应主动担当，有所作为，研究实际问题，掌握经济发展的趋势和规律，端正认识，放下架子，把服务经济和社会发展作为学校发展的使命，竭尽全力为社会发展转型提供人才。

(2)重市场，强改革。供给侧改革说到底是一种以市场为导向的改革，“供给什么”“如何供给”这些基本问题，必须根据市场需要和发展趋势加以判断。民办高校要充分发挥贴近市场办学的优势，广泛开展市场调研，梳理真实需求，主动调整和优化办学思想、学科专业结构，用市场的需求倒逼办学行为，努力培养适合市场需要的建设人才。供给侧改革需要一种改革意识，原有的修修补补已经不能满足新的发展需求，必须加大改革力度，加快转型速度。改革是高校发展的强大动力，要实施供给侧改革，必须深化改革，形成系统、全面的改革框架，走出新路子、创造新局面。

(3)重转型，强内涵。“鼓励、推动或者引导部分地方高校向应用型转型”已经成为国家意志。教育部原部长袁贵仁指出：“在中国高校的转型发展，实质上是中国高等教育供给侧结构性改革……地方高校是适应我们高等教育这种大众化的需求新设的、新升格的，因此它们要率先转型，从培养理论型人才转到培养技术、技能型人才，来适应当前经济转型的需要，来适应我们地方经济社会发展的需要。”① 因此，转型不是要不要转的问题，而是如何转的问题。现在，粗放式的规模扩张已成历史，不再也不符合新常态发展的主流。民办高校需要理清思路，果断停止外延式扩张的相关工作，一方面加强基础建设，夯实办学基础，改善办学条件，为提高教育质量创造条件；另一方面稳定招生和办学规模，不断加强内涵建设。民办高校应从实际出发，尤其要在高水平师资队伍建设和深化教学改革方面下功夫。在加强高端师资建设方面，采取

① 教育部长袁贵仁就“教育改革和发展”答记者问[EB/OL].(2016-03-10)[2018-05-29].http://www.china.com.cn/lianghui/news/2016-03/10/con-tent_37990239_2.htm.

优惠措施吸引人才,鼓励现有教师进修,内培与外引并举,形成高质量的教学团队;针对供给侧改革的需要,加快转型,以培养应用型人才为目标,深化人才培养模式改革,从培养内容、培养方式和培养机制等方面进行彻底改革,使应用型人才培养落到实处、生根开花。

(4)重调整,强特色。供给侧改革很重要的一个方面是“供给侧结构”的改革。要适应市场需要,培养“适销对路”的人才,就要重视调整结构。“转型的关键是调整专业设置,因为设置专业要花钱,有的学校贵的专业设置得少,包括工科、理科,相对来说文科成本比较低,就设置得多些。这个结构就是与国家的经济结构、产业结构不尽匹配,所以转型的首要内容就是要调整专业设置。”①当然,也有一些专业国家规制严格、门槛过高,造成社会人才奇缺,需要通过供给侧改革调整思路,顺应市场,优化提高。对于严重供过于求的专业,要下决心调整;而对于一些供不应求的专业,要加快建设步伐,尤其是对于一些国家产业政策倡导的有发展远景的专业,要舍得投入,通过努力培育适应社会需求的专业体系。在专业调整的过程中,还要注意培育特色。要在供给侧的众多主体中脱颖而出,就必须勇创特色,突破陈规,形成优势。社会行业是复杂多样的,即使同一个专业,实际工作也会有很多差异,要力求满足需求方的需要。与此同时,人才培养还要注重突出特色,根据服务面向,合理选择课程,确定科学的培养模式,使毕业生能更好地对接生产管理岗位。通过优化结构、办出特色、提高质量,来满足经济社会对高等教育的需求,满足人民群众对教育多样化的需求。

(5)重行动,强实效。供给侧改革需要增强行动意识。当前,供给侧改革已是经济发展的重点,必然对高校人才培养和科研工作提出要求。从人才培养角度来看,高校是人才供给侧,供给侧改革应该成为高校的自觉行动。“明者因时而变,知者随事而制,强者乘势而进”,当前贯彻供给侧改革,需要的是实实在在的行动。面对供给侧改革,民办高校必须增强紧迫感和责任感,顺势而为,主动作为,奋发有为,抓紧制定方案,落实各项有效措施,做出成果、做出质量、做出特色,为经济和社会的供给侧改革做贡献,在供给侧改革中展现民办高校的活力和风采。

### 三、民办高校深化供给侧改革的思路与对策

地方高校应立足于地方性特色,利用有限的财政和办学资源,优化投入产出比,强化学科和师资等供给能力保障,确保人才培养、科研等供给效益提升,实现与高水平大学的错位发展。

(1)以突出地方特色为导向,强化供给侧改革的顶层设计。地方高校进行供给侧改革,首先需要立足于地方高校的性质定位和特色优势,做好高校的定位设计和特色设计。地方高校“接地气”的特征,决定了地方性是地方高校的显著特点。地方高校与所在的区域具有天然的联系,在我国高等教育大军中起到了“为所在区域经济社会发展培养适用人才,提供科技文化支撑”②的作用。从这一定位出发,深入分析、挖掘地方产业发展与经济社会发展和高校改革发展的结合点,从而对学校自身的供给侧改革方案进行整体设计、统筹安排,让改革体现地方性,服务地方发展。唯有如此,才能获取更好的发展空间和更多的地方财政支持,才能将“本色”化为“特色”,体现优势。具体而言,供给侧的改革方案设计,第一,要与高校深化综合改革相结合。深化高校综合改革的根本目的在于促进大学治理能力的现代化,激发大学自主办学

① 教育部长袁贵仁就“教育改革和发展”答记者问[EB/OL].(2016-03-10)[2018-05-29].http://www.china.com.cn/lianghui/news/2016-03/10/con-tent_37990239_2.htm.

② 杜玉波.切实担负起建设一流大学的历史责任[J].中国高等教育,2013(1).

的活力，全面提高教育质量①。地方高校应将供给侧要素的改革纳入综合改革整体设计中，以更好地服务地方为目标激发高校办学的自主性，以提升办学实力更好地服务地方经济社会发展作为改革价值取向，从而实现供给侧改革与综合改革的相互促进、相互提升。第二，要与高校“十三五”规划的制定实施相结合。当前，全国高校正在深入谋划“十三五”时期学校事业改革发展的总目标、突破口、路线图和项目库，并对今后五年发展的重点领域和关键环节的改革进行整体安排。供给侧改革所要改的供给要素，如学科、科研、教学及师资等，都应该是“十三五”规划的重要组成部分，应该在规划的制定实施过程中予以一并考虑，统筹安排，分步实施。

（2）以融入区域经济为核心，明确供给侧改革的主发力点。地方高校的供给侧改革，不仅要从服务地方的办学定位出发进行设计，还要在此基础上客观地分析学校办学中的优势和不足，以融入区域经济为核心，从学科建设、教学科研和师资培养等供给要素入手，确定改革的重点和主发力点，并以此为突破口推动整个供给体系的改革进程。从地方高校的办学现状和未来发展来看，我们要重视学科在整个改革中的突出位置，切实做到以学科改革为龙头，并将学科改革贯彻到师资优化和人才培养的全过程中，从而整体盘活各供给要素，不断提升高校办学实力和核心竞争力。要努力克服原有学科设置的惯性，根据自身的层次定位，策略性地选择应用学科的发展方向和发展方式。例如，中等水平的地方高校可以着力于探索战略新兴领域的应用学科，层次较低的地方高校则应潜心建设好服务领域的应用学科，特色鲜明的专业化学院要在传统特色的基础上实现学科理论与学科应用的衔接。克服“贪大求全”的办学思路，实现特色化、差异化的学科供给。要主动调整学科专业设置，淘汰与区域产业发展不配套、不相符合的旧学科，对传统学科通过合并、删减、调整及优化，实现学科的改造提升。除此之外，要将高水平师资队伍的培育与高水平的学科建设有机地结合起来，以学科建设的成效倒逼教师教育教学能力和科研协作能力培养，并以师资培养的成效反哺学科改革，实现双轮驱动。要将人才培养模式的改革与学科改革贯穿起来、连通进来，使双方更加体系化、系统化。要不断优化校企合作联合培养人才的新模式，采用“嵌入式”“订单式”“整体合作”等模式，与企业开展全方位、实质性合作。在“大众创业，万众创新”的大背景下，要进一步加强大学生创业、创造、创新的“三创”教育，鼓励毕业生服务地方经济社会发展。

（3）以创新体制机制为突破，强化供给侧改革的制度，保障地方高校在推进供给侧结构改革的进程中，充分认识到体制机制创新在激发各供给要素活力，提升地方高校办学水平上的重要性，并通过有效的措施，破除不适应地方高校转型发展的人事、教学及科研等方面的管理体制机制障碍，形成稳定有序的供给侧改革的制度性安排，以“长效、长远”为原则实施供给侧改革。在人事管理方面，主要创新教师管理、考核和职称评价机制，针对地方高校教师队伍教学科研能力参差不齐的现状，可试行将教师分为教学为主型、科研为主型、社会服务与科技推广型等几类，并分别制定任职条件和考核评价办法，有所侧重地考核各个类型的教师在教学、科研及服务等方面的能力、水平和成效，引导教师安其位、尽所能、展所长。在教学改革方面，要加大实验实训条件投入力度，从内容、方法、手段及模式等方面对实践教学体系进行改革创新，服务于学生实践能力培养。地方高校要善于运用自身与地区结合紧密、应用学科基础好的优势，有效地利用社会资源，争取地方政府和社会的支持，构建集约、共享、高效的实践教学基地

① 张大良. 把握“学校主体、地方主责”工作定位 积极引导部分地方本科高校转型发展[J]. 中国高等教育，2015(10)：23－30.

和教学平台,为学生强化实践、有效实践、创新实践提供条件。在科研管理方面,要紧紧地抓住国家实施“211 计划”的契机,把自身科研潜力、科研特色与地方产业行业需求统一起来,把科研创新与人才培养统一起来,充分利用协同创新机遇提高效益。协同创新不是传统意义上的合作、组合,而是“具有充分协同创新基础、条件和内在需求的主体间的深度融合,是产学研合作的深化与升华”①。地方高校作为协同创新基地的参与者,要积极配合主导创新基地的高水平大学做好前期培育工作和中期研究工作,在协同创新的过程中,提升学校的科研供给能力和科研供给效益,共同完善基地可持续协同、可持续创新、可持续供给的长效机制。

(4)以释放内生动力为重点,提升供给侧改革的质量效益要做到以下两点。一是统一思想,凝聚人心。地方高校要有效地推进供给侧改革,除了借助外部压力外,更为主要的还是善于发掘内生动力。这既要统一师生员工对供给侧改革的思想认识,又要凝聚他们的热情;既要营造敢于创新、勇于探索、宽容失败的氛围,又要鼓励不同院系、学科之间的互助发展、创新融合。地方高校只有在学校层面统一思想,凝聚合力,才能通过内生动力的释放,寻求突破、实现创新、强化特色、凸显亮色。二是建立监控机制,有效地检验供给侧改革的成效。地方高校要建立改革要素动态监控机制,及时调整优化改革措施和内容,表现在以下三个方面:加强教学、科研、人事管理等环节的监控,并把监控情况与教职员工职称评定、评优评先、绩效薪酬和访学深造机会等环节相结合;建立人才培养监控机制,通过产业行业和用人单位反馈,检验人才培养的实际成效;建立科研服务监控机制,成立社会服务科研推广机构,统筹协调社会服务,加强校内外合作单位沟通联系,形成服务有效、工作协同的科研服务机制。总之,地方高校应通过各种类型的自我监督,充分释放内生动力,有效地检验改革成效。总而言之,我国地方高校的办学成绩应该充分肯定,存在的问题也不能回避。当然,供给侧改革也不是万能的,教育主管部门和高校管理者不应期望通过这一改革来解决地方高校发展中的所有问题。地方高校要从地方性特点出发,清楚供给侧改革的重点以及通过改革能解决学校哪些问题,从而确定发展目标,明确发展思路,尽最大可能获取发展资源,推进供给侧改革。尤其是,地方高校要实现错位发展,就必须找准学校层次定位,立足于所在地区实际,转变办学发展思路,深化供给侧改革,不断探索符合自身发展的有效路径。

① 熊庆年. 两校综合改革贵在“自主”[N]. 中国教育报,2014-12-8(2).

# 论民办本科高校的办学定位

夏绘秦　周维

**【摘要】** 民办本科高校是高等教育的重要组成部分，其办学定位应从社会大系统、高教系统和民办高校内部要素确定，借鉴吸收国内高校经验，深入了解本区域经济、社会、文化发展对人才的需求，要有大视野、大智慧、大手笔。

**【关键词】** 民办高校；办学定位；问题与思路

什么是定位？世界上任何事物都不是孤立存在的，每个事物在整个系统网络中都是一个网结。而这些网结相互依存、相互联系、相互作用、相互制约。每个事物明确自己在整个系统中所处网结的位置，并且了解其与上下左右的关系及作用，这就是定位。

## 一、民办本科高校办学定位的特点

社会是一个大系统，高等教育系统是社会大系统的一部分；每个高校，包括民办高校，都是高等教育系统中的一部分。为此，要办好民办高校必须明确自己的定位，这是前提和基础。

民办高校的定位应该从三个层面来考虑：①民办本科高校在社会系统中的定位；②民办本科高校在高等教育系统中的定位；③民办本科高校内部各要素在学校发展中的定位。

### 1. 民办本科高校在社会系统中的定位

任何社会都是由政治、经济、文化三大领域构成的，它们相互依存、相互协调、相互贯通，共同组成一个有机整体。然而，这三大领域又是相互独立的，各自有不同的特点和运行规律，目标和功能又各不相同，为此，对社会所起的作用也不同。民办高校既不属于政治领域，也不属于经济领域，而是属于文化领域。文化具有外在的社会性和内在的学术性，民办高校作为文化领域的重要组成部分，自然也具有外在的社会性和内在的学术性①。

从外在的社会性来说，民办高校要强调社会责任。正像陈佳洱院士及有关学者专家曾指出的："引导社会向前发展是大学的使命""大学应该成为国家的思想库，在运用知识的过程中为国家服务""大学是人类社会的动力站""大学是国家最进步的先驱""大学是社会的道德灵魂""大学是社会之光""大学是人类社会有史以来最能促进社会变革的机构""大学具有塑造社会的能力""大学是检验许多较为重要社会生活基本原理的场所"，等等。为此，为社会服务是大学不可推卸的责任。

从内在的学术性说，民办高校要强调学术的超越性和探索真理、追求知识的责任。德国哲学家卡尔·雅斯贝尔斯等国内外专家和学者认为："大学是学者和学生追求真理的社区""大学是一个特殊社会部分，其宗旨是以探索真理为其神圣事业""大学的意义及价值在于追求真理"。

① 潘懋元.多学科观点的高等教育研究[M].上海：上海教育出版社，2001.

作者简介：夏绘秦，女，陕西咸阳人，陕西国际商贸学院教授，主要从事人力资源管理和高等教育研究。
周维，女，陕西周至人，本科，陕西国际商贸学院财务会计学院办公室主任，助理馆员，主要研究方向为教学管理。

民办本科高校发展学术，对学校和学者来说，都具有生命的本体意义。而发展学术重在追求真理，追求真理则要求学者的活动只能服从真理。同时，只有充分尊重学校发展的学术性，最大限度地保持学校的学术自由，才能实现学校的外在性，才能更好地为社会的整体利益服务，为人类的长远利益服务[①]。

这就是民办本科高校在社会系统中的基本定位。

**2. 民办本科高校在高等教育系统中的定位**

民办本科高校在整个高等教育系统中的定位，主要体现在办学的类型、办学的层次和办学的特色三个方面。

（1）办学的类型涉及多个方面，如按办学的主体来分，有国家主办的高校，有民办高校；按学科结构分，有单学科性高校、多学科性高校和综合学科性高校。民办本科高校属于民办的、多学科性高校（单学科性民办高校较少）。

（2）办学的层次主要是指学术贡献的大小和人才培养层次。目前，我国高校的办学层次大体分为“研究类型高校、教学研究类型高校（或以本科教学为主的高校）和职业技术类型高校等三个层次。不同层次的高校在学术贡献、人才培养层次、对社会服务的方式以及在高等教育体系中所发挥的功能和作用也不同。民办本科高校在办学层次上主要是以教学为主的职业技术类型本科高校。

（3）办学的特色是指学校与其他高校相比所表现出来的独特的办学内涵。办学特色体现在办学理念、办学风格、培养目标、学科水平、课程体系及管理方式等诸多方面。但应注意的是，办学的类型和办学的层次不等于办学水平，而办学水平往往体现在办学特色上。从某种意义上讲，特色就是水平。由于民办高校的办学特色各自不同，所以在特色上的定位不可能统一，需各校根据自身的实际情况研究确定。

**3. 民办本科高校内部各要素在学校发展中的定位**

民办高校内部各要素在学校发展中的定位，是根据民办高校在整个高等教育系统中的定位来确定的。不同的民办本科高校，由于办学的历史、办学基础和所处的区域或地方不同，在办学规模、人才培养规格、学科布局、服务面向、管理模式、培养方式及办学特色等方面也有较大差别[②]。为此，民办本科高校内部各要素在学校发展中确定定位时，要从以下几个方面考虑。

（1）在办学规模上，既要考虑本校办学的基础，又要综合考虑办学的指导思想、服务面向和区域经济发展对人才需求的特殊性，以及学校所面临的社会环境，尤其是要把区域经济与社会发展的研究及量化分析结合起来。

（2）在培养目标上，要考虑以培养高级应用型人才为主，力求在人才的实践能力方面显现特色；在主干学科、专业领域中办出特色；在学生科技创新能力上体现特色。

（3）在服务面向上，要考虑有效地发挥服务社会职能，要解决企事业单位基层第一线的问题，要考虑是否能为基层第一线带来直接的经济效益。这不仅能体现民办本科高校的社会价值，也有利于理论联系实际，发现实际问题，为地方培养应用型人才。

（4）在发展目标上，既要解放思想，又要实事求是。要将本校的长远发展目标建立在为地

① 张远增. 高等教育评价研究[M]. 上海：复旦大学出版社，2012.

② 郝克明. 走向21世纪的中国教育：中国教育发展战略研究[M]. 贵阳：贵州教育出版社，2000.

方经济和社会发展服务的基础上，利用与地方政府的密切关系，关注和参与地方的政治、经济和文化等各个领域建设。在确定目标时，要注意目标确定不宜过高，不能片面地追求办学规模的扩张和数量的增加，而忽视内涵的发展和提高。否则，最终只能以牺牲教育质量为代价，影响学校长期发展。但目标确定也不能过低，这对于学校今后的建设和发展及整体办学水平的提高是不利的，也不利于凝聚人心，催人奋进。

（5）要重点考虑影响本校发展的制约因素。由于民办高校基本上都处于“政策允许空间小，办学自主权少；办学历史短，文化积淀不深，生存压力大，尚未形成具有特色的校园文化；教育经费来源单一（基本上来自学费收入）且偏紧，政府支持力度有限，与公办高校无法抗衡；教师队伍数量不足，学历层次和整体水平不高，教师以教学为主，教学任务普遍偏重，科研实力较弱，且获得的科研项目和科研经费的机会少；生源范围小，主要来自本地区或区域，生源质量较低，毕业生就业主要面向基层企事业单位的一线工作岗位的处境。如果这些制约因素考虑不清楚，学校内部各要素定位就很难准确；定位不准确，学校发展就会遇到很大障碍。

## 二、民办本科高校在办学定位中存在的问题

### 1. 定位不准确

民办本科高校在办学定位中最大的问题是定位不准确。民办高校大多都是从办培训、自学考试及学历教育开始的①。由于国家高等教育大众化发展的需要，使民办高校很快进入了国家高等教育系列；由于市场的需求，部分民办高校很快进入了本科教育层次。但存在的问题是，在定位时，专科想升本科，本科教育没多长时间就想增加硕士点，有了硕士点的想增加博士点，有的连硕士点都没有，还设博士工作站甚至院士工作站。这既不符合高等教育规律，也不符合经济规律。

### 2. 缺乏个性和特色

民办高校办学定位缺乏个性和特色，主要体现在单科性学校想办成多科性学校。根本没有考虑“你无我有，你有我优”，突出本校办学特色和个性，例如，有的服装类学校在办学中并未体现出服装类优势，没有办出自己的专业个性和特色，而是在开办与服装不相干的其他专业；同样，同一地区的民办高校，也在举办“服装类专业”，年招生数少之又少，办学成本大大超过办学收益，既不经济，又无优势，更谈不上特色。

### 3. 对定位有关名词的概念理解有偏差

有些民办本科高校将办学定位在“地方性、应用型、特色化、国际化”，这其实是对有关定位的概念未研究透彻，理解有较大的偏差。

（1）从地方性来说，中华人民共和国成立以来，地方主办的高等学校一直是我国高等教育体系的重要组成部分。如 1953 年全国有 181 所高校，其中，中央主办的有 41 所，地方主办的有 140 所；1966 年全国共有高校 434 所，其中中央主办的有 183 所，地方主办的有 251 所；“文革”期间整个高等学校的领导权和管理权几乎全部下放到地方；恢复高考后至 1989 年，全国有高校 1 075 所，其中中央主办的有 353 所，地方主办的高校有 722 所；1992 年全国高等教育体制改革，经过合并，全国有高校 1 053 所，其中国家教委主办的高校有 36 所，中央各部委主办的高校有 322 所，地方主办的高校就有 695 所。2008 年至今，全国有高校 2 900 所，教育部直

① 闫风桥. 中国民办高等教育研究：回顾、比较与展望[J]. 高等教育研究，2015(15)：45 – 50.

属的高校有75所,其余的高校全部下放到地方或与有关部委合作办学。民办高校在20世纪80年代才出现,主要是社会资金筹办,为地方经济发展服务。全国现有1 847所民办高校,再加上下放到地方的978所公办高校,基本都具有“地方性”。如果某一高校将自己学校定位于“地方性”,就未免太笼统了。另外,没有从高等教育的功能上来理解地方性。即高等教育的地方性主要是强调高等教育应主动适应一定层次和规模的区域经济发展需要,并通过其多元化功能的全面实现,使高等教育更好地为地方经济及社会发展服务。除研究类和高水平的高校以外,在一般情况下,教学研究类(或以本科教学为主的)及其以下的高等学校,都应承担为地方服务的主要职能,这些高校都具有地方性。而作为一个民办本科高校来说,不言而喻,更应该为地方经济服务。

(2)从“应用型”定位上来讲,民办高校从办学层次上属于高等职业技术型的学校,主要是为地方经济和社会发展培养“应用型”技术人才的教育机构。这是国家对民办高校的定位。中国的民办高校目前还不具备升格为研究类高校的条件,因此,民办高校不管是高职还是本科,就是“应用型”的。

(3)从“特色化”的定位上来讲,民办高校的特色定位没有体现在与其他民办本科高校相比而所表现出来的独特的办学内涵上,而误将特色体现在多学科、多专业的设置上,尤其是不遵循高等教育规律和经济规律,不考虑自身办学的基础、历史、条件、设施及环境,在办学的理念、办学的风格、培养的目标、学科水平、课程体系及管理模式等方面存在某种程度不同的随意性。

(4)从“国际化”的定位上来讲,国际化教育是高等教育发展的趋势。国际化教育主要指生源竞争国际化、学生培养过程国际化、教师队伍建设国际化(这是我国与国际教育上的最大差别)、教学内容国际化(如教材、教学方法、课程设置)及毕业生人才竞争国际化等方面。目前,中国高水平的研究类型大学的国际化,在教学上主要体现在选用国外的先进教材,采用纯外语教学或双语教学;在教学内容上主要是增加国际性知识和国际化能力培养的主要课程,而这些都是教师队伍建设国际化的基础。作为民办本科高校,若没有强大的资金支持和条件,实现国际化谈何容易。

## 三、民办本科高校在办学中如何定位

### 1. 参考国内公办高校的定位经验和思路

20世纪90年代以来,我国高水平的公办高校在教育部的倡导下,就不断地探索本校的定位问题。如清华大学的办学定位是“综合型、研究型、开放式”;北京大学的定位是“建设世界一流大学”;同济大学的定位是“理工结合,文理交融,成为科学教育与人文教育协同发展的多功能型现代大学”;电子科技大学的定位是“在电子信息领域具有世界先进水平的一流大学”;云南大学的定位是“处于全国同类高校先进行列,部分学科在国内具有优势和特色,立足边疆,服务云南,成为国内高等教育领域培养高层次人才,解决地方经济建设和社会发展重大问题基地”等①。

这些学校的办学定位都是在经过广泛征求意见和充分论证的基础上确定的,并随着经济、社会和文化的变化进行动态调整。民办高校在办学定位时,可参考高水平本科高校办学定位

① 冯向东.高等教育结构:博弈的建构[J].高等教育研究,2015(5):1-5.

的经验和思路，一定要与本校的实际情况结合起来，统筹考虑，深入研究，充分分析、论证，使学校的办学定位准确，且充分体现本校办学的个性和特色。

**2. 深入了解本区域经济、社会、文化发展对人才的需求**

（1）要考虑区域社会产业结构的变化。如2010—2020年，在本区域国民生产总值中第一产业、第二产业及第三产业的变化情况；信息产业和文化产业的发展情况。

（2）要考虑本区域社会发展对人才素质的要求。如小学教师，过去中学毕业生就可以胜任，如今则要求大专或本科毕业生；在高科技产业中，不少工人岗位需要大专或高职毕业生；有一些职业岗位在萎缩，而一些职业岗位又在增加。这就要求我们不仅仅要考虑社会对人才素质的要求普遍在提高，也要考虑由于不同职业岗位变化和不同岗位对人才的具体要求。

（3）要考虑本区域经济文化的发展。民办高校都处于某一个区域，这一区域的经济文化发展对人才的数量、质量及类型的要求，都将会影响民办高校的发展。

（4）要了解本区域其他高校的发展状况，这有利于发挥自己的优势。因为每一个高校都处于整个高等教育系统之中，它们相互影响，相互促进，某种程度上可能相互制约。要做到"人无我有，人有我优，人优我特"，充分体现本校的特色。

（5）不仅要清楚自己学校的建校基础、发展历史、长处与优势，还要清楚学校的短板与劣势。只有了解自己的家底，才能打有准备之仗。制定本校的发展规划时，必须清楚自己学校的优势和劣势、长处与短板，扬长避短，发挥自己的优势和长处。

**3. 学校决策层要有大视野、大智慧、大手笔**

民办高校定位是一项涉及面广、事关学校发展全局的大事，为此，学校决策层一定要有大视野、大智慧、大手笔。

（1）从大视野上来讲，人有多大的视野，就有多宽广的世界，人有多宽广的世界，就有多大的选择空间。因为人的活动都是在一定的历史条件和环境下所进行的有方向、有目的的活动。做任何事情都会面对一定的条件和环境。为此，对事物发展的各种可能性要尽可能地深入把握和全面了解。在一般情况下，越是能够看到自己长远的、根本的利益所在，就越能够树立远大的理想，确定远大的奋斗目标，充分发挥主观的能动性。

我们已经进入了新特色社会主义建设时代，经济、政治、社会、文化、科技等都发生了巨大变化。这种变化无论是在广度还是在深度上，都超过人类以往所经历的任何时期。因此，我们观察问题、分析问题一定要有广阔的视野。另外，由于社会心理、公共政策的影响，目前家长、学生、用人单位都在一味地追求高学历，对民办高等职业教育还不太认可。但随着社会用人的逐步理性化，将会更加注重人才的实际能力，民办教育会更加注重学校的准确定位、内涵建设和人才培养质量。为此，我们在确定定位时，要善于从复杂的现象中看到事物运动的基本态势，抓住基本规律，超越眼前的利益，突破经验的视野，对社会需求进行全局的、客观的把握，这没有大视野是不行的。

（2）从大智慧上来讲，有了大视野，还要有大智慧。智慧就是辨析判断、发明创造的能力。面对错综复杂的社会环境，有了大智慧才有穿透力，才能把握事物的本质。大智慧的表征是"通"，通天地之谓才，要学富五车，要深谋远虑，运筹帷幄。要以史为鉴，寻找前人走过的路或研究成果中的智慧；要辨析判断，善于"异中求同，同中求异"，确定自己的特色。不仅决策层要有大智慧，还要发挥群体的大智慧。高校是专家学者群集的地方，不乏大智慧者。因此，在确定学校定位时，要让广大师生员工共同参与讨论，发挥互补效应。

(3)从大手笔上来讲,有了大手笔,就有了大气魄,有了大气魄,才有大发展,才有敢于超越、敢于怀疑、敢于批判的精神。为此,在学校定位时,要超越各种形式的禁锢和守旧观念,要进行前瞻性的追问,主体性的创造与建构。要敢于“有所为有所不为”。因为有所不为要有大手笔,要敢于砍掉不适合自己学校发展的短板、学科或专业;有所为,也要有大手笔,要敢于在自己的职位上创新、创一流、创唯一。

# 新建本科院校——提升职业教育层次的天然基石

赵芳

【摘要】 新建本科院校在高等教育大众化的过程中从数量和规模上不断扩大，它们大多是由现有教育资源整合提升，出身比较复杂，但是新建本科院校大部分有着职业大学或行业专科学校的办学背景，与高等职业教育有着天然的联系，对当前提升职业教育层次有着重要意义。

【关键词】 新建本科；职业教育；层次

## 一、新建本科的来历

新建本科教育是一种伴随着社会经济和高等教育大众化发展而产生的新型教育，它与传统的学术型教育有较大的区别，主要突出应用型的办学特点，是高等教育类型分化的结果。1998 年，中央政府将大众化列为高等教育的近期发展目标，从政策层面上拉动高等教育。随着高等教育体制改革的实施，我国高等教育进入了一个跨越式发展阶段。大批高等学校进行院校调整，一部分办学条件较好的高职高专和成人高校合并升格或者独立升格为本科院校。新建应用型本科院校的数量和规模逐步扩大，截至 2009 年，新建应用型本科院校已有 240 所，它们承载着我国高等教育大众化乃至普及化的重要使命，并逐步成为承担我国应用型本科教育的重要力量。

“新大学”基本都是在 1998 年之后在专科层次上“升格”而成的，它们的出生成分多种多样，按其原先的专科基础，大体上可以分为三类。一类是由高职高专类院校独立升格的“新大学”，也包括此类院校合并其他专科层面上的教育机构升格的“新大学”。另一类是由师范专科院校升格的“新大学”。此类院校一般以原先的师范专科学校为班底，或独立升格，或合并区域内的教育学院升格。它们在专科层面上就已经为本地区教师教育做出过特殊贡献，升格后依然以教师教育为支撑，逐步依据地方经济社会的需求发展应用型本科专业人才培养。还有一类是成人高校改制的院校。随着普通高等教育的扩容，一些传统的成人高校也满腔热忱地加入普通教育的行列，如合肥师范学院、中国劳动关系学院等。总而言之，中国的“新大学”由于是现有教育资源的一种整合后的提升，因而“出身”还是比较复杂的①。

## 二、职业教育与新建本科的天然联系

从新建本科院校的发展历史来看，我国有一大批新建的本科院校是由原来的职业大学和行业专科院校升格而来的，众多新建本科院校已有职业教育的实践。应用型本科与职业教育都是要培养应用型人才，都具有职业教育的特点。从现代教育体系的特点来看，两者之间存在着天然的联系，建立两者之间的沟通桥梁，是建立现代职业教育体系的重要途径，也是现代教

① 鄢景森，徐惠娟，李双奇. 应用型本科和高职教育教学的区别与联系研究[J]. 辽宁科技学院学报，2013(1)：84－86.

作者简介：赵芳，女，河北保定人，硕士研究生，陕西国际商贸学院讲师，研究方向为高等职业教育。

育体系建设的重要任务。

升格后的新建本科院校大多数走的是应用型本科的道路。

在人才培养目标上,新建本科院校培养的是工程技术型应用人才,是生产、建设、管理、服务一线的具体操作和新技术或新方案转化的执行者;高等职业院校培养的是职业技能应用型人才,从事生产、建设、管理、服务一线的具体操作①。总体来说,新建本科院校与高等职业教育都以培养应用型人才为目标,为生产、建设、管理、服务一线培养人才,以服务区域经济和社会发展、行业、专业群为就业方向。新建本科教育培养出的人才就业面向的职业岗位适应面更宽泛一些,发展弹性更大,岗位的技术含量和管理层次也相对较高,相对于高等职业教育是对人才培养的更高层次的提高。

在课程开发模式上,新建本科院校鼓励企业参与,将课程划分为基础课、专业基础课和专业课,从"职业技能要求"与"知识体系要求"两方面来开发课程。高等职业院校则与企业共同开发,按照就业岗位(群)、职业所需求的能力或能力要素为核心来发展,引入职业标准作为技能考核标准。新建本科院校在理论教学上重视基础,强调知识或专业理论的系统性、完整性和应用性。实践教学中的实践学时要求不低于总学时的25%;高等职业院校在理论教学上强调少而精,以必需、够用为度,强调知识的针对性和实用性。从课程开发模式和课程体系两方面可以看出,新建本科院校和高等职业院校都重视实践教学,强调校企结合,并且基于新建本科的办学历史,在实训课的实训条件上有一定的基础。新建本科教育与高职教育在课程建设上的区别主要体现在深度和广度上②。

在教学模式上,高职教学模式提倡任务驱动、项目导向、订单培养、工学交替、顶岗集中实习等教学方式,强调教学合一,学生专业技能操作熟练程度、顶岗能力存在优势。新建本科教育在实践环节中综合实验和毕业论文(设计)的要求较高,注重专业能力发展和综合能力的培养。师资队伍方面,新建本科教育要求教师具备较高的学历背景和双师素质,在科研背景和科研能力上要求较高;高职教育对"双师型"教师以及来自企业的高技能水平的兼职教师需求较多③。

综合分析新建本科院校与高等职业院校在人才培养、课程建设、教学模式及师资队伍等方面的区别与联系,新建本科院校在原有的办学基础上,将职业教育的办学资源进一步发展与延伸。如果转型为高职教育的本科层次,可以节省大量新建职业教育本科院校所需要的资源,还有利于解决当前我国高等教育发展同质化的问题,以实现高等教育的整体优化。

### 三、建立现代职业教育体系的必要性

我国经济之所以迅速发展,主要依靠的是劳动力数量和质量的共同增长。我国教育事业的发展提高了整个国家的劳动力素质,使国家经济在各个领域的发展都得到了素质更高、数量充足的劳动力的支持。但是随着我国经济由粗放型增长方式向依靠科技水平提高的集约型增长方式转变,对劳动者的要求也从单单依靠劳动者的数量和质量的共同增长转向主要依靠劳动力的质量上。在1979—1995年,劳动力数量的增长和劳动力质量的提高对经济的贡献率基

① 郭遂成,刘荣志. 高职教育与应用型本科教育衔接的研究[J]. 高教研究,2011(14):11-12.

② 贺蓉蓉. 新建本科院校要向职业本科院校进行战略转型[J]. 职业技术教育,2014(6):54-56.

③ 姜大源. 中国职业教育发展与改革——经验与规律[J]. 职业技术教育,2011(19):5-10.

本相当，但是到了21世纪这种情况就发生了转变，劳动力数量的增长对经济贡献率显著下降，而劳动力质量的提高对经济的提高成为经济增长的主要方式，这对我国职业教育培养大量高质量的劳动者，转化潜在的人力资源提出了新的挑战。教育作为开发人力资源的重要途径，需要为经济的发展培养各行各业所需要的人才。而职业教育主要是以经济市场需求为导向，担负着为社会经济发展培养所需的各级各类生产、服务、建设及管理一线的技术技能型人才。

随着我国经济增长方式的转变以及科技水平的迅速发展，我国的经济结构和产业结构都发生了重大改变，经济发展对高层次技能人才的需求增加，不单单满足于技术的操作应用，对高技能水平人才的创新能力和综合能力有了新要求，这导致我国新增劳动力就业的结构矛盾日益突出①；主要表现在高校毕业生就业难和技术技能人才供给不足。近年来，高校毕业生初次就业率偏低，并且就业质量不高，稳定性差。同时，许多企业又难以在劳动力市场上找到适合生产服务一线的技术技能人才。另外，产业加速转型升级与高级技术技能人才匮乏之间的矛盾日益升级。产业加速转型升级，逐渐从劳动密集型向技术密集型转变，这也是劳动力结构高级化的升级。

在社会发展与国家政策的支持上，我国职业教育体系中有中等职业教育和大专层次的高等职业教育，中高职衔接的教育已得到重视，但本科及以上层次的职业教育仍是空白，这与职业教育“面向人人、面向全社会”的教育理念相悖，同时也有悖于教育公平的原则。由于目前职业教育体系的不完善，导致职业教育培养出的毕业生未得到社会的充分认可。一方面，职教学生毕业后进入工作岗位，不能很快地进入工作状态，还需要企业的再次培训，造成企业经济利益的损耗，所以常常有企业招聘时会歧视职教毕业生，招聘时在学历上加设限制，使职教学生失去应聘资格，导致职教学生就业困难。另一方面，由于职业教育培养出来的学生技术水平较低，只能到生产一线工作，他们的工作环境较差，社会地位和待遇不高，而且升职发展空间较小。

## 四、发挥新建本科院校优势，构建现代职业教育体系的可行性建议

根据新建本科院校的发展历史以及职业教育在应用型人才培养中的重要地位，我国新建本科院校要充分体现其“职业性”，既要延续高等职业教育以培养为目标、以就业为导向、以行业企业为依托的发展模式，服务地方经济，又要体现其“本科”层次，发挥其办学层次的优势，建立与高职教育两者之间的立交桥。具体有如下几点建议。

(1)加强政府干预力度，规划合理的职业教育结构。国家政府机构在职业教育改革中是最重要的因素。加强与职业教育相关的政策建设，是政府干预职业教育发展的重要手段。国家政府部门要重视对职业教育发展与建设的相关问题研究，对职业教育的发展做出整体规划，统筹发展。研究社会经济发展生产方式和产业结构的变化对技术型和技能型人才在层次和数量上的需求，充分调查区域性经济发展结构，了解市场需求和就业导向，为职业教育适应经济结构发展以及形成合理的职业教育结构提供导向和依据。国家制定各类教育相互贯通的立交桥实施框架。高等职业教育不能仅达到大专水平，国家应该根据经济发展需求，发展本科及以上层次的高等职业教育，创新本科以上的高等职业教育的培养模式，选取改革试点，在部分院校中设立本科以上层次的职业教育，灵活地结合弹性学制和综合的教学质量考核方式培养高

① 潘懋元. 新建本科院校的办学定位与特色发展[J]. 荆门职业技术学院学报，2007(7)：1－4.

层次的职业教育人才。

(2)明确新建本科院校的办学定位,促进普通高等教育向职业高等教育转变。每一类型的高等学校都可以成为国内知名的有影响力的学校,问题在于能不能找准自己的优势,办出自己的特色,确定自己的发展方向。很多新建本科院校在升为本科以后,就急忙甩掉原来的高职特色,认为走职业教育、与应用型沾边就是“降格”了。从新建本科院校的全国布局及特色来看,其共同点在于:首先,它是以培养应用型人才为主;其次,它应该是立足于地方,服务于地方的。所以,新建本科院校应明确办学定位以培养应用型人才为主、开展应用科学研究和技术转化、服务地方经济;明确人才培养目标定位,即培养具有运用知识解决生产和管理过程中实际问题的能力的高素质应用型人才;明确专业定位,即设置围绕地方支柱产业、适应地方经济社会发展和市场需要的专业;明确就业定位,即学生面向行业、面向产业、面向地方就业。

(3)在培养目标上,以培养学科应用型人才向培养高素质、高技能人才转变。新建本科院校应针对应用型本科教育的特点,提高课程构建水平,创新人才培养模式。应用型本科教育解决一线问题的能力要比高职院校强。高职院校的任务是培养在生产、管理及服务第一线工作的实用技能型人才,而职业教育本科培养的是高素质、高技术技能型人才,其特点是用所掌握的应用知识、技术和技能去解决相对确定的问题。所以,在新建本科院校的培养目标定位上应注意加强人才培养的理论知识水平,但是不能弱化实践,要培养的人才不仅具有过硬的职业技术基础理论,还要比普通本科和高职有更熟练的实践操作能力。同时,要注重素质教育,尤其是职业道德。应当注重学生的职业任务教育,培养学生诚信、合作、责任、敬业及创业等职业精神、职业道德、职业态度,通过人文素质类课程及校园文化、企业文化建设,使学生的人文素质得到熏陶。培养目标的转变要求学校要不断地审视培养规格和质量标准,根据社会经济产业结构的升级和高等教育大众化的需求,不断调整专业设置和课程结构,更加注重学生综合能力的培养,使学生能够具有终身学习和可持续发展的能力,在就业上有可迁移的能力,能够适应经济发展不同时期对其的各种挑战①。

(4)要推动师资队伍转型。应坚持以应用能力提升为重点,多措并举建设应用型师资队伍。应通过建立教师发展中心,开展教师教学生涯设计和教学能力校本培训等,提升教师专业素养,助力教师专业发展。应由注重教师学术水平向建设“双师型”教师队伍转变,加强产业教师队伍建设。应加快本校具有工程背景的教师队伍建设,通过实施“教师下企业、企业家进校园”工程和“教师业界脱产研修”工程,提升教师的专业实践能力,鼓励任课教师参与企业研发与技术改造,提升应用研究能力。应考虑制定柔性聘用讲座教授、客座教授、课程特聘教师实施办法及技术技能型人才聘用实施办法,调整工程教育教师的评聘和考核办法。应实施“教师国际化工程”(海外访学、留学),使教师拥有丰富的企业实践经验和国际视野。

① 黄克孝,石伟平,郭杨,等.构建21世纪的职业技术教育体系[J].职业技术教育(科教版),2004(6):8-11.

# 智慧图书馆理论争鸣与实践探析
## ——以陕西国际商贸学院图书馆为例

程新刚　张双双　杨雪

【摘要】 作为未来图书馆的发展方向,智慧图书馆的研究实践是行业共同的机遇和挑战。本文整理分析了现阶段智慧图书馆的理论部分研究成果,并以本校图书馆的建设实践为例,探讨基于高校图书馆智慧化建设的方式和途径,详细介绍了高校图书馆智慧化建设情况和遇到的问题,并初步勾勒和规划了智慧图书馆下一步建设的重点所在。

【关键词】 智慧图书馆;数据化智能化;理论与实践

2017年3月由《图书情报工作》杂志社与“阳光悦读”组委会联合在浙江杭州举办了“智慧图书馆从理论到实践学术研讨会”,会议围绕“国内外智慧图书馆理念、实践、发展、未来”的主题进行深入探讨,提出智慧图书馆发展要研究新理念、运用新技术、吸收新力量,不断推进“以人为本”和“全面感知”的图书馆新研究方向和实践途径。会议总结了国内外智慧图书馆的实践进展和态势,指导并推动国内更多的图书馆积极运用智能技术,加快传统图书馆向智慧图书馆的转变。本文结合智慧图书馆近年来的研究成果,从多位专家学者对智慧图书馆的研究和实践入手,阐释当前热议,揭示现实问题,从多个研究视角探讨智慧图书馆的实践路径和建设策略,在此基础上提出自己的浅显见解。

### 一、图书馆智慧化的必要性和紧迫性

随着网络信息技术的迅猛发展,图书馆作为信息资源的重要集散地与知识传播中枢,角色分量愈加重要。然而,传统的图书馆因其信息知识载体存储密度小、体积大、占用空间多、保管费用高、服务范围限制大、信息共享程度偏低、服务与管理手段落后及信息传递速度慢等问题,导致出现的更新滞后等问题愈加突出,不但很难满足广大读者的需求,而且严重制约了图书馆事业的可持续发展。

当前,在智能网络互联大背景下,以大数据和人工智能等为代表的新技术广泛应用,智慧化成为主旋律,“智慧图书馆”的概念随之产生。在高校图书馆全面推进智慧化建设后,其综合竞争力得到明显提升,并对高校整体智慧化发展起到了积极促进作用。

### 二、智慧图书馆的理论争鸣

伴随大数据应用和人工智能技术等新技术与图书馆融合,图书馆智慧化理论研究与发展迎来了大好机遇,成果也是可圈可点,真可谓百家争鸣,百花齐放。

当前,基于对智慧图书馆的理论研究大体包括技术、管理、服务与综合四个维度。百度百

作者简介:程新刚,男,陕西周至人,本科,馆员,研究方向为图书馆管理、智慧智能图书馆研究及建设。
张双双,女,陕西咸阳人,本科,研究方向为图书馆管理、智能图书馆研究及建设
杨雪,女,陕西凤翔人,硕士研究生,研究方向为图书馆学研究和图书馆管理。

科对智慧图书馆的定义是:指把智能技术运用到图书馆建设中而形成的一种智能化建筑,是智能建筑与高度自动化管理的数字图书馆的有机结合和创新。智慧图书馆是一个不受空间限制的,但同时能够被切实感知的一种概念。这一概念在现在看来略显局限。上海图书馆著名的图书馆学专家王世伟教授对我国图书馆智慧化研究可谓独树一帜,他对智慧图书馆的定义是:以数字化、网络化、智能化的信息技术为基础,以互联、高效、便利为主要特征,以绿色发展和数字惠民为本质追求,是现代图书馆科学发展的理念与实践。此理念重点强调和分析了互联、高效、便利等智慧图书馆的三大内在特点①。他的研究无论是深度还是广度,都具有一定代表性。武汉大学图书馆王新才馆长认为,智慧图书馆的终极目标是图书馆的管理和服务可以智慧化地完成,无须人工干预,达到“智慧”状态。现阶段的智慧图书馆可以在以下三个方面努力:即感知需求、洞悉数据、改善体验②。中国人民大学图书馆孙涛主任认为,智慧图书馆之“智慧”主要集中体现在两个方面,即硬智慧和软智慧。“硬智慧”更多地侧重于技术、资源、设备、空间等物理因素方面;“软智慧”则体现在馆员、管理、服务等内在因素方面。“硬智慧”和“软智慧”并不是相互独立的,其部分功能相互依赖和重叠,相互促进和统一,共同推动实现“智慧图书馆”整体水平的提升③。北京师范大学图书馆张奇伟馆长认为,数字化、网络化、智能化是智慧图书馆实现的信息基础,物与物、人与物之间互联互通是智慧图书馆实现的核心要素。实现“智慧图书馆”的关键有两方面:一方面从服务实现的过程来看主要涉及用户需求和环境自动获取、需求自动处理和智能提供资源等因素。另一面关键点就是要深化图书馆相关意识和服务理念④。华东师范大学图书馆胡晓明馆长提出,所谓“智慧化发展”就是渐渐从以书为中心、以资源为中心,转变为以信息服务为中心;智慧图书馆就是充分运用现代信息技术、数字技术、“互联网+”来做强信息服务⑤。陕西国际商贸学院图书馆张方鹏馆长认为,智慧图书馆建设必须坚持“以人为本”的原则,必须以大数据应用和人工智能技术为基础,强调以科研和服务为驱动力,为读者提供具有前瞻指导性的知识导航服务将是重点建设方向。

## 三、陕西国际商贸学院图书馆智慧化建设实践

### 1. 指导思想

智慧图书馆建设的最终目的是为人服务,解放人力,提高核心竞争力。作为新建应用型高校图书馆在建设之初,就提出“以人为本”和“以师生为本”建设原则和指导思想,并确立以“科研创新、服务创新”为主驱动力开展建设工作,围绕读者需求变化导向开展工作,全方位、全要素引入人工智能技术理念为智慧化奠定坚实基础。

### 2. 总体思路

理想的“智慧图书馆”必须具备先进性、开放性、系统性和智慧性。智慧图书馆是未来图书馆的发展方向,其服务能力、服务模式以及服务水平将决定图书馆在未来社会的最终价值。因此,构建智慧图书馆本身既是发展的战略考量,又是理性规划。建设智慧图书馆一定要从互

① 沈奎林. 智慧图书馆的研究与实践——以南京大学图书馆为例[J]. 新世纪图书馆,2015(7):24-28.

② 郎玉林. 智慧图书馆发展策略研究[J]. 图书馆,2015(4):77-79.

③ 王世伟. 未来图书馆的新模式:智慧图书馆[J]. 图书馆建设,2011(12):1-5.

④ 王世伟. 再论智慧图书馆[J]. 图书馆杂志,2012(11):2-7.

⑤ 王世伟. 论智慧图书馆的三大特点[J]. 中国图书馆学报,2012(6):22-28.

联、便利、高效的内在特点出发，根据用户实际的信息需求，利用新技术解决图书馆的实际问题，构建便利的服务设施，整合各种网络资源、资讯平台和应用内容等，提供安全的使用环境，让用户能够便利地使用实体图书馆。

**3. 智慧图书馆的构建**

智慧图书馆的构成要素主要包括平台系统、智慧基础、智慧管理、智慧服务等内容，构建智慧图书馆据此可分为四个部分：人、物质、技术和服务；即以人为本是原则，物质是基础，技术是关键，服务是核心，四个部分相互支持，共同支撑起智慧图书馆的运转体系。

1）基础设施建设

基础改造建设：陕西国际商贸学院图书馆在建筑设计时，因多从一代图书馆以纸质图书存放考虑，将书库空间预留为积层书架，从目前看来这种思路显然落后，故此对其结构进行重新规划和空间改造。为了将改造工程做得长远，图书馆将计划分为两期对现有图书馆实体场馆进行结构改造，一期完成功能结构布局，二期完成智能化改造。目前，一期改造已于 2015 年完成，从改造效果来看，基本达到预期要求。

在做一期改造初期我们就考虑到了图书馆一站式服务的需求，力求图书馆整个空间实现全开放，在一楼大厅设馆员工作站，工作站以处理读者咨询、读者借还有关的事宜，包括文献传递和馆际互借等。在八楼设立了数字资源中心，向读者提供免费的网络资源服务；设立了 2 个研修区，4 个资源应用专区和 1 个交流讨论区，区域内配备桌椅、空调、书架、无线 WiFi、投影仪、电子白板及平板等，可以供研讨小组讨论课题使用。文化书吧“尚书坊”休闲区，提供最新的报刊、清茶和咖啡，可以提供小型研讨交流；视听鉴赏区可供教学、培训和影视欣赏等。

2）软硬件建设

为实现智慧图书馆的系统性、先进性、泛在性、智能化特性，陕西国际商贸学院图书馆在技术设施的建设上进行了有效尝试和创新。技术设施包括基础网络及设备设施、基础系统平台设施、运行安全三个方面。网络基础建设主要是升级主干光缆，优化图书馆网络链路通道，实现桌面应用网络千兆化和无线 WiFi 全覆盖，配置云桌面服务终端服务器 4 台，服务器物理主机 8 台，资源虚拟应用终端机 170 个，网络存储设备 2 台，自主借还系统 2 套，有效满足图书馆各项服务工作顺利进行的需求。基础系统平台设施方面主要搭建 DLIBS 业务系统、读者信息采集系统、YPI、网络信息采集、读者采集系统、论文提交系统、微信图书馆移动图书馆和 25 个数字资源库，打通移动终端应用渠道，提读者提供更加优质的服务；运行安全方面建立了图书馆智能管控系统，使得硬件和软件状态都能够使用 Web 浏览器来监控和检查。供电采用了 APC 的 UPS 双系统供电，服务器虚拟化实现虚机漂移，存储实现双机热备，并加装远程实时视频监控和报警系统。基础设施设备的稳定运行是智慧图书馆的基础保障条件。

3）智慧管理

陕西国际商贸学院图书馆图书管理采用基于 Internet 网络环境下的集群数字图书馆系统（DlibS），该系统采用分布式的体系结构，实现了跨系统、跨数据库应用。在此基础上陕西国际商贸学院构建了一套智慧管理系统，该系统除了具有通常的图书馆自动化集成系统所具备的文献采访、编目、典藏、流通、期刊管理、OPAC 及参考咨询等图书馆业务管理功能外，还特别突出了集群数字图书馆系统的各项功能需求，包括资源统一检索、全文检索与多媒体资料服务、网上联合目录、网上图书流通查询、网上数字资源检索、网上参考咨询服务、图书馆 Web 门户、数字资源管理、电子邮箱服务、手机图书馆、语音短信平台及统一身份验证平台等数字化业务功能的应用。智慧管理系统将图书馆自动化业务集成管理系统和网上数字图书馆服务系统功能相结合，已打破传统的读者需进入图书馆内办理业务的做法，读者不但可以坐在办公室和家里通过网络查询图书馆的书目信息，也可以通过网络进行图书预约、借阅查询、证件网上挂失、读者信息查询及网上电子借书证申请，通过网络了解图书馆最近的新书状况，还可以在网上阅读电子图书和电子期刊的论文等，真正实现了全方位的图书馆网络化、数字化服务。

4）智慧服务实践

为读者提供智慧便捷的服务是智慧图书馆的核心目标，图书馆在服务创新方面进行卓有成效的探索和尝试。

（1）读者咨询。参考咨询是图书馆服务的一个主要组成部分。图书馆在服务实践过程中借鉴外国图书馆的先进经验，建立 FAQ 常见问题档案库，将读者在使用图书馆过程中常见的问题收集、整理、归类，并将普遍性问题录入自动回复系统，读者问题可做到即问即答。专业性、特殊性较强的问题采用现场作答交流，微信、微博、贴吧互动等新媒体形式进行快速响应，起到了很好的效果。2015 年图书馆开通官方微博、微信，用以发布通知、服务信息、发布数据库试用信息、读书活动等内容。2016 年图书馆分别建立官方微信服务号和订阅号；并在微信功能开发端口构建设置图书馆服务栏目，将图书馆的信息咨询、文献传递等移植或集成到了微信客户端，读者可实时查看自己借阅动态和资源服务等资讯，此方面工作将继续深入。

（2）文献资源。图书荐购服务：图书馆通过与畅想之星联合开发搭建陕西国际商贸学院图书荐购系统，实现文献采购大众参与，使得馆藏结构和利用效果明显好转，同时通过荐购系统吸纳各方意见资源，为文献建设提供多渠道信息来源。数字资源阅览服务：数字资源应用中心实行区域划分的针对性服务，对同类需求读者开展专区化服务，方便了读者学习交流；主要提供馆藏数字资源检索、公选课、论文系统、云终端应用、无线移动终端服务等。

（3）网络服务。图书馆主页实行现代化网络管理与服务，可提供多种服务途径：如图书馆建设和工作情况介绍、馆藏书目检索、个人外借信息查询、网上续借预约、提供 24 小时网络资源在线服务等。

（4）新式服务尝试。

① 网络直播。在开展资源推广服务上借助网络直播系统，对线下的数字资源推广活动进行全程在线直播，同时在微信公众平台上进行实时推送，让无法到场的读者也可以感受到现场氛围，同时留下宝贵的视频资源。

② 线上答题竞赛。线上竞答是当下与读者互动的新方式，通过探索将其引入图书馆管理服务过程当中，把图书馆的文献、资源和服务信息等通过网络答题形式进行普及教育，加深读者对图书馆的认知和理解；与读者互动的同时，图书馆得到了读者的反馈，读者也可得到图书馆的奖励与肯定。

③ 开展网络调查问卷。在图书馆的微信公众平台上定期发布调查问卷，了解读者对资源培训方面的需求，根据调查结果，开展针对性的文献资源推广交流活动。

④ 提供网络预约培训。定期在微信公众平台上发布资源培训计划，读者进行在线预约，达到一定人数后，图书馆组织开展资源培训。这样图书馆可以根据培训人数、培训对象和培训层级合理地安排场地、讲师及培训方式，让资源培训真正服务于读者，提高培训教育效果。

## 四、实践效果和后续研究

通过近三年的建设和探索，陕西国际商贸学院图书馆在智慧图书馆的研究和建设实践上取得了一些成绩，无论是从读者的反映，还是实际效果上来看，都达到了预期的目标，为智慧图书馆可持续发展奠定了较好基础。根据图书馆“十三五”发展规划和智慧图书馆的建设目标，下一阶段将开展密集书库建设和二期实体馆智能化改造建设，实现基于读者个性需求的深度智慧服务，连通信息孤岛间桥梁；推进智慧图书馆社会化服务外延建设，引入社交功能和推荐功能等建设，以需求为中心，将资源和读者关联起来，做到更人性化智慧服务。并在重新审视图书馆功能及服务的基础上，建设一整套完整的集图书馆建筑、设备设施、信息资源、智能技术、用户体验和馆员智慧于一体的全新用户信息服务方案，为用户提供信息智能选择、辅助分析、同行讨论、成果分享、科学决策和个人信息管理等智能服务，也将是未来智慧图书馆的建设重点。

## 五、结束语

智慧图书馆的发展是图书馆从技术智能到业态智慧的变革，本质是图书馆服务的深刻转型。为了扎实推进智慧图书馆的建设，智慧图书馆应当继续深入开展理论研究和实践验证，着手以集群属性为基础保障，以目标认同为战略重点，以效能服务为发展方向，用数据化、智能化的“新装备”为智慧图书馆的发展注入活力，赢得未来。

# 第三部分　民办高校人才队伍建设研究

## 加强师德师风建设，提高高校教师教书育人能力

闫侃厚　展海燕

【摘要】　师德师风建设关乎国家民族强盛，关乎学校可持续发展，关乎教师职业发展。重视师德师风建设是提升教师教书育人能力的首要因素。在我国社会转型发展关键期，教师师德师风建设面临严峻挑战和诸多问题，高校应从战略高度重视师德师风建设，将制度外在约束与教师内在修为相结合，切实提高师德师风建设的实效性，提升教师教书育人的能力。

【关键词】　师德师风；立德树人；教书育人

德，师之灵魂也。此处"灵魂"是指一个人立身处事的最核心、最重要的原则，是一个人内心深处最认同的思想、精神与感情基础。为人师者，品德第一。师德作为一种职业道德，是一切教育工作者在从事教育活动中必须遵守的道德规范和行为准则。师德也是教师人格特征的直接体现。师德常与师风紧密相关，师德是师风的基础，没有良好的师德作为土壤，就不会孕育出良好的师风；师风是师德培养和成长的环境，是教师职业群体师德的外在呈现，是教师行业的风尚风气。师风决定了学校的校风和学风，体现学校的人文风格和精神风貌。二者辩证统一，相互融合。良好的师德师风建设是高校高素质师资队伍建设的首要任务，是人才培养的基础与前提，是教育工作者职业发展的内在要求和重要保证。

### 一、加强高校师德师风建设的重要意义

#### 1. 良好的师德师风是强国兴邦、实现民族伟大复兴中国梦的需要

国家强盛系于教育，教育兴衰系于教师。党的十九大报告指出，建设教育强国是中华民族伟大复兴的基础工程，必须把教育事业放在优先位置，加快教育现代化，办好人民满意的教育。要全面贯彻党的教育方针，落实立德树人的根本任务，发展素质教育，推进教育公平，培养德智体美全面发展的社会主义建设者和接班人。习近平总书记在同北京师范大学师生代表座谈时指出，"'三寸粉笔，三尺讲台系国运；一颗丹心，一生秉烛铸民魂'。今天的学生就是未来实现中华民族伟大复兴中国梦的主力军，广大教师就是打造这支中华民族'梦之队'的筑梦人"①。总书记的这段话充分体现了党和国家对于教师所肩负的重大责任和历史使命的寄托，也清晰

① 习近平. 习近平同北京师范大学师生代表座谈时的讲话[EB/OL]. (2014-09-10)[2018-05-30]. http://politics.people.com.cn/n/2014/0910/c70731-25629093.html.

作者简介：闫侃厚，男，陕西商洛人，陕西国际商贸学院人力资源处处长，研究员，研究方向为高校人力资源管理。
展海燕，女，陕西富平人，硕士研究生，陕西国际商贸学院副教授，研究方向为思想政治教育。

地展示了国家民族富强与教育和教师之间的关系。没有一流的教育,就不可能实现建设社会主义现代化强国和中华民族伟大复兴中国梦的目标;而一流的教育必须有一流的教师队伍,教师承担着为社会主义事业培养人才的神圣职责,作为人才培养的中流砥柱,教师队伍质量的高低直接决定着教育水平的高低。而在教师的诸多素质中,道德素质是核心,是灵魂,是为人师者的首要素质要求。无德无以成师。前苏联教育家苏霍姆林斯基指出,“教师的人格是进行教育的基石”。教师道德素养的高低影响、感染甚至决定着学生道德人格的形成与发展。教师的思想政治素质和道德情操直接影响着青年学生的世界观、人生观和价值观的养成,决定着人才培养的质量,关系着国家和民族的未来。因此,师德师风建设的重要性需从民族发展、国家强盛的战略层面来审视。

**2. 良好的师德师风建设是高校发展的必然要求**

高校作为社会主义事业建设者和接班人的重要阵地,承担着人才培养、科学研究、服务社会和文化传承的重要职责。“师者,人之模范也。”师德师风既是一个学校办学实力和办学水平的重要标志,又是一所高校办学精神和办学理念等大学文化的集中体现,也是学校生存与发展的希望与动力所在。抗日战争期间的西南联大,在战火纷飞中办学条件异常艰苦,正因为有了像吴大猷、周培源和冯友兰等一批师德高尚、治学严谨的优秀教师,才培养出了杨振宁、李政道、朱光亚、赵九章和邓稼先等一批批优秀的学子。西南联大的伟大成就,以历史实践的厚重向我们展示了师德师风对于一所学校发展的重要性。今天,我国高等教育处于转型发展的关键期,高校之间的竞争日益激烈,学校发展靠质量,质量高低看队伍,队伍持续发展看动力,动力根本在师德。一所学校拥有一支师德高尚的师资队伍,就拥有了发展的源动力。内有所求,力之发轫,没有来自内心对于教育的热爱和执着追求,事业发展就不可能持续。因此,需从一所学校发展的战略高度,正视和重视师德师风建设,增强师德师风建设的紧迫感和责任感。

**3. 良好的师德师风建设是教师职业发展的内在需要**

教师的神圣职责是教书育人。“学高为师,身正为范”,作为人类灵魂的工程师,教师肩负着全面贯彻党的教育方针,实施素质教育,提高教育现代化水平,培养德、智、体、美全面发展的社会主义建设者和接班人的历史重任。崇高的职业定位对于教师自身提出了更高、更严的要求。作为个体,需深刻理解职业所赋予自己的职责,教师要赢得学生的尊重与信赖,要赢得社会的认可与尊重,高尚的师德和精湛的业务缺一不可,而前者是立身之本。习近平总书记在2014年教师节座谈会上指出:“教师的职业特性决定了教师必须是道德高尚的人群。合格的老师首先应该是道德上的合格者,好老师首先应该是以德施教、以德立身的楷模。”“教师重要,就在于教师是塑造灵魂、塑造生命、塑造人的工作。”① 教师的师德认识、师德情感、师德意志、师德信念、师德行为和师德习惯,对于成就教师的事业发展至关重要。教师自己首先要有高尚的道德情操,才能以德治教、以德育人、以高尚的情操引导学生全面发展。

## 二、当前高校师德师风建设面临的挑战与主要问题

随着我国高等教育大众化的强势推进,高校教师的规模日益扩大,数量的急剧增加势必导致教师整体素质的相对滞后,师德师风意识淡化,教师违法违德问题凸显,并导致一系列社会

① 习近平. 习近平同北京师范大学师生代表座谈时的讲话[EB/OL]. (2014-04-10)[2018-05-30]. http://politics.people.com.cn/n/2014/0910/c70731-25629093.html.

问题。

**1. 社会转型期的各种“失范”现象，导致部分教师价值观失衡**

社会转型时期，价值文化多元，社会思潮涌动，鱼龙混杂的思想观念充斥着社会的各个角落，昔日纯洁的象牙塔内的为人师者也面临诸多诱惑，经历着思想的动摇与选择。当甘为人梯、无私奉献、蜡炬成灰泪始干，俯首甘为孺子牛等昔日赞美教师神圣职业之伟大的话语被社会调侃之时，一部分教师的理想信念就动摇了，职业情感就淡化了，价值观念就转变了。当功利主义、消费主义、享乐主义和个人主义等思想蔓延之时，一部分教师就开始怀疑职业的精神追求，陷入物质至上的旋涡，道德自我修为就逐渐淡化。一部分教师职业理想的缺失和职业道德的滑坡，成为高校不得不面对的重要问题。

**2. 高校师德师风建设的举措不力，建设实效性有待提高**

诚然，当前我国高校整体上师德师风建设效果较好。习近平总书记在北京师范大学的讲话中对此做了如下的肯定：“长期以来，广大高校教师忠诚党的教育事业，呕心沥血，默默奉献，潜心治学，教书育人，敢于担当，锐意创新，为高等教育改革发展做出了巨大贡献，赢得了全社会广泛赞誉和普遍尊重。”但就社会对于高校的期望，高校承担的特殊职责而言，当前有一部分高校的师德师风建设仍然存在很多问题，建设有效性有待于进一步提升。主要表现在以下两方面。

（1）部分高校领导对师德师风建设重视不够。做好师德师风建设工作的关键是领导重视。但在实际工作中，由于师德师风建设的软性特点，部分高校的领导在思想深处并没有真正重视师德师风建设，“说起来重要，做起来次要”的现象不少。由于利益的诱惑，少数高校的领导甚至自身违背师德，学术腐败、骚扰下属、玩忽职守等现象时有发生。

（2）师德师风建设措施不到位，执行不力，效果不好。一是责任落实不到位。师德师风建设涉及诸多部门，党委组织部、宣传部、人事处、教务处、工会、团委及学生处等均有师德师风建设的职责，但具体实施时各部门责任不清，互相扯皮，落实不力。二是师德师风激励制度和考核制度不科学、不完善。师德师风激励考核不同于业务考核，不易量化，考核难度大。一般高校采用学生、同行、领导主观评价与业务考核相结合的方式进行，但是在执行过程中往往不够严谨，没有较好地防范人为因素的影响，如领导示意、拉帮结派、篡改结果等，导致评价结果失去公平，丧失民意。对于师德激励，多数高校也采取了物质激励与精神激励相结合的方式，但相比于业务奖励，奖励的力度显然较小。对于违反师德的惩戒，教育部《关于建立健全高校师德建设长效机制的意见》对有违反师德行为的惩处做出了明确、严肃的规定，但在实际中执行较难。有些学校出于“惜才爱才”考虑，认为培养一个业务出众的人才不易，对于出现的师德不端行为，往往在处理时失之于宽、失之于软。有些学校领导担心处理后遗症，不敢严肃惩处。有些学校无章可循，或者在学校的相关制度中没有涉及，或者规定不详细，可操作性不强。三是师德师风培训不系统。高校的师德师风培训形式往往比较单一，常采用专题讲座的形式进行，且次数不多。有条件的学校辅助于教育博物馆、纪念馆等参观学习，但往往主要针对新进教师，涉及面窄，且没有形成后续跟进培训的常态化模式。四是师德师风建设的文化氛围不浓①。高校宣传工作中，往往更看重教育教学科学研究成果等“硬信息”的宣传与报道，对于师德师风先进个人、先进集体等的宣传力度不够，影响力不高。

---

① 展海燕，应用型本科院校“双师双能型”教师队伍建设初探[J]. 陕西国际商贸学院学报，2017(1)：26－30.

### 3. 教师自身对于师德建设重视不够，自觉性不高

我国高校教师的生存和发展压力很大，在行政化色彩依然很浓的高校中，教师面临多重领导，既要完成本职内的教育教学和科研工作，又面临着诸多来自行政部门的工作指派，付出与回报的落差、社会角色期待、教学改革、学生评教及职称评聘等压力，导致一部分教师身心疲惫，教师职业发展高原现象严重，职业倦怠心理普遍。在外在任务的重重压力之下，教师常常会出现无心无力进行自我道德修为的动力和自觉性。一部分教师就会安于现状，不思进取，故步自封，思想落后，学习不足，教学效果打折扣。道德意识淡薄，不能正确处理个人和集体的关系，缺乏敬业与奉献精神，较少关心关爱学生，师生关系冷漠。

## 三、加强高校师德师风建设的几点建议

### 1. 全社会形成尊师重教的良好社会氛围

师德师风建设是实施科教兴国、人才强国战略的基础性工程。教育强则国强。党和国家从战略的高度肯定了教师在社会主义建设事业中的重要作用。而师德建设作为师资队伍建设之首要任务，国家应对此高度重视。一方面继续加强制度建设，落实《高等学校教师职业道德规范》《国务院关于加强教师队伍建设的意见》《关于建立健全高校师德建设长效机制的意见》《高等学校预防与处理学术不端行为办法》《高等学校深化落实中央八项规定精神的若干规定》。另一方面，继续加大对教育的投入力度，加大对教师福利待遇、各种激励的投入，加大公共媒体对教师生活工作的关注关心，对师德模范的宣传报道等，多举措在全社会营造尊师重教的良好风气，提高教师社会地位和社会荣誉感。

### 2. 高校多举措扎实推动师德师风建设

高校是师德师风建设的主体。针对当前师德师风建设的突出问题，高校应从以下几方面加强建设。

（1）领导高度重视，切实落实责任。高校领导班子要从国家、学校战略发展的高度，重视师德师风建设问题，并从制度建设、人财物支持等方面扎实落实。做到制度落实、组织落实、内容落实，形成统一领导、分工负责、协调一致、齐抓共管的工作格局。高校成立以校长为组长，党委组织部、宣传部、人事处、工会、教务处、团委、学生处主要负责人为成员的领导小组，负责师德建设活动的组织实施。各有关教学单位和职能处室成立相应机构，全体教职工密切配合、上下联动，共同促进师德师风建设。践行以校训、学风为重点的校园文化，使校园文化成为推动学校事业发展和良好师德师风形成的精神动力①。

（2）制定更加完善可行的激励制度，形成师德师风建设常态化运行机制。在充分认识和分析学校师资队伍建设现状，尤其是教师师德师风建设现状的基础上，基于马斯洛的需求层次理论及赫茨伯格的双因素理论、弗洛姆的期望理论、亚当斯的公平理论、斯金纳的强化理论等进行高校教师激励制度设计与实践。激励制度注意分类分层，细化指标，强调针对性，主要措施包括：为教师提供培训学习机会、畅通职务晋升通道、设置教学科研成果奖励、评选教学名师、实施年度考核、聘期考核、给予物质与精神激励等。

（3）探索创新培养机制，加强师德师风培训实效性。针对不同类型的教师制定不同的培养计划和方案，辅导员队伍、教师队伍、管理队伍等应有不同的师德培养重点，新进教师、骨干

① 杨忠林，温丽丽. 加强校园文化建设，提升校园文化品位[J]. 陕西国际商贸学院学报，2017(1)：5－7.

教师、名师专家应有不同的要求和标准,既注重全员培训,又注重分类指导。同时,建立师德师风建设长效机制,建立健全教育、宣传、考核、监督、激励和惩处相结合的高校师德建设六大长效机制。

(4)加强师德师风考核,将师德师风考核运用到实际的奖惩工作中。坚持以事实为依据,运用行为锚定评价法进行师德评价;坚持考核主体的多元化,确保师德评价的全面性和有效性;坚持实事求是,力求避免考核误区。注意师德评价与绩效考核的区别,不能简单地用教师的教学科研业绩来判断其师德表现。同时,也要注意在师德评价中的首因效应、近期误差和溢出效应①。对于违反教育部《关于建立健全高校师德建设长效机制的意见》规定的"红七条"禁止行为的教师,高校应依据相应规定进行严肃处理。在专业技术职务评审、行政职务晋升、名师评选、人才遴选等各级各类表彰奖励中实行"一票否决"。同时,对于师德师风先进个人,高校应充分利用校内报刊、网络、广播、橱窗等传统传媒及微博、微信等新兴媒体,以丰富多彩的形式加强师德师风宣传,并给予表彰和奖励,在全校范围内形成崇尚高尚师德师风的良好氛围。

(5)学校要真正关心教师的生活和工作,工会、人事处等部门要定期深入教师队伍,切实了解和解决其实际困难,让组织关爱融入教师生活,感染、引导和激发教师的职业责任感和荣誉感,从而带动教师关心关爱学生,提高教师的师德水平。

**3. 教师个人自觉加强师德修为**

道德只有内化于心,方能长久持续。作为教师,要积极主动自我学习、自我修炼、自我约束、自我调控,深刻理解教师职业赋予自己的神圣职责,主动向榜样看齐,主动修为,常常内省,提升境界。

(1)要以习近平总书记提出的"四有"好老师的标准严格要求,做有理想信念、有道德情操、有扎实知识、有仁爱之心的学生满意的好老师。

(2)要严格遵守并积极践行"爱国守法、敬业爱生、教书育人、严谨治学、服务社会、为人师表"高校教师职业道德基本规范。

(3)坚持"四个统一",切实提高自我道德修养。坚持教书和育人相统一,坚持言传和身教相统一,坚持潜心问道和关注社会相统一,坚持学术自由和学术规范相统一。

(4)坚决执行教育部《关于建立健全高校师德建设长效机制的意见》,不触红线,不犯错误。

(5)加强学习,勤于学习,善于学习,掌握教书育人扎实本领,在实践中不断完善自我,提升个人道德境界。教师只有以高尚的人格、精湛的育人能力、宽广的仁爱之心,方能以德立教,以身示教,塑造出职业所赋予的美好形象,履行好人类灵魂工程师的光辉使命,完成塑造灵魂、塑造生命、塑造新人的时代重任。

高校师德师风建设是一项全局性、长期性的工作,需要社会、高校和教师等各方协同努力。在社会转型发展的关键期,师德师风建设面临诸多挑战,高校必须开辟新途径,探索新办法,营造新环境,外引内修,通过提高师资队伍整体道德修养,从根本上提高教师教书育人的能力。

---

① 黎野,文洁. 高教新常态下高校师德建设:难点与对策[J]. 重庆科技学院学报(社会科学版),2017(12):108－110.

# 民办高校教师发展问题研究

杨建云

【摘要】 当前民办高校教师发展还存在教师发展的认同意识欠缺、动力不足及投入不够等问题,通过营造"成才软环境",采取"多元化措施",构建"激励型机制",打造"服务型行政",可以提高民办高校教师发展工作的成效,推动学校实现快速发展。

【关键词】 民办高校;教师;发展

【基金项目】 本文系陕西国际商贸学院教育教学改革研究项目(JG201732)、陕西省高等教育学会2017年度高等教育科学研究项目(XGH17232)的阶段性成果。

"百年大计,教育为本;教育大计,教师为本。"哈佛大学第23任校长Jamese B. Conant提出:"高校的荣誉不在它的校舍和人数,而是它一代又一代素质优良的教师,一所学校要站得住,教师一定要出色。"①教师质量是高校的"安身立命"之本,教师队伍建设是高校发展的主要动力。民办高校要在新一轮的发展中实现新的突破,建设出高品质、具有品牌效应的民办高校,取决于是否拥有一支师德高尚、业务精湛、结构合理、充满活力的高素质专业化教师队伍。对于当前民办高校来说,教师队伍建设的滞后性,已经成为学校可持续发展的重大障碍。所以,做好教师发展工作,打造优秀的教师队伍,促进学校实现跨越式发展,是当前民办高校工作的重中之重。

## 一、民办高校教师发展的问题分析

民办高校教师都是典型的知识工作者,他们文化程度较高,自我实现的需求较强,倾向于工作的自主性,有较强的事业心和责任心等。这些特征为教师发展提供了强大动力和坚实保障。但不容忽视的是,民办高校教师的发展还存在一些问题,制约着教师素质的提升,滞缓了学校的发展。具体表现在以下几个方面。

(1)教师发展的认同意识欠缺。这主要是指一些老教师及进校时间较短的年轻教师,有的进校是为赚钱,有的进校是为以后提升学历或更换单位找跳板。有这种功利性或短视性思维的教师,忽视了教师发展对自己、对学校及对学生发展的重要影响,不仅自己不主动学习创新提升,而且对学校安排的各种教师发展活动也是能避则避。唯物辩证法认为,外因是条件,内因是关键,外因要通过内因才能起作用。教师的思想问题如果不解决,无论在教师发展方面做多少工作,效果都不会理想。

(2)教师发展的动力不足。教师发展的动力来自教师发展的需求。按照马斯洛的需求层次理论,教师发展的需求也应该是有层次的,从低到高依次是:物质需求、精神需求和自我发展的需求。民办高校的工资、社会保障及福利等待遇低,教师评价体系不完善,合理的激励机制

① 谈哲敏. 师资队伍是"双一流"建设的核心[J]. 中国高等教育,2017,(3):26-28.

作者简介:杨建云,女,汉族,河南渑池人,法学硕士,陕西国际商贸学院教师发展中心副主任,研究方向为思想政治教育和教师发展研究。

还未形成,教师职称晋升困难等,使教师发展缺乏强劲动力。

(3)教师发展的方法欠缺。教师发展包括的内容很多,包括职业道德素养的提升、教育教学能力的提升、学术研究能力的发展以及创新思维和创新能力的养成等。民办高校的教师发展工作起步较晚,教师发展工作的经验有限,教师发展工作的系统性、针对性和实效性都还有待提高,所以即便有一部分教师有自身发展的需求,但却因为缺乏科学的方法和努力的方向,制约了自身的发展。

(4)教师发展投入不够。民办高校办学经费相对于公办高校来说,资金来源单一,办学经费不足是常态。在面对本科合格评估或水平评估或上级检查的诸多指标面前,教师发展工作往往为其他工作让步,所以民办高校对教师发展的投入,无论是人力还是财力方面,都很难满足需求。“巧妇难为无米之炊”,教师发展投入不足,成为教师发展的桎梏。

(5)教师发展效果转化打折。目前民办高校大都拥有自己的教师发展中心,挂于教务处或人事处之下,或独立,并且都不同程度地开展了各项教师发展工作,常见的如教学学习进修、教师培训及专家进校等。但现在普遍存在的问题是,教师在学习之后,并没有把学习的成果转化为教学或科研成果,教师发展工作还处在务虚阶段,没有真正成为学校发展的重要推动力。

## 二、民办高校教师发展的对策研究

### 1. 营造“成才软环境”,稳定教师队伍

习主席指出,要“满腔热情地关心教师,改善教师待遇,关心教师健康,维护教师权益,充分信任、紧紧依靠广大教师,支持优秀人才长期从教、终身从教,使教师成为最受社会尊重的职业。”[①]对于民办高校来说,待遇好固然可以留住人,但真正能长期留住人的只能靠事业。所以,按照习主席的指示,遵循人才流动规律和人才需求层次规律,营造教师成长软环境,才是稳定教师队伍之本。

(1)感情留人。“国将兴,必贵师而重傅;贵师而重傅,则法度存”,要认识到教师对学校建设的关键作用,在思想上尊重教师,在生活上关心教师。

(2)待遇留人。要不断提高教师的待遇,努力改善教师的工作、学习、生活条件,特别是解决好教师的住房问题和医疗及社会保障问题,解除教师的后顾之忧。

(3)事业留人。要给教师专业发展、职称晋升等提供充分的保障和多样化的平台,使教师在工作过程当中能有更多的成就感,深刻领会自己工作的价值所在,使教师不再单纯地把工作当成谋生的手段,而是实现自己人生价值的事业,从而安心教学。

(4)文化留人。大学文化是大学的灵魂,潜移默化地影响着师生的思想和行为。要努力在校园中营造重视人才培养、教学工作和学术发展的文化氛围,树立正确的质量观、先进的教学观和科学的发展观,依靠优美的校园环境、宽松的学术氛围和广阔的研究交流平台等一系列因素留住人才。

### 2. 采取“多元化措施”,促进教师整体提升

(1)实行三级培训机制。学校首先根据学校发展的战略规划,结合学校存在的问题和实际,考虑到学校教师和专业变化的需要,制定出学校的教师队伍建设规划;各分院根据学校总

① 黄小华. 好教师的标准[N]. 光明日报,2017-04-02(6).

规划对本部门在师资队伍方面的要求和自身发展的需要，制定出本部门教师队伍建设规划；还要鼓励教师根据学校和院系的培训计划，结合个人的专业和能力，制定个人的职业发展规划。通过实行三级培训机制，充分调动各方面的积极性，满足学校、学科（专业）发展和教师个人发展的需要。

（2）建立“五结合”的培训体系。坚持按需培训、学用一致、注重实效的原则，建立长期培训与短期培训相结合、校内培训与校外培训相结合、线上培训与线下培训相结合、学校培训与二级学院（部）培训相结合、集中统一培训与个人自主培训相结合“五结合”培训体系，以多种形式开展教师综合能力提升活动。

（3）构建教师“学习共同体”。“学习共同体”（Learning Community）是支撑以知识建构与意义协商为内涵的学习的平台①。教师学习共同体是由教师或教师与专家共同组成的，以教师专业发展或教学能力提升为根本目标，紧紧围绕教师在专业发展和教学当中的困难和问题，相互支持、共享经验、协同学习的教师组织。构建教师学习共同体，首先要引导教师树立终身学习的理念，这是学习型高校和教师学习共同体创建的前提条件和首要任务。其次，教师学习共同体的构建可采用以下方式：一是学校结合当前教育教学改革当中的主要问题，选派教学名师、教坛新秀、教学质量优秀奖和教学成果奖获得者或其他优秀教师组成学习共同体；二是引导教师积极参与教学沙龙、教学观摩等活动，在共同的学习和研讨过程中加深理解，逐渐靠拢，形成学习共同体；三是教师自发地根据学习兴趣组成学习型组织。再次，学校要引导更多教师参与到学习共同体当中，并派专家对学习共同体的活动进行指导，并帮助他们把学习成果转化为教学效益，扩大影响力，形成示范效应。最后，学校要从时间、空间、经费上给予教师学习共同体以充分保障，并为教师提供相关的知识共享和网络技术培训，以便教师更好地利用各种平台资源共同学习探讨教学和科研工作。通过构建教师学习共同体，充分发挥群体动力在学习中的作用，关注教师主观能动性的调动，挖掘教师内驱力和自律性，提高教师学习力和学习效果。

**3. 建立“激励型机制”，激发教师发展活力**

按照岗位的特点和要求，建立以业绩为核心，由品德、知识和能力等要素构成的分类分级教师评价体系。对团队带头人，加大其团队业绩和建设成效的考核权重，并在此基础上完善职称评审机制，健全教学、学术评价机制，建立以科学量化、质量优先为基准的职称分类评审与聘任制度，引导和规范教师的行为选择，使教师的职称和能力匹配，充分发挥教师评价对教师发展的引导和激励作用。

（1）采用“四结合”的激励方式。一是物质激励与精神激励相结合。物质激励可以在教师的基本生活需求方面进行满足，精神激励能使教师获得心理期望和价值方面的满足，两者结合使用，可实现激励效果的最佳化。二是长期激励与短期激励相结合。长期激励的出发点主要是为了民办高校长远的发展，对教师的长期付出予以回报；短期激励则更多考虑眼前的利益，能在短时间内激发教师的工作热情。二者相结合，一方面确保教师当前工作的突破，提高其积极性和工作效率；另一方面将教师的工作热情持续地调动起来。三是公平激励与差异激励相结合。一方面要将公开、公平、公正的原则寓于选拔、评聘职称和奖励的过程中，建立一套科学公正的、规范化和制度化的测评标准；另一方面，结合教师的个性差异及不同需求，采取相应激

① 王洪伟. 指向学生归属感的共同体学习环境设计[J]. 现代基础教育研究，2013(4)：100－103.

励措施。激励的公平性给予教师心理上的慰藉，激励的差异性弥补了薄弱环节的缺陷。二者相结合缩小了差距，从而实现管理上的公平激励。四是正向激励与负向激励相结合。为了激发教师的工作积极性，一方面对教师应以正向激励为主，充分挖掘其内在潜力，确保教学任务高效率完成；另一方面也有必要采取负向激励方式，促使教师增强危机感和竞争意识。只有把正向和负向激励二者进行适当的结合，并以正向激励为主导，形成一种有效的激励合力，才能发挥出激励机制的整体功效。

（2）改革完善薪酬体系。要在不同层次人才分级管理的总体框架下，明确不同层次人才的学术标准与绩效标准，优化以职位薪酬为基础，兼顾能力，奖励与约束并重的薪资、绩效体系，扩大绩效工资权重，突出业绩薪酬，加大向优秀人才和关键岗位倾斜力度，拉开档次，并完善教师退出机制、流转机制以及晋升机制，促进高校师资队伍建设。

**4. 打造“服务型行政”，提高教师产出效益**

目前我国大学存在的一个主要问题就是频繁填表、开会等非学术事务过多。这些琐碎的、机械的、形式主义的非学术事务浪费了教师大量的时间和精力，使教师在教学和科研等学术性事务的投入大大地降低，严重影响了教师队伍的学术生产率，也阻碍了教师队伍的建设和发展。导致这一问题的主要原因就是行政系统的官本位主义过重，扭曲了大家的价值观。一些行政机构习惯于以居高临下的姿态来看待行政机构与教师之间的关系，以简单的指令式方式来展开工作，用轰轰烈烈的形式来展示业绩，而不愿俯下身去了解一线老师的需求，踏踏实实地解决教师发展的实际问题，因此导致教师的学术投入不足，教师产出效益低下。欧美一流大学的人才队伍之所以能有持续旺盛的学术生产率，一个非常重要的原因是行政对于学术的周到、体贴的服务支撑，将人才从具体、琐碎的非学术事务中解放出来，把精力尽可能地用于教学和研究等学术事务。所以民办高校在从外延式发展向内涵式发展的转型中，在建设“双一流”的过程中，也应努力建设“服务型行政”，使行政切实地由“管理”走向“服务”。这样，教师才能从繁杂的非学术性事务中解脱出来，全身心地投入到教学和科研的本职工作当中，才能提高教师队伍质量，促进学生的成长，实现学校的跨越式发展。

# “四有”好老师标准下的民办高校辅导员队伍建设思考

陈立娥

【摘要】 本文依据习近平总书记提出的“四有”好老师的标准和《普通高等学校辅导员队伍建设规定》要求，通过对民办高校辅导员队伍建设现状分析，认为民办高校辅导员队伍建设目前存在着“部分辅导员角色定位模糊；辅导员专业化程度普遍偏低；对辅导员培养考核机制还不健全；辅导员职业认同感还需进一步提升”等问题。对此提出了应以“四有”好老师为标准，帮助辅导员对工作准确定位；努力提高辅导员队伍建设整体素质；建立健全辅导员培训体系；努力提高辅导员职业素养等措施，使辅导员工作适应新时代高等教育发展需要。

【关键词】 “四有”好老师；民办高校；辅导员队伍

2014年9月9日上午，习近平总书记在第30个教师节来临之际视察北师大并同师生代表座谈时，对全国广大教师提出了做“有理想信念、有道德情操、有扎实学识、有仁爱之心”的好老师的要求，希望广大老师为发展具有中国特色、世界水平的现代教育，培养社会主义事业建设者和接班人做出更大贡献①。

高校辅导员是开展大学生思想政治教育的骨干力量，也是高等学校学生日常思想政治教育和管理工作的组织者、实施者、指导者。高校要坚持把立德树人作为中心环节，把辅导员队伍建设作为教师队伍和管理队伍建设的重要内容②。当前，高校辅导员队伍建设已引起社会的广泛重视，本文按照习近平总书记强调的“四有”的好老师标准和教育部《普通高等学校辅导员队伍建设规定》，结合民办高校辅导员队伍建设的现状，提出了民办高校辅导员如何做“四有”好老师的建议，旨在进一步加强辅导员队伍建设，提升理论素养、增强职业能力，为民办高校人才培养方案实施打下坚实的基础。

## 一、“四有”好老师的概念及内涵

习近平总书记指出，“一个人遇到好老师是人生的幸运，一个学校拥有好老师是学校的光荣，一个民族源源不断地涌现出一批又一批好老师则是民族的希望”。提出“四有”好老师标准，“四有”指的是有理想信念、有道德情操、有扎实学识、有仁爱之心。其中，理想信念、道德情操是对教师“做人”的要求，有扎实知识、仁爱之心是对教师“为教”的要求③。习近平总书记从德和才两个方面对好老师提出了更高要求，“四有”是一个有机整体，不可分割。

① 习近平．习近平同北京师范大学师生代表座谈时的讲话［EB/OL］．(2014－09－10)［2018－05－30］．http://www.politics.people.com.cn/n/2014/0910/c70731－25629093.html.

② 中华人民共和国教育部令第43号《普通高等学校辅导员队伍建设规定》(2017修订).

③ 景鹏．大学新生学风建设中的辅导员－班导师协同工作探析［J］．江西师范大学学报(哲学社会科学版)，2015(2):95－97.

**1. 坚定的理想信念是好老师的人格基石**

教师肩负着传播知识与文明，指引学生人生道路的重要使命。今天，在实现“中国梦”的伟大征程中，教师既是追梦人，也是筑梦人，只有广大教师坚定理想信念、树立崇高目标，才能培养出社会主义事业的合格建设者和可靠接班人。

**2. 高尚的道德情操是好老师的品质修养**

“师者，所以传道授业解惑也”，其中“传道”是教师第一位的职责。《论语·子路篇》里子曰：“其身正，不令而行；其身不正，虽令不从。”因此，一位好老师，必然是道德的楷模、身正的典范，必然是淡泊名利、甘做人梯的榜样。只有这样，才能够让学生听其言、观其行、听其令，才能让学生以其为镜、见贤思齐。

**3. 扎实学识是好老师的基本要求**

古人说“水之积也不厚，则其负大舟也无力”。当今时代，网络技术的发展带来了信息的飞速传播，也使学生接受知识的渠道和方式发生了许多变化，因此，一位好老师，不仅需要具备扎实的专业知识和过硬的教学能力，还应具备开放的教学心态，掌握先进的教学方法，如此，才能在教育中游刃有余，才能为学生提供最需要、最有效的引导。

**4. 仁爱之心是好老师的永恒本色**

陶行知认为，“我们奋斗的工具是爱力而不是武力”，他毕生践行“捧着一颗心来，不带半根草去”，被誉为“万世师表”。当代学生张扬个性、追求平等，只有成为懂得尊重、包容学生、以满腔真情对待学生的老师，才能培养出懂得爱、珍惜爱的学生，才会赢得学生的信任和爱戴。

## 二、以“四有”好老师标准加强高校辅导员队伍建设的重要意义

人才培养是高等学校的根本任务，怎么培养、如何培养是高校教育发展需要思考的问题，中国特色社会主义进入了新时代，高校发展也已进入了白热化阶段，为了完成人才培养这一根本任务，高校辅导员作为高校教师的重要组成部分，身上肩负着重要责任。大学生正处于成长与成熟之间，其思想情绪活跃，有强烈的成才欲望，但也有其矛盾心态，表面上表现成熟，深层次上却经常迷茫困惑。大学生在成才意识和活动参与方面都表现出很强的创新意识，但受新时期生活环境的影响，集体观念差，社会公德意识淡薄，耐力和意志力还需磨炼。基于大学生的这些成长问题和思想观念，高校如何解决这些问题，培养学生正确的人生观和价值观，促进学生全面发展是一个重要的话题。对辅导员来说，也是其面临的巨大挑战。因此，必须从国家发展和民族振兴的战略高度，充分认识加强高校辅导员队伍建设的重要意义。一方面，加强高校辅导员队伍建设是实现“中国梦”的客观需要。国家繁荣、民族振兴，需要一支师德高尚、业务精湛、富有爱心的高素质辅导员队伍，引导学生正确认识世界和中国发展大势，正确认识中国特色和国际比较，正确认识时代责任和历史使命，正确认识远大抱负和脚踏实地，成为又红又专、德才兼备、全面发展的中国特色社会主义合格的建设者和可靠的接班人。另一方面，作为开展大学生思想政治教育骨干力量的辅导员，既是学生的人生导师，又是学生的知心朋友，承担着帮助学生树立正确的世界观、人生观和价值观，培育学生理性平和、乐观向上的健康心

作者简介：陈立娥，女，陕西横山人，陕西国际商贸学院财务会计学院党总支书记，主要研究方向思想政治教育。

态的重要职责。辅导员全面接触学生学习、生活、工作,其思想观念在潜移默化地影响着学生,所以说,辅导员在高校人才培养过程中扮演着不可或缺的重要角色。

## 三、民办高校辅导员队伍建设存在的问题

### 1. 部分辅导员角色定位模糊

教育部《关于加强高等学校辅导员班主任队伍建设的意见》《普通高等学校辅导员队伍建设规定》等文件都对辅导员这一角色进行了明确的定位:辅导员的职责是帮助高校学生树立正确的世界观、人生观、价值观,使他们在学会做事的同时学会做人。但在实际工作中,辅导员角色定位不够清晰,职责不够明确,他们工作任务繁重,工作压力大,常常处于“两眼一睁,忙到熄灯”的状态。根据调查显示,60% 的辅导员认为日常事务工作量比较繁重,17.1% 的辅导员认为日常事务性工作严重影响了对学生的学业指导,50% 的辅导员认为日常事务性工作对学业指导工作有一定影响。在针对“实际中做学生事务管理工作频率”的调查中,70.5% 的辅导员选择了“最多”,22.6% 的辅导员选择了“比较多”。当前的大学生以 95 后为主,且独生子女居多,他们自我意识很强,个性比较张扬,心理承受能力脆弱,生活自理能力差,在学习、生活、恋爱、心理及人际交往等方面存在诸多问题,这在无形之中加大了辅导员的日常工作量和工作难度。同时,民办高校由于管理体制原因,把辅导员与班主任岗位和工作职责均由辅导员承担,因此,辅导员大部分的工作时间和精力都在处理学生日常事务性工作,造成了辅导员在学生思想政治教育工作中投入的时间不多、精力不够。

### 2. 辅导员专业化程度普遍偏低

专业知识是辅导员专业化的基础,目前民办高校辅导员学科背景比较复杂,专业性不强。民办高校辅导员专业化是要求辅导员要具备管理学、教育学、心理学等扎实的专业知识,用专业知识去解决学生在学习、生活中的实际问题。但是由于辅导员所从事的日常学生管理工作是烦琐而又复杂的,加之坐班时间较长,所以平时很难跳出烦琐的日常工作,抽出时间用于专业化学习和培训。据调查,大部分辅导员把 70% 以上的时间和精力用于日常学生事务管理,15% 左右的时间用于思想政治教育工作,几乎没有时间进行专业知识的学习。由于没有专业知识做支撑,造成许多工作付出与取得的效果不成比例,久而久之,辅导员慢慢成了缺乏理论支持的学生“保姆”,不能充分发挥出辅导员所具有的思想引导、榜样示范、精神向导的作用,辅导员也极易因为对工作产生的职业懈怠,失去工作的热情,滋生消极情绪。

### 3. 辅导员培养考核机制还不健全

《普通高等学校辅导员队伍建设规定》中明确指出,专职辅导员是指在院(系)专职从事大学生日常思想政治教育工作的人员,包括院(系)党委(党总支)副书记、学工组长、团委(团总支)书记等专职工作人员,具有教师和管理人员双重身份。高等学校应参照专任教师聘任的待遇和保障,与专职辅导员建立人事聘用关系。但在实际工作中,辅导员如果走教师系列,在评职称时课时量和科研成果均无法与专职教师相比;如果走管理干部系列,学校又没有那么多的管理干部岗位,这就让辅导员的职业发展处于非常尴尬的境地。同时高校辅导员的考核机制也有待进一步完善,辅导员工作成果周期长、见效慢,很多工作无法用量化指标进行衡量,不适宜采用定量考核方法。有的高校按行政管理人员的考核标准对辅导员进行考核,考核内容无法很好地体现辅导员岗位职责的完成情况,存在辅导员评价体系不健全、缺乏科学合理的考评机制等问题。此外,一些高校的激励机制也不完善,难以实现有效的绩效考核,结果导致辅

导员干好与干坏都一样,严重影响了辅导员的工作热情和积极性[①]。

**4. 辅导员职业认同感还需进一步提升**

高校辅导员职业认同感较低,专职辅导员发展了几十年,国家在政策上对高校辅导员的职业认同做了大量的工作。2007 年,教育部指导成立了全国高校辅导员工作研究会,2008 年开始评选“全国高校辅导员年度人物”。2014 年,教育部还颁布了《高等学校辅导员职业能力标准(暂行)》等,逐步增强广大师生和全社会对辅导员工作的职业认同。但是,目前相当一部分学校对辅导员的身份归属仍比较模糊,把他们等同于教辅人员和管理人员。由于学生管理工作成效不易量化,其重要性不被广泛认同,导致辅导员工作成就感不强,职业认同感弱化。一些学生也认为,“辅导员”不完全等同于“老师”,辅导员是他们生活上的老师,跟专业教师相比有差距。辅导员的“老师身份”被弱化,这使得部分辅导员对自己的身份也产生了怀疑。“转岗”“跳板”是一些认同感较低或者产生职业倦怠的辅导员时常放在心里的词,一旦有机会,他们会毫不犹豫地脱离辅导员这个队伍。同时部分辅导员对职业缺乏足够的认识,敬业精神不足,事业心和责任感缺乏,把辅导员岗位作为跳板,把负面情绪带到工作中,丧失了作为思想政治教育工作者应具有的职业认同感。

## 四、以“四有”好老师标准加强民办高校辅导员队伍建设的措施

高校辅导员是开展大学生思想政治教育的骨干力量,是大学生健康成长的指导者和引路人。开展辅导员队伍建设要在思想认识上不断提高,管理体制上有突破,政策制定上有创新,人才培养上重实效,以“四有好老师”为引领,努力为辅导员打造“工作有条件、干事有平台、发展有空间”的工作大环境,并不断思考与探索辅导员队伍建设的新出路与对策。

**1. 以坚定理想信念为标准指导辅导员准确定位工作**

作为具有社会主义办学性质的高校,建设一支政治立场坚定、理想信仰崇高的辅导员队伍是高校自身属性的必然要求。“辅导员角色定位的科学性制约着高校辅导员工作体系与外部环境的关系”[②]。辅导员作为学生思想教育的核心角色,其政治素养和理论水平需要不断提升,要夯实马列主义、毛泽东思想和中国特色社会主义理论基础,深入贯彻落实党的十九大精神,引导学生树立正确的世界观、人生观、价值观,对学生进行理性的爱国主义教育。辅导员要明确个人目标,合理规划自身未来,分工明确,各负其责。要改变任何人都可以当辅导员的错误观念,从而在日常工作中提高辅导员的地位。应重视辅导员专业化、职业化发展,强化辅导员内涵建设,突出辅导员专业技能和学术水平的提升,注重辅导员相关学科专业的再教育和学历的提高,促进辅导员在日常学生管理工作中综合能力的提升。只有凸显高校辅导员的思想政治教育功能,实现其工作职责由事务性工作向思想政治教育工作本位的回归,才能真正实现辅导员队伍的专业化建设,同时更加坚定辅导员的政治信仰和立德树人的人生追求。

**2. 以高尚道德情操为标准提高辅导员队伍整体素质**

“教师的职业特性决定了教师必须是道德高尚的人群。合格的辅导员首先应该是道德上的合格者,应该是以德施教、以德立身的楷模[③]”。辅导员作为大学生健康成长的引路人和指

---

① 王学成,梁潇凝. 植根中国大地,实现四个服务的思考[J]. 陕西国际商贸学院论坛,2018(1):15－17.

② 陶行知. 陶行知全集:第 8 卷[M]. 成都:四川教育出版社,2005.

③ 孟帅. 高校辅导员队伍专业化建设十年发展研究[D]. 南京:南京师范大学,2016.

导者,首先应该扮演好学生的思想引导者角色,思想引领工作才是辅导员工作的重中之重。这就要求辅导员首先必须加强自身的思想政治素质,坚持马列主义理论学习,践行社会主义核心价值观,学习形势与政策知识,正确把握当前国际形势,提升职业道德素质。只有这样才能更好地对学生进行思想引导。学校所有教职员工在全员育人、全方位育人、全过程育人的工作机制中都有重要的职责。对于高校辅导员来说,要在"三全育人"模式中找准自己的定位,要善于利用各种资源做好学生的思想引领工作,充分利用第二课堂,在学生中开展形式多样、有针对性的主题教育活动,将社会主义核心价值观内化于心、外化于行,潜移默化地对学生产生影响,最终实现教育、管理、服务、育人的目标。

**3. 以扎实学识为标准建立健全辅导员培训考核机制**

为了保障辅导员队伍的良性发展,高校应积极贯彻教育部指示,重视和做好辅导员的培训工作,完善辅导员工作的考核评价机制。对于辅导员的培训,首先,应进行相关专业知识的培训,如教育学、心理学、社会学等,提升辅导员的科学知识素养和人文精神素养,提高辅导员的综合素质和能力。其次,要开展思想政治教育基本工作方法和能力的培训,帮助辅导员掌握主题教育、个别谈心、党团活动、社会实践活动等思想政治教育的基本方法,提高辅导员开展思想政治教育的基本能力。再次,可利用网络新媒体开展培训工作,开设网络培训平台,发布一些辅导员培训精品课程,这样既可以提高辅导员培训的信息化和现代化水平,又可以方便辅导员从网络上获取丰富的培训资源。最后,要不断扩大培训的覆盖面,加大培训力度。高校每年应对所有辅导员开展四次以上的校级集体培训;按照年级层次划分,对不同年级的辅导员有针对性地开展培训。

关于辅导员考核评价机制,须建立科学的评价体系。为充分调动辅导员的工作热情和学习积极性,让辅导员安心于本职工作,并积极主动地向专业化方向发展,需要有针对性地对辅导员工作制定精细的量化考核标准,以便准时、精确地对辅导员工作做出公正、客观的评价。建议将辅导员知识的储备情况、理论和实践方面的研究情况、学生教育和管理的实际成效等几个方面作为考核的重点,并将考核结果与辅导员的年度绩效、晋升等挂钩,以提高辅导员学习和工作的积极性,使其更好地投身到学生管理工作中,并最大限度地保证辅导员队伍的稳定性,实现辅导员队伍向专业化、职业化方向发展,这也更有利于高校整体制度规范的健全。

**4. 以仁爱之心为标准努力提高辅导员职业素养**

"好老师应该是仁师,没有爱心的人不可能成为好老师"①。高校辅助员要成为一位"仁师",高校应注重提升辅导员的职业素养,强化辅导员的职业认同感,做好辅导员上岗前的培训,提高辅导员的岗位适应能力;要加强辅导员的社会实践能力培养,使其在上岗时能够具备足够的实践经验与技能积累;通过一些专业培训认证机构,对辅导员进行心理健康辅导、职业指导等方面的培训,提高辅导员针对大学生相关应急事务的处理能力。此外,通过建立辅导员专属的职业发展指导组织机构,鼓励辅导员开展教学、科研和学术活动,并相应调整辅导员的福利待遇,提升辅导员的职业认同感。打造专业化的辅导员队伍,在很大程度上离不开辅导员自身坚持不懈的努力。辅导员在工作过程中要正确把握发展机遇,提升自己的综合素养和工作能力,积极担负起辅导员队伍建设中的公共责任,努力将自己打造成专家型辅导员,增强辅导员的职业幸福感。

① 李莉. 对专业化发展下高校辅导员角色的思考[J]. 黑龙江高教研究,2010(12):27-29.

总之，习近平总书记提出的“四有”好老师要求，为新时期进一步加强辅导员建设指明了方向，为高校进一步明确辅导员工作定位、提高整体素质、完善培训考核体系、提高职业素养四个方面提供了遵循原则。民办高校应将加强辅导员队伍建设提高到国家发展和民族振兴的战略高度予以重视，改善辅导员成长发展环境，切实激发辅导员的潜力，发挥好其在人才培养中应尽的责任。

# 民办高校加强青年教师师德师风建设的对策研究
## ——学习习近平教育思想的体会

曹庆娜

**【摘要】** 民办高校师德师风直接影响着学校教学质量以及人才培养质量。由于市场经济体制本身的特性,造成的各种矛盾和利益不断发生冲突,也在很大程度上影响着高校教师的思想道德观念。本文通过分析当前民办高校青年教师师德师风建设的现状,从中找出存在的问题以及内在的原因,进而提出要提升民办高校办学质量,必须加强青年教师的师德师风建设这一举措。

**【关键词】** 师德师风;青年教师;民办高校

随着我国经济的不断发展和高等教育改革的不断推进,高等教育越来越趋向大众化,众多民办高校纷纷建立。在我国高等教育政策的正确引导和扶持下,民办高校迎来了发展的春天,成为我国高等教育发展中一支不可或缺的力量。我国大多数民办高校尤其是民办本科院校,经过多年的建设和发展,现已逐渐走上良性循环的发展道路,办学经费基本充足,硬件设施不断强化,教学和人才培养质量不断提高,因此民办高校逐渐转向注重自身内涵建设,提升办学实力。而在民办高校的内涵建设中,青年教师的师德师风建设是首要问题。与公办高校相比,因运行机制不同,民办高校青年教师占教师总数量比重较大,师德师风建设有特殊性,同公办高校师德师风建设有共同之处,出发点和推进方向基本是一致的,都可为高校内涵建设和提高高校办学质量起到明显的推动作用。

### 一、师德师风建设的内容及重要性

#### 1. 师德师风建设的内容

"百年大计,教育为本;教育大计,教师为本;教师大计,师德为本。"①师德即教师的职业道德,其内涵表现为一切教育工作者在从事教育工作中必须遵守的道德规范、行为准则以及与之相适应的道德、理想和职业素养,是教师人生观、价值观和世界观的集中体现;师风则是教师这个行业看不见、摸不着而又产生重要影响的风尚风气。廉洁从教、爱岗敬业、教书育人、热爱学生、为人师表、严谨治学即是师德师风建设的重要内容。

#### 2. 师德师风建设的重要性

人才培养质量是高校内涵建设中最重要的一项,同时也是高校软实力的典型象征。对于民办高校来说,人才培养质量是否符合社会对人才的要求是一项极其重要的评判指标,同时也

① 张茵. 新时期高校师德建设探析[J]. 美术教育研究,2012(17):70－71.

作者简介:曹庆娜,女,陕西咸阳人,硕士研究生,陕西国际商贸学院财务会计学院会计系专职教师、讲师,主要研究方向为公司理财与会计理论实务。

是民办高校的生命线。人才培养质量的高低在很大程度上取决于教学质量好坏，教学质量则依赖于教师的教学态度和教学投入，即师德师风。因此，师德师风建设对于民办高校办学质量的提高具有重要的推进作用，它不仅给人们的工作、学习及其生活带来变革，而且对高等教育理念和教学方法产生冲击①。

## 二、民办高校青年教师师德师风现状

### 1. 民办高校的发展现状

改革开放以来，在将市场机制引入高等教育系统改革之后，我国民办高等教育开始了急速的外延式扩张。2004 年《中华人民共和国民办教育促进法》的颁布，以及《民办教育促进法实施条例》对《中华人民共和国民办教育促进法》中的法律条文进一步具体化，形成了具有一定操作层面的规定，这使民办高等教育步入了相对健全的法治阶段。根据教育部最新的资料统计，截至 2017 年 5 月 31 日，国家承认学历的普通高等学校共计 2 163 所，其中民办民办高校共 735 所。民办高校的迅猛发展，必然要求师资力量与之相匹配。

### 2. 民办高校青年教师的特点

目前，民办高校的青年教师绝大多数来自全国各大高校的新近毕业生，年龄多在 30 岁左右，其学历构成已由原先的本科为主转变为以硕士研究生为主，甚至已开始引入博士毕业生。民办高校青年教师的知识结构更贴近时代发展，他们绝大多数人身心健康，精力充沛，思维活跃，勇于创新，好学上进，易于知识更新，容易成为学生的良师益友，对学生易产生强大的影响力和感染力②。

### 3. 民办高校青年教师师德师风现状

从总体情况来看，民办高校青年教师的师德师风良好、积极健康向上。青年教师能做到拥护党的领导，支持中国特色社会主义伟大事业，热爱教育工作，关心学生，为我国高等教育事业发展正做着重要贡献③。在日常教育教学工作中，相比较于老教师而言，青年教师能够熟练地利用多媒体、Mooc 平台等多种辅助教学工具，较好地完成知识传播，使教学过程生动化、形象化，在培养学生中发挥着积极作用。因此，青年教师逐渐在整个民办高校教师队伍中占有主导地位，是民办高校的生力军，也是高校教育的接班人，伴随着民办高校青年教师队伍的日渐扩大，在学校的各个岗位上，他们发挥着越来越多的作用。

## 三、民办高校青年教师师德师风建设存在的问题

随着民办高校教师队伍体制的不断改革，大多数青年教师已基本具备良好的师德师风素养，但是仍有部分青年教师责任感、使命感不强，缺乏作为一名合格教师所应有的职业素养，这不仅损害了整个教师队伍的形象，也影响了学生的健康发展，进而影响民办高校的办学质量，对民办高校的可持续发展产生了消极的作用④。

### 1. 对师德师风建设的重要性认识不足

目前，各高等学校都在进行师德师风建设活动，在针对青年教师师德师风的建设上，大部

① 白雪. 新时期加强高校师德师风建设对策的探析[J]. 东北电力大学学报，2013(2)：58－60.

② 兰徐民. 我国高校教师师德滑坡状况与重建对策[J]. 中国电力教育，2014(5)：74－78.

③ 岳强. 青年教师师德内化机制建设的对策[J]. 教育与职业，2012(4)：147－148.

④ 王汀，马琪. 科学探讨如何提升民办高校青年教师师德师风[J]. 湖北函授大学学报，2017(5)：10－11.

分青年教师在思想意识上对师德师风的理解有些狭隘,有人认为,教学、科研这些看得见、摸得着的工作才是重点,应当全力以赴去做,而师风师德则是虚的东西,看不见,摸不着,没有具体的硬性指标去评价,做多了会影响到教学和科研工作;还有人认为,现在是市场经济,不用讲师风师德了,讲法治就可以了,只要不违法就是好教师、好公民。由此可见,大多数青年教师对师风师德的重要性认识不充分。

**2. 为人师表意识淡薄,敬业精神淡化**

目前民办高校中大部分的青年教师都是独生子女,独生子女的共性就是有着非常明显的自我特质,穿戴讲究个性,自我意识较强,很多层面上、活动中都突出自我,并且在教学工作中在言谈举止上自我放任,不重视细节,没想过要以身作则,给学生树立标尺,“为人师表”的意识淡薄,没有树立高尚的职业道德观念,甚至把教师仅仅作为单纯的谋生手段,上课敷衍了事,下课就离开教室,和学生缺乏沟通。殊不知,教书只是手段,育人才是根本。

**3. 师德师风建设体系不够健全**

当前,民办高校评价青年教师多采用绩效考核的办法,即完成了多少教学任务、有多少科研成果,很少对师德师风进行考核,即使考核,也只占整个考核中很少的一部分,只是让学生依据主观感受评价教师“好”与“不好”,缺乏客观性,没有完整的评价体系。正是由于评价体系的缺失,导致民办高校师德师风建设效果不尽如人意,整体水平不高。

**4. 工作繁重、薪酬偏低,阻碍了师德师风建设**

民办高校的迅速扩张,要求相应的师资力量与之同步,但由于民办高校的特殊性,学校领导将过于繁重的教学任务安排给专职教师,尤其是刚入校的青年教师承担着和多数老教师同样多的教学任务量,他们为了完成繁重的教学任务,备课时间不充分,更谈不上钻研业务,上课没创意,千篇一律,结果是教学效果不理想,学生意见多,对学校的声誉造成了极大的影响。另外,民办高校的薪酬相对于公办高校偏低,而且薪酬和课时量直接挂钩,这就使他们把自己在民办高校工作看作是一种谋生的手段,而不是一生的事业。

基于以上四方面的问题分析,相比较于公办高校,民办高校青年教师的师德师风建设整体上呈现滞后的状态。

## 四、民办高校青年教师师德师风建设滞后的原因

**1. 社会上浮躁及功利思想带来的负面影响**

当前,我国正处在社会转型期,市场经济发育尚不完善,许多制度尚不健全,存在各种各样的负面现象。而今天的高校已经不是封闭的象牙塔,社会上功利、浮躁等负面现象也必然影响到高校,加之绝大多数青年教师都是刚毕业不久的大学生,负面的信息会引发教师心理的失衡,消解他们对教学工作的热情。个别青年教师忽视师德修养,理想情操滑落,道德观念下降,过分讲实惠、讲自我。一些教师重技术业务,轻政治理论学习,没有树立正确的人生观和价值观,思想松懈,服务意识淡薄,育人观念欠缺。

**2. 职称评定导向的影响**

不可否认,高校在职称评定中虽然对教师的职业道德也有要求,但在实际操作中,往往偏重于参评者的科研成果及论文著作等“硬件”,对其师德师风表现仅仅是走形式,认为只要不违法、不犯大错误就不算是问题。因此也致使一些教师放松了师德修养的自觉意识。

**3. 师德建设考核手段单一,不具体**

当前,一些高校针对青年教师如何能够接受并乐于参加思想政治理论教育和学习活动,这方面的方法不多。当前社会在发生着深刻的变化,而部分民办高校师德建设工作在方法和手段上仍然采用以传统的说教方式为主,面对青年教师中出现的新情况和新问题,未能做到与时俱进。正是由于这种单一且不具体的考核手段一直存在着,致使民办高校师德师风建设一直处于滞后水平。

**4. 名利思想严重**

目前,民办高校大多仍实行教师聘用制,导致民办高校重使用,轻培养,只重眼前利益,不顾长远发展,师资培训投入较少。民办高校的社会福利待遇偏低,落实不到位,和公办高校的教师差距太大,致使部分青年教师多抱有临时雇佣思想,把工作当成跳板,一心想着通过自我努力奋斗来提高学历和职称以求更换更好的工作。这就导致民办高校部分教师对教学工作敷衍了事,不认真备课,上课照本宣科,不总结反思教学内容,不改革教学方法,对校内教学工作及专业建设不积极参与,过多考虑个人得失等,严重影响了民办高校师德师风建设工作的开展。

## 五、民办高校加强青年教师师德师风建设的对策

民办高校师德师风评价标准体系需要充分完善和健全,这样才会在社会层面上产生积极的效果。师德师风评价标准体系的建立健全十分必要,否则会产生连锁反应,将对教育事业产生负面的影响。因此,建立民办高校教师特别是青年教师师德师风评价标准体系,对学校乃至社会层面上都有着促进和制约正反两方面的作用。

**1. 加强师德师风教育培训,提升青年教师的思想认识**

民办高校教师应从思想上提升自身的职业素养,加强思想教育学习,养成良好的职业道德,约束自身行为,做到言传身教,以教书育人为己任。此外,民办高校应建立专门的师德师风培训机制:一方面对新入校的青年教师进行专门的师德师风岗前培训;另一方面可定期对在职的青年教师开展职业素养培训。通过开展形式各样的师德师风专题培训,可强化青年教师的责任感、荣誉感和使命感意识。

**2. 树立师德典范,建立完善的机制**

民办高校人才众多,大部分青年教师学历较高,朝气十足,竞争意识很强,对于自己未来的生活有着很多的憧憬和向往。树立师德典范,要注重对青年教师师德师风的树立,发挥师德榜样的力量作用,使整个年轻群体有可以参照的模板,促进民办高校青年教师道德情感的升华。师德榜样的树立不仅仅是来自生活,也是实践教学、教学管理、教研科研的典型示范,要让榜样来自生活,来自周边,让民办高校青年教师认识到,自己也可以做得很好,追随着榜样的脚步,鞭策自己努力进取,促进青年教师自身发展的脚步。

**3. 健全师德师风考核体系**

传统的教学评价过于单一,且无法被教师所熟识。可以建立由学校、二级院系、学生和督导组多方参与的师德建设监督网络机制,及时掌握每位青年教师遵守师德师风规范的动向和教书育人的工作情况;学校教学督导员要做好日常的巡视监督角色,检查教风、督促青年教师自觉履行教书育人职责。将师德建设贯穿于学校教育管理的全过程,建立并完善教学评估机制、学术评价机制,严守教学制度、学术惩罚制度,把端正教学态度、严肃学术风气和加强道德

建设纳入学校的学风建设和校风建设的整体工作中，融入教学、科研和社会服务工作中。把青年教师师德建设情况纳入高校两级党政负责人年度考核的重要内容，通过落实责任、明确任务分工，促进高校青年教师队伍师德建设。

**4. 适度降低教学工作量，建立完善的薪酬保障体制**

一方面，民办高校应适当地降低青年教师的教学工作量，以培养师德师风、加强他们的职业素养为首要目的；另一方面，薪酬是民办高校人力资源管理的一个重要环节，合理、公平的薪酬体制有助于吸引人才、稳定人才。针对民办高校办学的特点，青年教师师德师风建设要想取得理想的效果，势必要建立完善的薪酬保障制度。因此，需要落实好教师各项基本待遇，包括工资、五险一金、职称及后勤保障等。这些基本问题解决好了，教师才能安心、放心、舒心地工作，才能实现师德建设和教学成果双丰收①。

## 六、结束语

青年教师作为民办高等教育的主力军，师德师风的建设尤为重要。青年教师的内心需求是必须要关注的，例如教育教学中遇到的困难，职业规划上自己的展望、科研上遇到障碍后的支持等，通过一线调研，真正了解和体会青年教师所需才能有针对性地采取措施。教师的工作真实平淡，一切付出都应该无怨无悔，每每有收获都应该感觉欣喜，教育工作是一项常做常新、永无止境的工作，作为一位教育工作者，每一个征程都将铸造新的梦想。民办高校的青年教师要以高度的敏感性和自觉性，及时发现、研究、解决工作中的新情况和新问题，更好地完成工作任务，发扬优点，改正缺点，不断学习，努力提高自身素质和业务水平，在平凡的岗位上做出不平凡的成绩，以完成作为大学老师肩负的神圣使命。

① 王迪生．加强新时期高校青年教师师德师风建设路径探析[J]．佳木斯职业学院学报，2016(9)：112－113.

# 民办高校辅导员职业倦怠现状调查与分析
## ——以陕西国际商贸学院为例

程凡　石文奇

【摘要】 本文借助前人学者对辅导员职业倦怠问题的研究成果,以民办高校辅导员为研究对象,采用问卷调查法、访谈法等进行了调查研究,结果显示民办高校辅导员职业倦怠个别问题不容乐观,同时对这些问题的出现进行了原因分析,并提出了一些加强和改进的措施。

【关键词】 民办高校辅导员;职业倦怠;调查与分析

随着高等教育发展的普及化,作为社会力量办学的民办本科高校在培养应用型高素质人才方面发挥着越来越重要的作用。作为拥有教师和管理者双重身份的辅导员,承担着学生的思想政治教育和管理工作,承受着来自各方面的压力,伴随着95后和00后学生群体思想的变化,辅导员自身的职业倦怠问题成为热点话题,辅导员身心的健康发展直接影响着民办高校的最终育人成果①。

职业倦怠一般认为是个体不能顺利适应工作压力的一种极端反应,是在长时间的压力下产生的情绪、人格及个人成就感的衰竭表现,由美国临床心理学家弗顿·伯格在1974年引入心理学研究领域。民办高校辅导员不能适应压力时,产生非正常的心理极端反应,表现在对学生工作缺乏动机和兴趣,工作能力和绩效严重降低②③。本文以陕西国际商贸学院(民办高校)辅导员职业倦怠状况进行调研分析,旨在为民办高校的教育管理者提供有效的参考依据,也为民办高校辅导员队伍建设提供一定的借鉴。

### 一、调研对象与方法

本次调研采用设计调查问卷(网上和线下)、深度重点访谈、借助前人学者的相关资料等方法进行调研分析。现场问卷调研采取匿名独立填写,集中发放与回收;深度访谈主要是结合在陕西国际商贸学院工作3年以上和新入职的辅导员以及分管学生工作的学生管理人员集中进行。实际发放问卷58份,实际回收58份,有效率为100%。

### 二、资料调研

#### 1. 基本资料调研

调查问卷分为A、B两部分。A部分是对陕西国际商贸学院辅导员的基本资料进行的调

① 徐静,赵英,吴俊轩.独立学院辅导员队伍建设存在的问题及对策探析[J].电子制作,2015(5):255.

② 陈静,黄月胜.高校辅导员心理压力与工作倦怠的统计分析[J].高教探索,2010(3):128-133.

③ 曾秋菊.民办高校辅导员队伍状况的调查与分析——基于郑州市四所民办高校的问卷调查[J].学校党建与思想教育,2011(5):90-92.

作者简介:程凡,男,陕西铜川人,陕西国际商贸学院讲师。

石文奇,男,陕西渭南人,陕西国际商贸学院讲师,主要从事纺织服装数字化研究。

查，采用人口统计学变量，包括辅导员年龄、婚姻状况、职称、学历层次、身体状况、承担工作及月最终收入状况等基本情况。如图1～7所示。

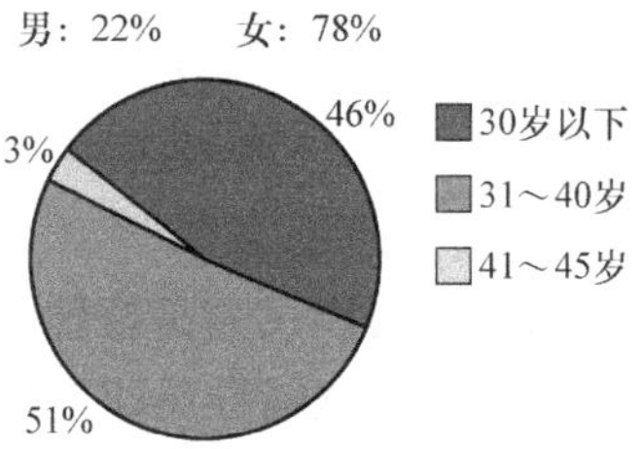


图1　年龄结构图

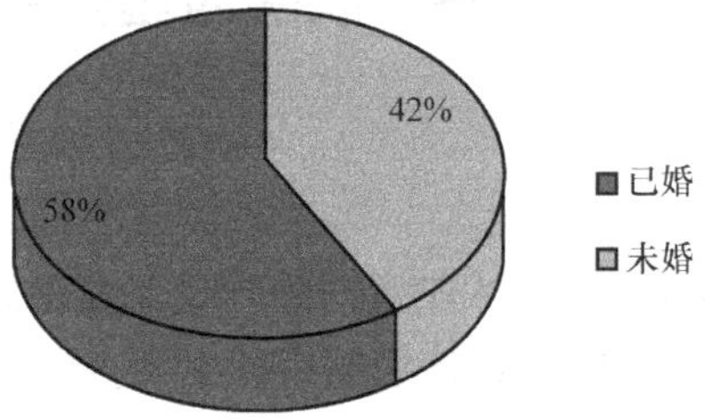


图2　婚姻状况结构图

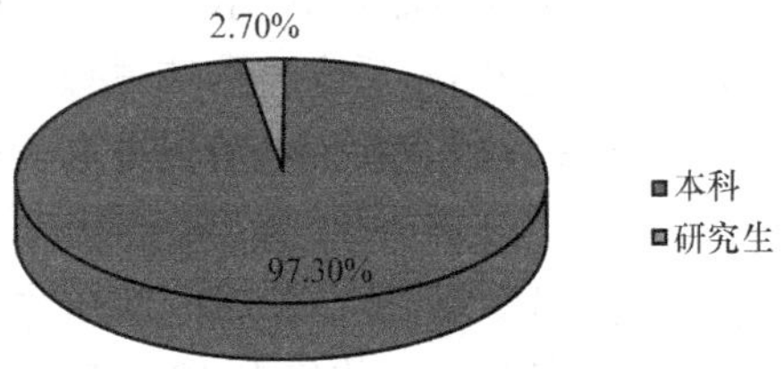


图3　学历层次状况结构图

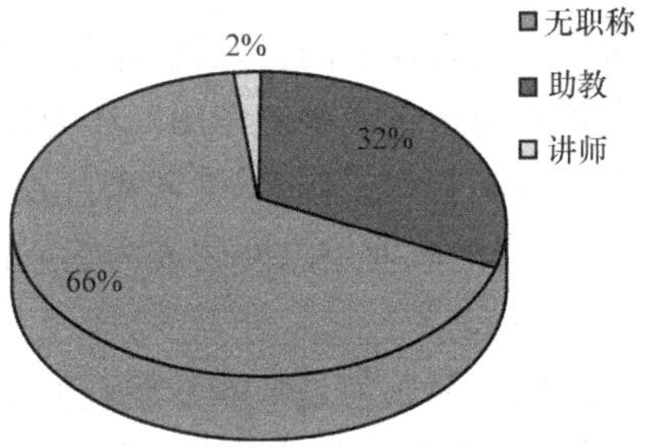


图4　职称状况结构图

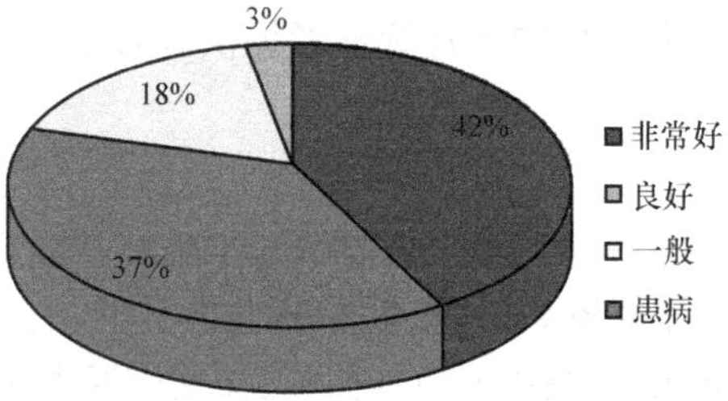


图5　辅导员身体状况结构图

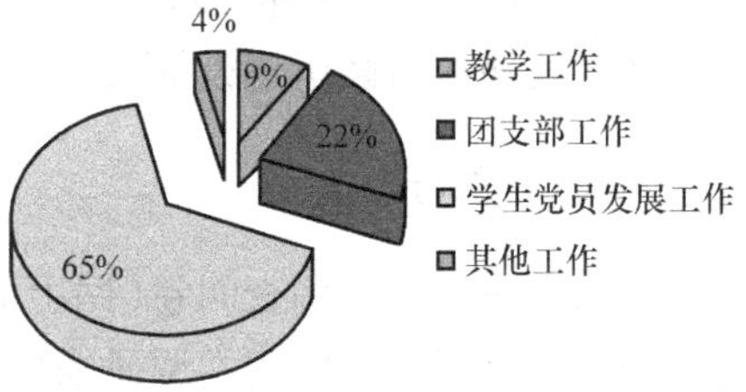


图6　辅导员承担工作结构图

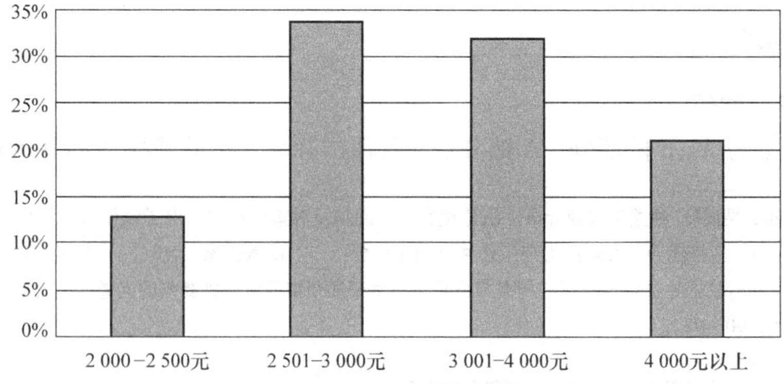


图7　月最终收入状况结构图

由图1至图7可知,陕西国际商贸学院男女性辅导员比例分别为22%和78%,30岁以下的占46%,31~40岁的占51%,41~45岁的占3.0%;婚姻状况方面,58%的已经结婚,42%未婚;学历和职称层次方面,本科生占97.30%,研究生占2.70%,助教占66%,讲师占2.0%;身体状况方面,42%认为非常好,37%良好,18%一般;工作属性方面,从事学生党员发展工作的占65%,从事团支部工作的占22%,从事教学工作的占9%,从事其他工作的占4%;在工资薪水待遇方面,月最终收入状况为2 501~3 000元的占34%,3 001~ 4 000元的占32%,4 000元以上的占21%。

**2. 职业倦怠调研**

为了对民办院校辅导员自身的职业倦怠进行深入了解,我们结合民办院校自身的实践,借助安徽工业大学严凤雅①学者的设计问卷进行了调查统计作为B部分调研问卷。问卷调研结果如表1所示。

**表1　辅导员职业倦怠调查统计表**

| 项目 | 从来没有 | 很少有 | 有时有 | 经常有 | 一直如此 |
|---|---|---|---|---|---|
| 1. 对自己的工作,常觉得耗尽心神 | 9% | 44% | 12% | 26% | 3% |
| 2. 我的工作使我无法冷静地处理情绪上的问题 | 12% | 68% | 12% | 8% | 0% |
| 3. 清晨起床后,想到面对一天的工作我就感到疲劳 | 39% | 29% | 22.6% | 9.4% | 0% |
| 4. 我经常在一天工作后,感到疲惫不堪 | 15% | 9% | 46% | 21% | 9% |
| 5. 我在工作中常有挫败感 | 21% | 27% | 46% | 0% | 6% |
| 6. 我的工作太辛苦了 | 17% | 10% | 57% | 0% | 16% |
| 7. 整天工作对我来说压力确实很大 | 16% | 41% | 16% | 19% | 8% |
| 8. 我怀疑自己所做的工作是否有意义 | 19% | 31% | 41% | 6% | 3% |
| 9. 我对工作不像以前那样热心了 | 18% | 41% | 39% | 2% | 0% |
| 10. 我对某些学生常常有孺子不可教之感慨 | 15% | 21% | 59% | 5% | 0% |
| 11. 参加工作以来,我变得越来越没有同情心 | 21% | 62% | 14% | 3% | 0% |
| 12. 我不关心学生的心理感受 | 53% | 47% | 0% | 0% | 0% |
| 13. 我的学生经常抱怨我工作不认真 | 52% | 23% | 25% | 0% | 0% |
| 14. 我越来越不关心自己所做的工作是否有贡献 | 35% | 29% | 36% | 0% | 0% |
| 15. 我能有效地解决工作中出现的问题 | 9% | 6% | 28% | 53% | 4% |
| 16. 我经常感到头疼失眠等身体不适 | 3% | 43% | 27% | 9% | 12% |
| 17. 在我看来,我擅长于自己的工作 | 17% | 28% | 28% | 13.5% | 13.5% |
| 18. 完成工作上的一些事情时,我感到非常高兴 | 14% | 17% | 34% | 21% | 14% |
| 19. 我并不真正关心学生身上发生的事情 | 40% | 37% | 13.3% | 0% | 9.7% |
| 20. 我通过自己的工作积极影响着学生的生活 | 15% | 24% | 24% | 22% | 15% |
| 21. 我能理解学生的心理感受,学生们很需要我 | 13.3% | 33.3% | 20% | 23.4% | 10% |
| 22. 工作中与学生们近距离接触后感到高兴 | 17.6% | 23.5% | 23.5% | 23.5% | 11.9% |

由表1所知,现阶段民办高校辅导员职业懈怠主要集中的问题表现在项目1、项目4、项目7和项目16。其中,辅导员对自己的本职工作“常觉得耗尽心神”选择“经常有”的占26%;在“经过一天工作后感到疲惫不堪”选择“经常有”和“一直如此”的分别占21%和9%;“整天工作压力确实大”选择“经常有”的占19%,选择“一直如此”的占8%”;而“经常感到头疼失眠

① 严凤雅.新时期高校辅导员职业倦怠分析研究——基于安徽省高校问卷调查的思考[D],马鞍山:安徽工业大学,2011.

等身体不适”的辅导员选“一直如此”的占12%。

**3. 民办院校辅导员工作总体情况调查统计**

为了更好地对辅导员工作的总体情况进行摸底，我们对其工作中职业倦怠的总体情况进行了调研。问卷结果如表2所示。

**表2 辅导员工作倦怠总体情况调查统计表**

| 项目 | 非常同意 | 基本同意 | 不同意 |
|---|---|---|---|
| 1. 认为做学生工作进修渠道充足 | 9% | 69% | 22% |
| 2. 学校提供的办公硬件软件能满足学生的工作需要 | 11.1% | 38.8% | 50.1% |
| 3. 民主公平的管理机制 | 6.3% | 71.8% | 21.9% |
| 4. 工资福利不高，薪酬结构不合理 | 29.4% | 30% | 30.6% |
| 5. 劳动付出与回报失衡 | 23.5% | 53% | 23.5% |
| 6. 工作强度大，工作时间过长 | 28.5% | 62.8% | 8.7% |
| 7. 评定职称缺乏公平性、公正性 | 15.1% | 36.3% | 48.6% |
| 8. 职业发展空间狭窄，缺乏职业规划 | 23.5% | 55% | 21.5% |
| 9. 培训体系不完善 | 20.5% | 76.4% | 3.1% |
| 10. 领导能体谅辅导员工作辛苦 | 17.6% | 67.6% | 14.8% |
| 11. 领导会重视我的工作 | 17.6% | 61.7% | 20.7% |

由表2可知，民办院校辅导员工作中的总体倦怠情况调查反映的问题主要集中在以下几个方面：50.1%的人认为学校提供的办公硬件软件还不足以支撑学校的发展，自身的工作也收到局限；55%的人认为自身发展空间比较狭窄，职业规划不明；76.4%的人认为培训体系较缺乏。由此可以看出，民办院校辅导员的工作条件需要完善，薪资水平有待提高，对辅导员的培训工作需要大力强化和深化。

**4. 职业倦怠描述性统计**

为了对民办高校辅导员自身的职业倦怠问题进行深入分析，我们对表1所示的22个项目进行了分类。分为工作方面倦怠的情感耗竭(9)、去个性化(7)和个人成就感降低(6)3个主干因素，分别对应1~9项目、10~16项目和17~22项目[①]。采用李克特5等级评分，1分代表“从来没有”，2分代表“很少有”，3分代表“有时有”，4分代表“经常有”，5分代表“一直如此”。其中，17~22项目为反向计分，其余正向计分。借助SPSS 19.0软件进行描述性统计，对统计对象个数($N$)、均值(Mean)和标准差(Std)进行了分析，结果如表3所示。

**表3 民办高校辅导员职业倦怠维度($N=58$)**

| 因素 | Mean | Std | 理论中值 |
|---|---|---|---|
| 情感耗竭 | 1.89 | 0.78 | 3 |
| 去个性化 | 1.38 | 0.61 | 3 |
| 个人成就感低 | 2.57 | 0.64 | 3 |

注：Mean值小于3表示职业倦怠并不严重，3~4为比较严重，大于4为非常严重。

① 赵美森.高校辅导员心理和谐的策略研究[D].大连：大连理工大学，2008.

由表3可知,民办院校辅导员职业倦怠在情感耗竭、去个性化、个人成就感低3个维度上的均值和标准差数据表现方面总体并不严重。但和理论中值相比较,民办院校辅导员的个人成就感低的问题相对比较突出,其次是情感耗竭,最后是去个性化。这些结果表明,新时期的民办院校辅导员的个人成就感低,理论中值为3,处于职业倦怠比较严重的水平,而在情感耗竭和去个性化两方面倦怠程度较低。

## 三、调查结果分析①②

从图1~7和表1~3中22个职业倦怠项目和心理承受能力的数据调查可知,现阶段民办高校辅导员职业倦怠情况比较严重,表现在其工作压力大,职业认同感低,身体状况不佳。这说明大多数辅导员认为压力过大会引起自身内心的抵触,引发消极情绪,进而产生消极态度,职业倦怠感加强,自身的幸福感也随之降低。职业倦怠影响因素主要表现在以下几个方面。

### 1. 民办院校辅导员人生阅历经验问题

大部分民办院校辅导员是从其他高校招聘来的,有46%的辅导员年龄范围在30岁以下(如图1所示),他们参加工作的时间比较短,据我们访谈,主要是88后至90后刚走出校门的学生。这些从"学生"身份转换成"管学生的管理者",角色变化太快,缺乏相应的经验,自身阅历不足,再加上许多辅导员本身不是思政专业科班出身,在处理学生遇到的问题时很容易产生迷茫、无助和焦虑等问题。这是由辅导员的职业性质所决定的,也是辅导员队伍不稳定的重要原因。

### 2. 民办院校辅导员工作的认同感问题

由于包括公办院校在内的很多高校在辅导员的职称认定、培训进修以及人员进出机制方面的制度都不健全、不完善,民办院校没有参考依据和借鉴,激励效应较少,因此民办院校辅导员的科研成果特别少,职称职务较低,发展空间小。由表1可知,41%的辅导员有时有对自身所做的工作是否有意义表示怀疑,46%的辅导员常常感觉在工作中常有挫败感,再加上一部分辅导员曾经是毕业生中的优秀者,好胜心和荣誉感都特别强,在处理学生工作时,常与自身进行对比,难以获得学生的信任与理解,甚至会加大学生的逆反心理。辅导员得不到理解和尊敬,当各种问题出现时,责任还要由辅导员承担,导致其工作积极性被打击,严重影响民办高校思想政治教育工作的有效开展。

### 3. 民办院校辅导员工作压力和生活压力并重问题

由表2可知,28.5%的辅导员经常认为工作强度大,工作时间过长;民办院校的辅导员除了思政和党建工作职责所在外,已经延伸到心理、就业、考试学习和职业生涯规划等各种烦琐的日常事务性工作中,造成工作量大,重点分散。特别是一些突发事件导致辅导员的精神处于高度集中"疲惫"状态,职业倦怠很容易引发。同时,在工资方面,月最终收入在4 000元以上的只占21%,且部分付出的劳动与收入不成比例。民办院校的辅导员主干群体是年轻人,未婚者占42%,面临买房、结婚生子的各种生活压力。尤其有的辅导员曾经是毕业生中的"佼佼者",工作几年后,身边的同学待遇都比自己高,会产生强烈的落差感,进而职业倦怠感加强,影响其工作热情。

---

① 谢冬兴. 广东民办院校体育教师职业倦怠调查研究[J]. 安徽体育科技,2009,30(6):81-84.

② 陆莉,姜卓茂. 高职院校辅导员职业倦怠的几点思考[J]. 品牌,2015(4):153.

**4. 现阶段民办院校辅导员身份角色处理问题**

新时期90后大学生逐渐成为高校的主干群体,其年龄结构、人生阅历、心理个性、成就取向不一致,且多半是独生子女,自尊心极强,优越感居多,个性比较张扬,面对国内外多元文化的冲击,适应能力较差,很容易沉溺于网络、游戏等。民办院校的学生在学习成绩方面相比公办院校较差,面对日新月异的工作局面,辅导员身份角色的扮演显得十分繁杂。辅导员既是教育者,又是管理者,这极大地增加了民办高校辅导员管理和思想教育难度。据调查,59%的辅导员认为某些学生属于"孺子不可教也",其在学校政策执行、学生的意愿与利益冲突问题方面经常感到左右为难,身份角色冲突很大,心理压力骤然上升。这也导致很多辅导员对自身工作的重要性认识不够,仅把它当作一个过渡跳板,严重影响了辅导员队伍长期的稳定性。

**5. 现阶段民办院校辅导员职业发展前途问题**

在较长一段时期内,辅导员队伍在各个高校教师群体中都处于比较尴尬的境地。民办院校对辅导员的职业定位比较模糊,辅导员的职业发展受到限制。很多民办高校对辅导员是重使用轻培养。在座谈中,47.5%的辅导员认为自身工作难以量化考核,39.5%的辅导员认为自己的待遇与今后的发展遇到瓶颈,对职业前途感觉比较迷茫。这些数据足以表明民办院校的辅导员对自身的职业生涯前途持有迷茫、怀疑态度,因而影响其工作效率。辅导员对自身的工作满意度降低,职业倦怠感随之加强。

由于民办高校建制短,经验缺乏,在建设前期工作中对辅导员的工作缺乏有效合理的认识,再加上职业工作与生活、理想和现实的强烈对比,民办院校辅导员在遇到难以解决的问题时,紧张、焦虑及抑郁等各种不安因素被引发,从而可能产生个人情绪无法控制,对学生的管理、管教上出现偏差,使倦怠心理进一步增大,民办高校的思想政治工作的风险性也随之增加。

## 四、民办高校辅导员职业倦怠的对策与研究①②③

缓解或减轻民办高校辅导员职业倦怠问题,需要全社会从各个方面共同努力与关注。基于本次调研,笔者认为,应该从以下几个方面着手解决民办高校辅导员职业倦怠问题。

**1. 学校层面**

(1)细化辅导员岗位职责,缓解其工作压力。民办高校辅导员职业倦怠最主要的影响因素在于工作压力大,工作烦琐,杂乱无章,碰到什么问题就解决什么问题,没有相应的程序可以参考,全凭个人的主观经验。要改变这种被动工作的局面,必须有一套细化的流程安排。因此,民办院校要认真商议细化岗位工作的方方面面职责,规范好工作处理流程。这方面,陕西国际商贸学院已经有了大幅度的改进。这样做,一方面辅导员工作按程序进行,有标准、有量化、看得见,加强了学生对辅导员工作的理解,提高了辅导员的工作效率;另一方面要尽可能地把一些模糊不清、界限不明的事务工作拒之门外,最大程度地减轻辅导员的工作强度。可喜的是,近几年来国家也出台了一系列与辅导员相关的政策文件,例如,2014年教育部颁发的《高等学校辅导员职业能力标准(暂行)》,为促使辅导员队伍走上专业化、职业化建设迈出了关键的一步。同时,新建的民办本科院校经过近年来教育部不断开展的本科教学工作评估,也为其

① 王伟雪,高建华. 高校辅导员职业压力引起的职业倦怠的危害行为表征分析[J]. 科教文汇,2015(2):32-33.

② 黄淑婷. 高校辅导员职业倦怠研究[J]. 教育与职业,2008(8):141-142.

③ 何丽娟,李征,韦玉译. SPSS软件分析简明教程[M]. 北京:电子工业出版社,2011.

走入规范化、特色化开创了新的局面。

(2)保障辅导员岗位职业前途的明朗性。岗位职业发展前途是困扰辅导员最大的忧虑所在。如果每个人的职业前途明朗清晰,工作再苦再累都愿意。因此,必须要提高辅导员的职业认同感和成就感。加强队伍的职业化、专业化建设,为辅导员提供职业上升最大的可能性,使辅导员工作有条件、干事有平台、发展有空间。例如,成绩比较出色的辅导员作为储备干部留用;在职称评定方面进行政策性倾斜,或者出具一套适合本校的辅导员工作制度,对他们的工作量和工作业绩做特殊处理;或者划拨一部分专门的辅导员专项基金,支持其特殊课题的申请;或者筹建辅导员工作任务量的专门平台,完成并达到一定程度的优先考虑职称评定、奖励、外出培训、转岗及提升干部等,让辅导员看到希望,充满干劲,充分发挥其积极性。

(3)民办高校工会必须发挥作用。长期以来,很多民办高校的工会重心偏向在教师方面,对最基层的辅导员队伍关心偏少。安居才能乐业,在调研中,几乎100%的辅导员认为家安在哪里,工作就在哪里。这为稳定辅导员队伍建设起到关键性的作用。为此,民办高校工会必须发挥自身的优势,深入基层辅导员调查研究,倾听辅导员的心声,反映他们自身的愿望,努力使辅导员代表在工会中占据核心一席,为辅导员排忧解难,为辅导员安心、顺心踏实工作做好沟通交流工作,贴近民生,改善一些外在条件,把辅导员在学生处理工作的难处、心声反映给学校,特别是像表2中项目2情况所示,辅导员建议对学校在改善办公的硬件软件问题上得到更多的支持,辅导员的工作才能顺利开展。同时工会要积极争取得到学校层面对辅导员队伍更多的理解和关心,吸引或者聘请一部分具有专业知识的学者对辅导员进行心理健康咨询或者提供专业性的帮助,释放或改善其自身职业倦怠的一些不利因素。

**2. 个人层面**

(1)辅导员自身需力求创新,创造性地开展工作。辅导员主要的工作职责在于学生工作,学生群体结构千差万异,所以辅导员不能墨守成规,需要创新性地开展工作,与时俱进,开拓性比较强,才不被职业所累,所抛弃。第一,辅导员自身要胸怀大度,要宽容、理解学生年少时的偏执,心平气和地引导学生。第二,辅导员在上传下达学校的政策方面,不能简单地传递,既要考虑学校的权威执行性,又要迎合学生的心理变化,可以通过转移注意力、换话题、改变说法等一些技巧和途径进行指导,达到管理学生的目的,体现自身的价值。第三,辅导员需要借助最新的媒介手段创新性地开展工作,不断与学生互动、交流,加深对学生的管理和有效监控。这一切都需要辅导员自身的主观努力,不断学习,不断请教,不断深入分析,职业倦怠感也会随之降低。

(2)辅导员自身要树立正确的价值观,加强自身修养。首先,辅导员要认识到自身的工作是高等教育的重要组成部分,辅导员的工作在现阶段的民办高校显得尤为重要,要慢慢地体会社会的关注与重视。在访谈中,有42.6%的辅导员认为他们曾经带过的毕业生经常联系他们,尤其是事业比较成功的学生,感谢他们的培养与指导,这增强了辅导员的自豪感,体现出辅导员的工作也是非常高尚的事业。其次,辅导员需要不断加强自身的修养,努力消除自己性格中的不利因素,强化个性中的积极因素,合理调节情绪,学会减压、分散注意力,逐渐形成健康的生活方式,在阅历中不断地锤炼自己,形成坚强的个人意志。

# 浅析高校教职工年度考核工作中存在的问题及改进措施

金曙光

【摘要】 通过分析目前高等学校年度考核制度存在的普遍问题,借鉴国外有些高校教职工考核管理激励机制所取得的成功经验,结合我国高校的实际情况,以民办高等学校为例,提出五条改进措施:一是提高思想认识;二是建立科学合理的年度考核制度;三是严格考核组织程序;四是建立年度考核档案;五是合理利用年度考核结果。

【关键词】 高等学校;年度考核;教职工;问题;对象

## 一、引言

年度考核是教职工评价机制的一项重要内容,它是高等学校管理工作中的重要环节,也是合理使用教职工和提高教职工政治素质及业务素质的重要基础①。当今高等教育,衡量一个学校实力强弱的最重要的指标是师资力量,加强师资力量建设就是要想方设法地调动教职工的积极性和能效性,这就需要建立良好的教职工激励管理体制。年度考核无疑已成为当今高校人事管理工作中最重要的激励手段。考核结果的档次评价与教职工的切身利益息息相关,年度考核制度是否合理,是否公平,是年度考核能否发挥长效作用的关键所在。如何制定一套健全、科学、合理和可行的年度考核制度,是高等学校人事管理工作中值得深思的问题。

## 二、年度考核工作的重要作用

年度考核是对教职工一年来的德才表现和工作实绩进行的综合评价,年度考核结果可以真实地反映出教职工的工作态度、工作情况和工作业绩,并且作为高等学校职称评审、奖优惩劣及调整津贴待遇的重要依据。客观公正的考核结果能使真正表现优秀的教职工获得肯定,得到精神上的鼓励和物质上的奖励②。反之,则使大多数人心理失去平衡,降低工作的积极性。因此,建立科学有效的年度考核制度,维护年度考核结果的公平公正,能有效地发挥教职工的工作积极性,提高工作效率,促进高等学校的教职工队伍建设,从而推动学校发展目标的实现。

## 三、年度考核工作中存在的问题

目前各高等学校的年度考核制度形式单一,千篇一律,重形式,轻过程,考核结果人为主观因素较多,未能发挥考核的激励作用。年度考核作为人事管理工作中的重要内容,各高校人事管理部门都制定了详细的方案,但在真正实施过程中,往往流于形式,原因如下。

### 1. 思想认识不到位

从考核组织部门到考核对象都不够重视,多数高校教职工队伍规模庞大,岗位类别多,人

① 湘人发.湘人发〔2016〕105 号《湖南省高等学校教职工考核实施暂行办法》.

② 佟庆昌.浅谈高校教师年度考核评价工作[J].辽宁师专学报(社会科学版):2013(1):79 -81.

作者简介:金曙光,男,陕西武功人,陕西国际商贸学院党政办,研究方向为高校行政管理。

事管理部门只负责将考核工作布置出去，具体的考核工作由各基层组织实施。基层考核小组仅仅停留在接任务、开会、员工之间相互打分或直接决定优秀档次的人选，对考核结果是否公正合理，能否发挥激励作用不作考虑。考核过程中，考核对象是被动接受考核，认为考核是走形式，公正与否根本不重要。更有甚者，在考核过程中，颠倒是非，本末倒置，反而把工作中有问题的员工评为优秀。

**2. 考核内容不全面**

考核以岗位职责和年度工作任务为基本依据，包括德、能、勤、绩、廉五个方面，重点考核工作实绩。内容看似全面，但具体内容的设置没有细化，导致各二级单位开展考核工作只凭主观臆断，甚至靠个人关系远近进行评价。比如“德”的考核主要是考察思想政治表现和职业道德表现，包括贯彻执行党的基本路线和教育方针的态度和表现，以及思想品德、职业道德、工作作风、廉洁奉公、遵纪守法等方面的情况。重点是看思想政治表现，职业道德表现的考核往往被忽视，内容看似大而全，细化则少而空。

**3. 考核形式过于片面**

根据相关文件精神，年度考核工作在高等学校党组织的领导下进行，一般都是采用“个人总结、群众评议、纪委监督、研究讨论、决定考核结果”的程序进行。一些高校的做法相当简单，考核过程中，干部之间相互打分，决定考核结果，或按需分配，避免矛盾，轮流坐庄。荒谬而单一的考核形式严重制约了群众考核的积极性。

目前一些民办高校不太注重日常工作的考核，往往在年末由人事管理部门组成工作小组对全校的教职工进行考核。但是对于那些工作地点不集中，人员相对分散、工作条件差异较大或者是工作性质特殊的部门，用一个尺度，一个标准去考核，特别是一些涉外活动较多的部门，还有一些服务性较强的职能处室，比如各高校党政办公室下的行政科，因为工作岗位的特殊性，在年度考核中，行政科的员工不能得到客观公正的考核结果。被考核者不是在同一氛围和统一的标准中进行测评，容易出现有失公允的情况①。

**4. 考核程序不严格**

有些高校年度考核工作只发文件，不搞培训，只定性不定量，重年终轻平时，重结果轻程序，有些不讲原则讲人情，不开展量化考核，或者让干部之间简单地相互打分，就决定考核结果。有些高校没有严格按照量化评分、公示、上会研究的程序进行考核，没有坚持政绩突出、群众公认、客观公正、宁缺毋滥的评优原则，因为程序的缺失滋生了许多矛盾和问题，考核难以起到褒先励后的作用。个别高校年度考核时，凭感觉、靠印象，一些品德高尚、任劳任怨和埋头苦干的同志难以评上优秀，甚至还被评为最差。这些做法都严重挫伤了教职工的积极性，反而助长了学校里的歪风邪气，与年度考核的目的和作用背道而驰，不符合年度考核的政策规定。

**5. 考核意义失之偏颇**

随着年度考核工作逐年的开展，考核结果慢慢显现出了诸多不公平的地方。考核对象大多存在错误认识：有的认为考核的量化需要花费大量的时间，某些工作的量化又比较复杂，没有充足的人力、物力和财力根本搞不好；有的认为年度考核已经成为一项日常工作，年年都是老一套，搞与不搞一个样，为尽快完成考核工作，多数考核组织机构只是应付了事；对教职工的个人述职报告或个人总结也是敷衍了事；有的凭个人主观印象评价，过分依赖表面现象和定性

① 王黎. 对高校教职员工年度考核存在问题的思考[J]. 哈尔滨职业技术学院学报，2008(4)：25－27.

思维;有的同志做老好人,怕得罪人影响自己;还有的同志搞平衡,实行优秀人员轮流坐庄。部分人之间拉帮结派,搞圈子主义,相互打高分,以便谋取优秀档次的考核结果。长此以往,年度考核工作已经失去了原有意义。

**6. 考核结果没有激励作用**

考核结果没有与教职工的职务晋升和职称评聘真正挂钩。年度考核优秀的人员并没有比其他档次的人员多晋升一级工资,在干部任免和职称评聘上也并没有把考核优秀的人员作为优先选拔的对象。大多数人如无违法违纪行为,全部合格,一样可以参加职称评审、工资晋升和职务晋升。考核激励作用趋近于零①。

## 四、国外高校年度考核工作的成功经验

国外许多高校在教职工年度考核方面做了很好的创新。如 20 世纪 90 年代,德国就把高校教职工的薪酬福利待遇专项权下放到州级政府,有利于将薪酬与绩效直接挂钩;通过学术交流中心对优秀教职工给予专项的财政支持,提高了教职工工作的积极性和主动性②。加拿大则非常重视教职工的公平竞争和自我约束能力,他们主要采取的是鼓励的方式,引导教职工在学校与学校之间开展特色办学、人才培养和学术水平等方面的竞争,在部门、学校和教职工之间开展业务竞争,学校主管部门创造宽松有利的条件来鼓励竞争③。美国则对评价奖励激励和专家突出贡献制等方面非常重视。学校定期组织教职工开展考核和学术评价,评价结果与教职工的薪酬挂钩,使教职工在物质和精神上承受压力,激励效果明显。突出贡献制也是美国很多院校采用的激励政策。学校每年评选"突出贡献教职工",并给予很大的奖励。对已拥有荣誉的教职工,还会采取定期考核的办法,其结果用于决定是否继续保留荣誉称号或继续加薪④。

## 五、年终考核工作的改进措施

通过借鉴国外高校教职工考核管理激励机制所取得的成功经验,结合我国高校的实际情况,建立和完善一个科学化、规范化的高等学校教职工考核制度,是当前一项重要的工作任务。

**1. 提高思想认识**

首先,校领导、人事管理部门及基层考核小组应高度重视年度考核工作,充分认识高校年度考核在教学管理和学校发展中的重要作用,把考核工作的有关规定和措施作为考核者任职学习的主要内容,让被考核者深刻认识到,年度考核是干部录用、晋升工资福利、奖惩的基础和依据,关系着每个人的前途和命运,同时又可为人事决策的科学化和人事制度的改革提供指导⑤。客观公正的考核有利于促进公平,提高效率,保证廉洁。其次,要把年度考核工作列入考核者的岗位职责和工作目标中,从制度上强化考核工作的重要性,让每位教职工清楚地了解自己的职责,对考核有清晰和理智的认识,增强责任感和自觉性。最后考核指标要便于分解、考核和评价,具体要求要清晰、明确,突出重点,做到简便易行,便于监督,防止虚假的行为出现。

① 朱雪波,周健民,孔瑜瑜. 高校教师考核的现状分析及对策研究[J]. 高等教育研究,2011(4):95-97.

② 黄开亮. 高校教师人文素质提升的有效途径[J]. 陕西国际商贸学院论坛,2017(2):56-57.

③ 钟兰芳,曹鑫,方坤. 建立现代大学制度下的高校管理职员考核评价机制[J]. 中国行政管理,2013(4):23-25.

④ 戴璇颖. 高校教职工年度考核工作的问题与思考[J]. 苏州大学学报(工科版),2008(5):91-93.

⑤ 赵小珍,邢娟妮. 地方高校校院两级管理考核体系的构建研究[J]. 湖北广播电视大学学报,2012(5):69-71.

**2. 建立科学合理的年度考核制度**

建立科学合理的年度考核制度可以从以下几个方面入手。

1)加强年度考核的组织领导

各高校应成立年度考核工作领导小组,校领导任组长,人事管理部门负责考核的具体工作。各二级单位根据教学、管理岗位情况分别组成若干基层考核组,考核组领导机构成员由多层面组成,即教学一线、管理干部及工会成员等有关代表,主要职责是组织本部门或本组的考核工作。

2)科学设定考核要素

按照教育部对教职工考核的有关文件的要求,结合学校实际情况,对教职工的德、能、勤、绩、廉五个方面进行考核。将德、廉方面的表现情况作为重要的定性考核依据,实行师德一票否决制;能、勤、绩方面进行定量考核,在业务知识、工作能力、工作态度、工作质量和效益上进行细化,设定具体的完成情况和评分标准,分项量化考评。考核量化指标严格执行学校的教职工管理、教学质量评价、考试管理、绩效奖励分配、社会实践管理、科研奖励等办法规定,力求达到各种制度深度融合,相互牵制,达到考核的最终目的①。

3)分类、分型、多层次、多部门进行综合考核

综合考虑不同岗位类别、不同职务层次的具体情况,结合学校岗位设置与岗位聘任方案,分教师、行政、实验三类人员进行考核,并将教师分成教学、管理两种类型,考核中根据具体人员聘任的职务层次、工作岗位实际情况,分别设置不同的考核标准,制定详细的考核细则和量化测评表。考核由所在部门、教务、人事部门和分管校领导共同参与,根据平时掌握的信息,对具体的工作量和表现情况进行审核把关、评价。

4)重视群众座谈

年度考核工作是一项基础性的人事管理工作,是选拔优秀人才的重要途径。为提高考核质量,使考核不流于形式,对教职工的工作业绩进行全面了解,做出客观公正的评价。年度考核应在形式上侧重群众评议,尤其要坚持在基层单位中进行群众座谈,开展群众评议,及时地把群众的呼声和建议反馈给领导,既有利于保证考核结果的真实性,又有利于改进工作。

**3. 严格考核组织程序**

学校考核领导小组对各基层考核组长开展专题培训,各组根据学校总体部署安排时间开会,学习考核方案,公布本组考核指标和工作程序,安排考核的具体事项。参加考核的对象按要求填报相关表格,认真做好个人的年终总结。由基层考核小组把关后,送有关部门审核评价。各基层考核小组再次召集会议,根据工作量审核评价结果,结合平时工作表现,组织开展考核对象的总结、部门评价后,再报分管领导评价,最终确定考核结果,最后将考核结果报送考核工作领导小组审核。考核工作领导小组严格监督各基层考核小组的考核工作过程,对考核中的非正常因素进行有效干预,避免考核过程中出现不公平和人为因素的情况。

**4. 建立年度考核档案**

为每个考核小组和考核对象建立年度考核档案,包括工作总结、年度考核表、量化测评表、评价内容及会议记录等材料,客观地记录考核小组的评价过程和考核对象的成长经历、工作过

① 李春艳. 高校教职工年度考核工作中存在的问题及对策探析[J]. 南京医科大学学报(社会科学版),2009(1):47-48.

程和评价内容,对考核小组评价的公正性和个人职业生涯的发展提供有力的参考佐证。

**5. 合理利用年度考核结果**

年度考核非常重要的功能就是激励,目的是推动学校各项工作顺利向前发展。国外高校的做法主要是强化激励作用,要达到此目的,必须将教职工的个人收入与年度考核的结果形成比例关系①。要根据年度考核结果,及时进行绩效工资和奖惩兑现,鼓励先进,鞭策后进,形成奖优罚劣、奖勤罚懒的用人机制。实现劳动报酬和工作效率挂钩,既体现按劳分配的原则,又使集体和个人利益都得到很好的体现②。

## 六、结束语

高等学校的发展需要一个激发教职工自我发展的良好年度考核制度,人事管理部门必须要树立年度考核制度的系统观念,通过在实践中不断探索、修改和完善,更加灵活科学地运用年度考核结果,使考核结果在具体使用中体现其管理实效,才能进一步促进教职工认真从事本职工作,提高工作的主动性和创造性,为学校的发展提供有力的保障。

① 侍可可. 关于高校人事考核制度的若干思考[J]. 湖北广播电视大学学报,2012(6):33-35.

② 祝小茗. 高校思想政治工作发展创新论纲[J]. 陕西国际商贸学院论坛,2017(3):41-43.

# 第四部分　应用型人才培养研究

## 校企合作在应用型人才培养中的作用

赵超

【摘要】 党和政府极为关注校企合作，并把产教融合和校企合作上升为国家战略。校企合作在应用型人才培养中具有不可替代的优势，需要高校、企业、政府和社会共同参与，形成高校主导校企合作、企业主动参与校企合作、政府引导校企合作、社会支持校企合作的运行机制。同时校企合作需做好顶层设计和组织物质保障。

【关键词】 校企合作；人才培养；优势与保障

21 世纪以来，世界经济一体化的进程加快，为了适应全球经济发展的需要，我国实施了经济结构调整转型技术升级的重大战略，而应用型人才成为结构调整技术升级最重要的支撑力量。应用型高校担负着培养应用型人才的重要任务，然而，我国高等教育结构和人才培养还不能完全适应经济发展需要。党和国家十分关注这一问题，2014 年发布了《国务院关于加快发展现代职业教育的决定》，引导部分普通本科高校转型为职业技术教育，重点开展应用型人才培养计划。党的第十九次代表大会进一步指出，完善职业教育和培训体系，深化产教融合、校企合作①。把产教融合和校企合作上升为国家战略，为发展职业教育，提高应用型人才培养质量指明了方向，也为职业教育提出了重大任务。产教融合、校企合作与应用型人才培养之间是什么样的关系，如何深化校企合作，提高应用型人才培养质量，满足社会用人需要，是应用型高校、企业和政府面临的重要课题。

### 一、校企合作在应用型人才培养中具有不可替代的优势

所谓校企合作就是指学校与企业合作，其主要目标是提高应用型人才培养质量，适应社会发展的需要。我们知道，应用型人才就是能把成熟的技术和理论应用到实际的生产和生活中的技能型人才，他们需要具有较为扎实的基础理论知识、较强的实践应用能力以及分析问题和解决问题的能力。基础理论知识从课堂和书本中获得，实践应用能力需要从社会生产实践中获得。校企合作因有与社会生产实践结合紧密的优势，成为应用型人才培养的有效方式。校企合作对于培养应用型人才，实现应用型高校办学目标具有不可替代的作用。

（1）紧密结合社会生产实践，培养适应社会生产需要的人才。校企合作，企业成为人才培

---

① 习近平：决胜全面建成小康社会 夺取新时代中国特色社会主义伟大胜利——中国共产党第十九次全国代表大会上的报告.

---

作者简介：赵超，高级工程师，管理学博士，陕西国际商贸学院董事长，主要研究方向为民办高等教育发展。

养的主体之一。企业与高校共同研究确定人才培养标准,共同制定人才培养方案,共同参与人才培养过程,共同评价和检验人才培养成效,让高校与企业两个主体融为一体,共同为人才培养负责。高等学校培养的人才最终是为企业为生产实践服务的,校企合作模式,依据企业所需人才的标准,制定人才培养方案,按照企业用人要求,共同实施培养方案,把社会生产实践的具体内容作为教育培训内容,并在现实生产实践条件下开展理论知识和实践能力训练,使教育教学内容、环境和方法都有利于学生形成实践应用能力,有利于应用型人才的成长。

(2)资源共享,改善办学条件。随着政府评估,各高校普遍加大了教学条件建设,增加了办学投入,办学资源有了较大改善,但从整体来看,办学投入仍显不足,办学条件未得到根本改变。校企合作实现了学校与企业资源共享,企业的仪器设备、车间场地及工程技术人员等都成为教育教学资源,在人才培养中发挥作用。高校教师、实验室、科技成果,企业可以优先使用,也为企业带来利益。尤其是校企双方一些闲置的设备,对于合作双方都可能具有使用价值。高校在不增加投入的情况下,利用企业资源,进一步丰富了办学物质条件,为培养应用型人才提供了保障。

(3)获得新信息、新技术、新工艺和科研成果。由于教育教学工作的特点,教学内容或教材往往落后于社会生产与科技发展实际,因此需要教师在授课时根据教学需要,不断调整和补充教育教学内容,否则学生难以接收到最新的信息、最新的成果。企业始终处于竞争态势,必须不断地跟踪行业领域的最新信息,采用最新技术和工艺,降低生产成本,提高产品质量,保证企业在行业中处于竞争优势。校企合作,与企业共同确定教育教学内容,企业工程技术人员为学生授课,有助于把最新技术工艺成果用于教学,使教育教学内容得到更新和充实,跟上科技发展步伐。

(4)双师型教师队伍建设。双师型教师队伍是培养应用型人才的基本条件,但现有教师队伍大多是从学校到学校,没有经过实践锻炼。建设双师型教师队伍,主要是从现有教师队伍中选拔,再到生产实践中继续学习、锻炼,熟悉企业生产、工程技术现状、生产工艺以及操作流程,使之成为合格的企业工程技术人员。教学中既能讲授理论知识,又能指导学生工程实习,在讲授理论时也能把工程意识渗透到课程内容之中,大大地提高教育教学效果。校企合作既有教师学习实践的机制,也有实践锻炼的现实环境和具体岗位,是建设双师型教师队伍的有效途径。

## 二、校企合作需高校、企业、政府和社会共同参与

系统论认为,世界上任何事物都是由各个子系统组成的,各子系统之间相互联系,构成了一个不可分割的整体。校企合作作为人才培养的重要方式,涉及各个方面,是一项需要多方参与支持的系统工程。实现高质量、高效率的校企合作,必须有高校、企业、政府和社会的共同参与,形成一个完整体系,并依据所承担的职能,做好各自职责范围的工作。

(1)高校:主导校企合作。高校是校企合作最主要的组织者和责任人。教育部等六部委发布的《职业学校校企合作促进办法》(以下称《促进办法》)指出,职业学校应当根据自身特点和人才培养需要,主动与具备条件的企业开展合作,积极为企业提供所需课程和师资等资源。学校应该依据学科专业、人才培养目标及学生素质能力要求,选择适合培养应用型人才的企业,做好规划,制定校企合作目标、合作内容,合作方式,主动与企业进行交流协商,取得企业的支持与配合。虽然校企合作是一项系统工程,但起主导作用的是高校,从某种意义上说,政

府、企业和社会都是在帮助高校实现办学目标,高等学校必须发挥主导作用。

(2)企业:主动开展校企合作。现代企业越来越依赖具有创新思维和实践应用能力的高科技人才,企业发展速度、产品质量及其竞争力,与所拥有人才的数量和质量具有直接关系,因此,尽早介入人才培养计划是符合企业发展需要的。同时,一个负责任的企业,除生产高质量物质产品外,还必须承担一定的社会责任。《促进办法》指出,企业开展校企合作的情况应当纳入企业社会责任报告。企业应主动做好校企合作的各方面准备,包括合作内容、合作方式,组织机构、参与指导的技术人员以及用于学生培训的场地、仪器设备等。企业应该主动与高校联系,把校企合作和应用型人才培养作为企业发展的重要内容。

(3)政府:政策引导与支持。政府的基本职责是组织管理,政府也是校企合作的组织者和管理者。在校企合作中,政府主要是通过把握方向、制定政策、规范制度和确立标准等方式进行宏观管理。改革开放以来,我国政府在培养应用型人才和开展校企合作方面进行了一系列工作,1996 年颁布的《中华人民共和国职业教育法》指出:“行业组织和企业、事业组织应当依法履行实施职业教育的义务。”2014 年国务院发布《关于加快发展现代职业教育的决定》,支持企业通过校企合作共同培养培训人才,不断提升企业价值。要求行业组织发布行业人才需求、推进校企合作、参与指导教育教学及开展质量评价等。十九大之后,国务院办公厅发布了《关于深化产教融合的若干意见》,六部委印发的《促进办法》对校企合作做出了具体安排和部署。中央支持指导校企合作的法律法规、政策制度已经到位,接下来就是地方政府如何落实的问题。各地方政府应该根据本区域学校和企业的实际情况,制定落实中央政府的政策、制度及措施等,真正把校企合作和应用型人才培养作为政府施政的重要任务,担负起政府的职责。

(4)社会:积极支持校企合作。校企合作需要社会的广泛支持。首先,校企合作需要学生的积极参与和家长的理解支持。校企合作作为一种人才培养模式,并不是什么新的方式,但鉴于各方面现实情况,真正的校企合作还未形成常态化,一部分学生和家长不一定完全理解。学生是校企合作的基本对象,必须得到学生的支持和理解并积极参与。其次,需要良好的社会环境。要通过宣传舆论对校企合作进行引导鼓励,让社会各界充分认识校企合作是适应经济社会发展需要和培养应用型人才的有效方式,争取社会的理解和支持。再次,财务税收部门要依据中央支持校企合作的有关精神,落实资金支持和税收优惠政策,让企业的付出具有一定的显性回报,真正感受到政府对校企合作的支持和鼓励,进一步激发校企合作的内生动力。

### 三、校企合作需做好顶层设计和组织物质保障

(1)需要做好顶层设计。第一,要认识到校企合作对于培养应用型人才、实现办学目标的意义和作用。校企合作不仅仅是学生实习就业的一种方式,也不是请几位工程技术人员讲授几节课,或做几次实验那么简单,而是人才培养观的调整与实施,是为谁培养人怎样培养人,是教育思想教育观念的问题。应用型高校要实现办学目标,就必须走产教融合校企合作之路。第二,在明确了校企合作的目的和目标后,要选择适合合作的企业,一般应选择与本校专业相一致或相近的企业,便于合作交流,便于学生专业知识技能的培养和指导,便于合作科研、资源共享等深度合作的开展。第三,合作内容与合作方式。校企合作的主要内容包括人才培养、科学研究、教师队伍建设及资源共享等,是选择某一方面合作还是全面合作。从合作方式看,如人才培养是采用委托订单培养或冠名班培养,或仅限于兼职教师上课指导实习等;再如实习基地建设是共建实验(实训)室,实习生产车间,委托技术改造,科学研究等。第四,学生的吃、

住、行、安全等问题;第五,指导教师(技术人员)的选聘等系列问题都要考虑清楚,落实到位。

(2)校企合作要有组织架构。把校企合作看作是一项系统工程,就要有相应的机构组织实施。对于应用型高校,校企合作将是一项常规工作,但又与校内的教学科研及管理工作具有较大差异,有其自身特点和规律,涉及校内校外多方的关系,须有专门机构组织实施。一般应有院系分管领导、指导教师、学生管理干部和企业人员共同组成校企合作领导小组,全面负责校企合作的各项工作。

(3)校企合作需要一定的物质条件。教学场所、实验设备和运转经费等是校企合作的基本物质条件。物质条件由学校和企业共同提供,主要采用企业已有的仪器设备和生产车间等物质资源,专款划拨,保障学生实践活动的开展,也可单独为校企合作建设实验室和生产实习车间等,用于学生实践能力的训练。

# 应用型商科人才培养实践教学体系探索
## ——以陕西国际商贸学院为例

韦林珍　冯明

【摘要】 在新时代特色社会主义建设经济转型和教育转型的双重因素驱动下，商科应用型人才培养质量难以满足社会需要成为我国商科教育一个亟待解决的问题。文章分析了商科实践教学体系优化的必要性，从搭建育人平台、打造双师型队伍和构建实践教学监控体系三个维度形成了“三个结合、四个层次”模块化的实践教学体系，并在此基础上形成“虚实结合”“专创融合”的商科实践教学育人特色。

【关键词】 应用型；商科；实践教学体系

### 一、研究背景及依据

当前商科人才培养面临着经济转型和高等教育转型的双重压力，在此背景下实践教学和创新创业教育成为高等教育改革的主要方向和主阵地，商科应用型人才培养已经成为高等教育关注的热点问题。实践教学既是巩固理论知识和加深对其理解的有效途径，又是培养学生掌握科学方法和提高动手能力的关键环节。

（1）优化实践教学体系是高校转型和应用型人才培养的必然要求。应用型本科院校是为适应我国经济结构转型和满足高等教育社会化的需求应运而生的，建立一个校内外协同立体化的实践教学体系是提高商科专业学生实践能力的有效途径，也是培养合格的应用型商科人才的重要保障。

（2）实践教学是提升学生学习兴趣、优化商科人才培养质量的必然要求[①]。首先，商科实践教学具有以学生为中心翻转课堂的属性。目前大部分商科实践教学均采用虚拟化平台和项目制的形式开展，学生以完全浸入式的方式进行学习，学习的积极性与主动性明显提升。其次，商科应用型人才具有行业性、实践性和社会性的多重特点，商科人才的培养必须要付诸实践，在实践中运用科学理论和方法进行综合分析，制定解决问题的方案并付诸实施，不断培养综合业务能力。因此，实践教学是提升商科人才培养质量的必然要求。

### 二、商科实践教学体系主要内容

#### 1. 构建“三个结合、四个层次”模块化的实践教学体系

结合应用型商科人才培养的特点，学院不断对实验教学体系进行优化，总结和提炼出我校商科人才培养“三个结合、四个层次”模块化的实践教学体系。

① 余建潮．构建面向创新人才培养的实践教学体系[J]．中国高等教育，2015(5)：53－55.

作者简介：韦林珍，女，陕西国际商贸学院国际经济学院院长，教授，主要从事经济体制研究。
冯明，男，陕西国际商贸学院国际经济学院院长助理，副教授，主要研究高等教育教学管理。

“三个结合”中的第一个结合是实践教学与理论教学相结合，实现学中做和做中学的有机结合①。第二个结合将实践教学内容与企业真实业务相结合。基于企业真实业务流程不断优化实践教学的内容及模块，并采用虚拟仿真或企业实习等方式不断强化实践教学的实战性。第三个结合是实践教学与创新创业教育相结合，突出学生探索精神、科学思维、实践能力和创新意识的培养②。

“四个层次”是指学院从培养目标、教学模式和实践形式三个维度将实践教学分为基础实践、专业综合实践、跨专业综合实践和新创业实践四个层次。基础实践包括公共基础实践和专业基础实践。公共基础实践包括军事训练和公益劳动等课程；专业基础实践包括会计学和统计学等实验课程。专业综合实践主要包括社会调查、学科竞赛、专业实习及专业综合实训等课程。跨专业综合实践包括虚拟仿真跨专业综合实验。创新创业实践包括创业训练、科研训练、创业孵化及毕业论文等课程。近三年来，我校教师积极开发了虚拟仿真跨专业综合实训和创业模拟实训等20余门具有我校商科特色的课程，有效地支撑了我校的实践教学体系。具体实验教学体系如图1所示。

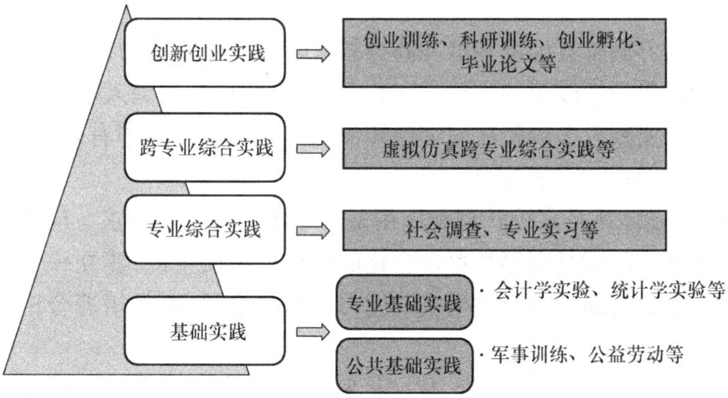


图1　商科实践教学体系

**2. 校政企合作，协同打造“2+*N*”实践育人平台**

为强化我校商科类学生实践能力培养，打造“应用型商科人才”，我校以两个省级实验教学平台（省级经济管理实验教学中心和省级经济管理虚拟仿真实验教学中心）为支撑，与*N*个企事业单位合作，建立了校内研究中心、校外实习基地、产学研合作基地和校企创新创业孵化中心等多种平台，形成了面向全体学生、多角度、多层面、特色鲜明的“2+*N*”开放式实践教学平台③。如我校商科类学院与步长制药、沣西新城和咸阳市政府共同打造步长西咸经济研究院，为学生提供了良好的科研平台；与京东集团合作，在校内建立京东校园创新创业孵化中心，将企业真实业务引入校园，学生在校内就可以以职业人的视角处理企业真实业务，全面提升学生实践能力。除此之外，我校还与多家企事业单位建立了实习基地和产学研合作基地，具体平

① 韦佳，倪杰，吴远征. 基于职业能力培养的应用型本科实践教学体系创建研究[J]. 实验室技术与管理，2015(3)：207-210.

② 张景华，吴国新，刘一飞，等. 构建实践教学体系促进创新人才培养[J]. 实验技术与管理，2017(2)：25-27.

③ 谢火木，刘李春，钟杰，等. 构建“一体四翼”实践教学体系加强本科生实践创新能力培养[J]. 中国大学教学，2017(8)：40-44.

台及合作内容如表 1 所示。

**表 1　陕西国际商贸学院校政企合作一览表**

| 序号 | 合作单位名称 | 平台合作内容 |
| --- | --- | --- |
| 1 | 咸阳市科学技术协会 | 1. 建立“创新驱动示范协同创新基地”<br>2. 积极将企业相关项目与学校进行对接<br>3. 建立精准扶贫实践育人基地 |
| 2 | 中国国际贸易促进委员行业分会 | 1. 将专业与行业对接，将行业最新标准引入专业人才培养方案<br>2. 搭建竞赛平台<br>3. 开展专题讲座活动 |
| 3 | 咸阳市城乡一体化工作委员会办公室 | 1. 学生实习基地<br>2. 组织区域经济发展论坛 |
| 4 | 步长制药 | 1. 学生实习与就业基地<br>2. 教师实践进修<br>3. 共建实验室、定期讲座<br>4. 企业项目引入 |
| 5 | 京东集团 | 1. 学生实习实训<br>2. 共建京东校园创新创业孵化基地<br>3. 企业项目引入与教师实践进修 |
| 6 | 国泰安教育股份有限公司 | 1. 专业建设<br>2. 学生实习实训基地<br>3. 教师进修基地 |
| 7 | 陕西盛世飞腾现代农业物流有限公司 | 1. 建立实习与就业基地<br>2. 企业项目引入 |

**3. 形成“虚实结合、专创融合”商科实践教学模式**

商科类学院以提升学生的分析力及创新创业能力为导向，积极把商科实践教学与创新创业实践教育结合起来，依托虚拟现实和网络通信等技术，构建基于实践能力培养的“虚实结合”“专创融合”的商科实践课程体系。首先，学院搭建了 60 余个虚拟仿真实验教学平台，涵盖了商科类所有专业，依托平台通过多角色演练、多阶段对接、多模式实验和全过程培育等方式，让学生在情景体验、角色扮演及 O2O 操练中得到培养锻炼，促进学生自主学习、协作学习和创新学习的能力。此外，在实践体系中积极融入创业环节，打通了基础实验——虚拟仿真实验——创业竞赛与创业孵化训练——创业实践等实践环节，实现了从创意构思、创业模拟、创业训练到创业实战的无缝对接，形成了“专创融合”的商科创新创业人才培养实践教学模式，如图 2 所示。

**4. 打造一支“双师型”实践教师队伍**

我校商科类学院以政策为导向，以制度为保障，吸引和稳定高水平教师投身实践教学工作。采用“走出去、请进来”的方式，提高专业教师的实践能力。积极支持教师“走出去”，到相关单位进修和学习，打通教师参与实际工作的通道。近三年来，有 20 多位教师赴企业进行实

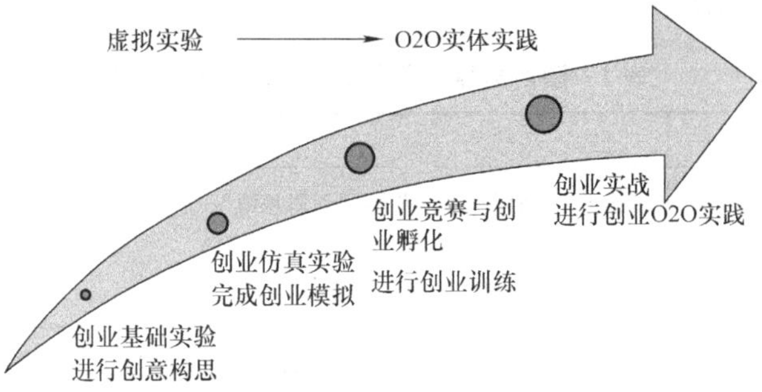


图 2　专创融合的商科实践教学模式

践进修。此外，还鼓励教师参加经济师及相关专业职业资格考试，使教师具有典型的"双师型"特征。近三年来，有 5 位教师获得高级经济师职业证书。同时，积极做好把实践经验丰富的专家"请进来"的工作，聘请行业专家担任兼职教授，为学生开设专业讲座，让行业专家和教师共同指导学生相关实践课程和毕业论文。近三年来，我院聘请了 7 位企业专家充实实践教师队伍，建立了一支专兼结合的商科高水平实践教师队伍。

**5. 构建了应用型导向"多元化"的商科实践教学监控体系**

科学合理的实践教学评价体系有利于激发学生学习的积极性与主动性，因此，我院实践教学改革的一个重要方向就是基于应用型商科人才的培养目标，建立多元化的实践教学监控与评价体系。一是建立学生学习质量评价、毕业生评价、用人单位评价和专家评价等多元化的实践教学质量评价与反馈体系，使实践教学质量得以保证。二是引导实践教学考核方式从过去的"学习、考试"型学生向"学习、思考、总结、创新"型转变，建立了应用型导向多元化实践教学评价体系。三是针对不同的实验层次采用不同的评价方法，如对于基础类实验实行"平时成绩 + 操作考查 + 实验报告"的方式进行评价；对于专业综合实践实行"平时成绩 + 方案设计 + 答辩成绩"；对于跨专业综合实践实行"方案设计 + 研究报告 + 答辩成绩"；对于创新创业类实践采取"方案设计 + 商业策划书 + 商业路演"的考核方式。经过多年的实践经验表明，我校商科类专业多元化的考核方法有助于提升学生学习的积极性，学生的综合素质也得到了全面提高。

## 三、取得的成果

(1)学生受益面广，大大地提高了学生的学习兴趣。我校 14 级以来的商科类 6 000 余名学生参与其中，学生对于实践教学的积极性和主动性均大大提高，学生的综合素质和创新创业能力不断加强。近三年来，学生获得各类商科竞赛和创新创业类竞赛一等奖 16 项，二等奖 27 项，三等奖 60 余项。学生在全国商科精英挑战赛、品牌策划大赛、流通实践竞赛中获得全国一等奖 9 项，二等奖 12 项。获得第一届互联网加创新创业竞赛陕西赛区一、二、三等奖各 1 项；获得 2017 年"挑战杯"陕西省大学生课外学术科技作品竞赛二等奖 3 项，三等奖 2 项；获批大学生创新创业计划训练项目 45 项，其中省级 15 项，学生发表学术论文 230 余篇，完成发明专利 2 项。

(2)企业对我校商科人才认可度不断提升。近三年来，我校学生的就业率一直保持在 90% 以上，就业质量不断提升，京东集团和步长制药等大型企业来我校举办专场招聘会，接受我校商科实践教学体系培养的学生普遍得到企业的认可。如我校 2015 届毕业生李欣已经成为步长制药公司北京事业部的一名区域主管经理。2016 届毕业生张溪哲创建了西咸新区智语网络科技有限公司,主要经营互联网平台下进行外语在线交流软件的开发维护一体的推广和销售,目前经营良好。就业单位对我校学生良好的商业素养和实践能力也表示肯定。

(3)主办了多场商科人才培养的相关学术会议。2017 全国高职高专院校教学研讨会和 2016 年中国国际商贸人才培养论坛在我校举行,50 多所兄弟院校来我校实验教学中心进行参观,并对实践教学平台建设和实践教学体系给予了高度评价。2016 年 6 月 16 日《中国教育报》以《彰显企业办学优势 服务区域经济社会》为题报道了我校校企合作、服务地方的一些成果。通过校企合作、协同育人,人才培养质量和学校声誉不断提高,企业办学优势不断彰显。2016 年 7 月 12 日《陕西日报》以《推进创新驱动发展战略对成果助力区域经济快速发展——陕西国际商贸学院经管类专业实施创新创业教育纪实》,从实施“五位一体”培养模式、搭建互通互补教育平台、构筑“三个协同”育人机制和创新创业教育成果显著四个方面对我校商科实践教学与创新创业融合所取得的成果进行了报道,充分肯定了我校商科实践教学体系在人才培养方面所取得的效果。

# 民办高校应用型人才培养体系构建研究
## ——以陕西国际商贸学院“珠宝学院”为例

韩滨阳

**【摘要】** 民办院校是我国高等教育大众化发展过程中出现的一种新的办学模式，其办学特色体现在新的办学理念、办学机制、办学模式和灵活的管理体制。当然，民办院校在很多方面都处于探索阶段，应当采用何种人才培养模式，目前还没有定论。民办高校的举办者、专家及学者也都在探索和研究。

本文主要以陕西国际商贸学院珠宝学院为例，把握专业发展趋势和发展方向，采用文献分析、数据分析、比较分析和案例分析等研究方法，以校企合作为切入点，针对民办高校应用型人才培养的特征，以“创新”的人才培养模式，通过分析珠宝学院的人才培养目标和特点，围绕自身的办学特色建设、人才培养途径创新和政策探析，论述关于培养应用型人才的专业体系构建策略，从而解决民办高校应用型人才培养体系构建的相关问题。

**【关键词】** 应用型人才；创新；人才培养

随着越来越多的学者和教育家对民办高校这种新的办学模式进行研究和探索，其人才培养模式的发展也逐步趋向合理和规范。

应用型人才包括技术应用型、知识应用型和创新应用型。我国学者和研究机构也提出了多种分类意见，比较官方的划分范围是：按办学层次划分，可分为本科院校和高职（专科）院校等；按办学体制划分，可分为公办高校和民办高校（新体制独立学院）；按隶属关系划分，可分为教育部直属高校、中央其他部门所属高校、省（区、市）所属高校以及行业所属高校等；按办学水平划分，可分为“985 工程”大学、“211 工程”大学、“双一流”大学等国家重点建设的大学和一般大学。此外，社会上还把学校分为研究型大学、教学研究型大学和教学大学，也有一定的参考意义①。

应用型人才培养是以服务地方经济为目标，以市场需要为定位，以能力发展为重点，能够较快地适应社会，符合社会发展所需要的复合型人才，如果没有企业和行业的广泛参与，应用型人才培养目标是难以真正实现的。

### 一、珠宝学院的人才培养目标和特点

珠宝学院是2004 年创办的，而目前陕西开设珠宝专业的高校只有两家，所以在这方面，我们处于优势地位。以培养应用型专业人才为主，同时又要区别于其他高等院校的人才培养模式。学生通过在高校的学习，不仅要学到知识，更要培养出各方面的能力，学院应注意调整和改革现有的教学方式，注意综合能力的培养，而不仅是知识的灌输②。

① 陈厚丰. 中国高等学校分类与定位问题研究[M]. 长沙：湖南大学出版社，2004：36 －41.

② 何华，施秀芬. 试论跨世纪高级专门人才的培养规格及对策[J]. 黑龙江高教研究，1996(06)：22 －24.

作者简介：韩滨阳，女，西安建筑科技大学硕士研究生，陕西国际商贸学院珠宝学院教师。

目前，针对珠宝相关专业的学校而言，相比国内珠宝专业较好的中国地质大学，我们定位于培养应用型专业人才的办学模式。首先应树立市场理念，准确合理定位。珠宝学院的培养模式立足于与大企业、公司等社会力量参与合作办学方式，如与深圳爱迪尔珠宝、爱丽丝珠宝、河南梦祥银、戴梦得集团等多个著名企业合作，这种办学模式在一开始就被认可。那么依托这种校企合作的办学模式，我们应当如何从学生的知识体系构建和思维模式培养方面使其成为符合学校和学院标准的应用型人才呢？

**1. 因材施教，以人为本**

珠宝学院现有本科和专科两种形式，从专业方向上看，本科以宝石及材料工艺学和产品设计方向为主，专科以宝石鉴定与加工、首饰设计与工艺方向为主。本科生要注重理论知识的积累和铺垫，专科生则侧重于实践技能的掌握。从学科性质上分类，学院现有的四个专业可分为宝石加工和珠宝首饰设计两个方向，这两个方向的学生所要掌握的知识点和实践能力也不尽相同，针对不同专业的学生，应该符合学生群体的能力和知识特征。他们的创新活动也较多地指向实际活动而非基础理论，从他们的素质、能力和价值取向看，比较适合培养为应用型创新人才。把握独立学院应用型本科人才培养模式的特征，即应用型本科是以培养高素质应用型技术人才为目标，属于本科层次的技术教育，也可以理解为职业本科教育，它不同于传统的本科教育，为此建立如下的教学体系。

(1)以“应用”为特征的理论教学体系。

(2)推广以学生为主体的启发式和互动式教学方法。

(3)推进以增强珠宝职业能力为目标的职业技能鉴定工作。

(4)开展以提高学生就业能力为着力点的创业新型化教育。

(5)努力建立和完善应用型本科和专科人才培养的保障体系。

**2. 积极探索新的珠宝专业方向**

专业是按照社会对不同领域和岗位的专门人才的需要来设置的。探索新的专业或专业方向生长点，既要从专业设置考虑现代科技的发展，又要兼顾一定经济社会阶段的现实特征。专业设置既要适应教育的外部环境，把专业置于整个经济社会大循环的动态系统中去考察，又要遵循教育的内部规律，符合学科发展需要和人才培养规律。

从统计材料可以发现，陕西乃至全国的珠宝类等方面的专业偏少，难以满足当代经济社会发展技术应用型和技能应用型人才的需求。目前我院的四个专业除了产品设计是新开专业以外，其他三个专业已经立足于本学院，可以横向穿插增加本科与专科的专业，有针对性地进行应用型人才培养体系的构建。

**3. 努力建设学院特色专业**

国内珠宝设计方向本来就是比较薄弱的环节，学院在制定学生培养目标的时候可以主要侧重于珠宝加工与鉴定方面，本科专业宝石及材料工艺学可以横向增加 1 ~2 个专科班，专科宝玉石鉴定及加工专业也可以横向增加 1 ~2 个本科班，再根据学生不同的接受能力和学科性质将专业课程细分。这种以鉴定与加工带动设计专业的发展，形成了合理的良性循环，能够使珠宝学院更好地立足于陕西乃至全国。构建特色专业的同时，满足合理的办学定位，通过教学改革和专业建设，在人才培养模式和人才培养质量等方面优于同专业其他院校，得到了社会的广泛认可。综上所述，学院针对每一个应用型专业，都应注重专业特色的挖掘和培育，逐步形成鲜明的专业特色，以特色带动系专业。

## 二、民办高校人才培养方向存在的问题

**1. 专业设置照搬经验老校**

民办高校的专业定位和相应的课程设置均有别于普通公办高校。纵观一般民办高校，大多数的课程设计都是借鉴经验老校，规定专业的划分及名称，反映人才培养的规格和就业方向。专业设置既要依据现代科技发展的特点，又要考虑社会经济及产业结构发展的需要。

**2. 课程体系不够完善**

课程体系的制定应该遵循学校定位和人才培养的目标。目前民办高校的课程体系都有所缺失，注重理论学科和专业学科的学习，而忽视了民办高校学生的实践能力和创新能力；课程体系过于单一，或者只兼顾到了相关学科课程的设置，而忽视了相邻选修课程的开展与实践。

**3. 师资队伍机制不稳定**

民办高校培养应用型人才这一定位要求学校注重培养学生专业技能、实际操作能力和实践能力，使学生在校期间就能完成岗前实践训练，并积累一定实践经验。但在民办高校师资队伍中，年龄偏高的兼职教师比例较大，专职青年教师较多并且自身也缺乏实践经验，师资队伍中能将理论教学和社会实践紧密结合的教师很少，“加强实践性教学环节”也只能停留在口头上，不利于人才培养和学科品牌、学院特色专业的建设。

## 三、构建珠宝专业应用型人才培养模式

**1. “3 +1”人才培养模式**

“3 +1”人才培养模式以市场需求为导向，以校企合作为基础，是培养应用型人才的重要方式[①]。珠宝学院已经启动校企合作长达 8 年时间，其中与爱迪尔珠宝、梦祥银珠宝、戴梦得珠宝企业及中维质量检测有限公司等多个企业合作，形成了长期的友好关系。目前学院的这种“3 +1”模式也是有针对性地将不同方向的学生分类深入企业学习，和企业接轨。

当然这些企业大都是与珠宝加工和鉴定相关的企业，在今后的学院专业体系发展过程中，可以增加珠宝设计相关企业，带动珠宝设计专业学生，为他们开拓新市场。首先，制订和修改相应的教学计划，创建以应用型为导向的教学体系。其中包括应用型为特征的理论教学和以专业核心应用能力为主体的实践教学。其次，建立校内实训基地，校企共同开发，完善设备管理制度，提供实践保障，为学生提供真实环境，夯实基础，强化专业，有利于本专业与社会的无缝对接；完善校外实习制度，建立多元化的校企合作培养模式。

**2. 教学体系结构化的培养模式**

以主干课程为最基本的框架，针对不同的专业展开以主干课程为中心，分散式开设不同专业课程的结构性跨专业课程。结构化跨专业课程既重视教育课程的教育功能，又重视课程的基础性、科学性和完整性；既强调宽厚通识的基础知识，又突出综合技术素质培养，注重学生个性发展需要，有利于发展学生认识新事物的能力。结构化跨专业课程强调教学体系结构化，一方面，强调同一专业课程设置要左右协调、沟通（结构性专业课程）；另一方面，强调不同专业课程设置要连贯、衔接（结构性跨专业课程）。

以主干课程中心点，多个多方面开展学生的相关专业课程，形成一种蜘蛛网状的课程体系

---

① 王晓煜，吴迪，宋萍，等. 3 +1 应用型人才培养模式的研究[J]. 计算机教育，2010(4)：15.

网。既要开设专业理论课程,又要开设专业实践课程,使学生理论与实际相联系;既要开设专业课,又要开设与本专业相关的课程,使学生形成合理的专业学科知识序列;既要开设学科专业课,又要开设相邻学科课程,培养学生形成广阔的知识背景。如图1所示。

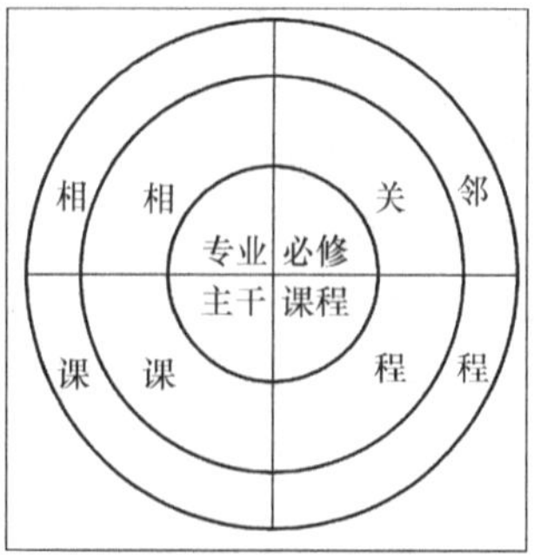


图1

**3. 职业化教育培养模式**

民办高校的性质区别于普通公立学校,其教育模式和培养模式也不同于公立学校,因此,相应的市场需求也不同。民办高校首先要对于自己的学校有初步的定位,商贸学院是依托步长制药创办的,更要从中吸收和学习企业经验,培养适合实用型市场的专业化和职业化人才。学校的教学模式应积极向以就业为导向的职业化教育转变,教学安排应与行业企业密切结合,要求学生的一部分学分必须通过顶岗实习来获得,开展工学结合的实践教学模式,以公司化运行方式建设和管理,教学内容项目化,教学管理公司化,提高学生的社会实践能力和就业竞争力①。

珠宝学院在这方面已经做了相当大的努力,与爱迪尔珠宝、戴梦得珠宝有限公司、梦祥银有限公司、中维质量检测有限公司等多个大型国内外知名珠宝企业都有相应的合作关系,并且适应性地将学生送去企业实习,形成长期友好的企业合作关系,从企业方面打开职业化教育的培养模式。建设完善的职业化培养模式就是要适应"创新型、应用型"人才培养目标,完善实验教学内容,改革实验教学手段,多方面考察和培养学生的综合素质,培养团队精神和责任心,使学生的创新能力得以提高,增强学生的就业竞争力。

在今后的办学模式方面,应当多方面深入企业,不单单只是珠宝行业,还要与设计行业接轨,将教学体系结构化的基础体系与职业化教育培养模式接轨,形成统一完整的学习工作链,更好地迎合市场,为学生们的就业打好基础。

**4. 双师型教师队伍建设的发展模式**

根据学校和学院实践教学的目标要求制定师资队伍的重新规划和建设,建立符合本学院特点的企业实践制度。由于实行的是民办机制,不少民办学院的老师工作量都很大。在这种情况下,只有高素质的老师才能适应环境,才能提高教育教学质量。

要提高现有教师的实践能力和水平,必须为教师提供必要的培训机会,让教师参与各种形式的在职培训,鼓励教师在企业与学校间有序流动,深入到企业熟悉生产运营过程。在大学教育教学过程中倡导主动实践,是为了更有效地培养学生的观察力、质疑力、协同力和创造力,因此主动实践是应用型人才的成长之道,是应用性本科实践教学的基本方法②。通过建立理论教师与实践教师定期换岗制度,进一步强化专业技能考核,逐步提高理论教师的实践能力。

## 四、结论

总之,建设完整的民办高校应用型人才培养体系,要适应创新型、实践型和应用型人才的培养目标,找到目前学校存在的培养缺陷,找到适合自己学校和学院的课程和学科培养体系。

① 杨浩. 基于艺术设计专业的微媒体学校生态圈构建[J]. 创意设计源,2014(5):53-56.

② 袁剑波,郑健龙. 工程实践能力:培养应用型人才的关键[J]. 高等工程教育研究,2002(3):35-37.

陕西国际商贸学院依托步长制药创办,依托于企业办学,更应该深入企业与企业合作,各个二级学院也应该积极响应。珠宝类专业作为现代发展起来的新兴专业,更应该抓住本专业的特殊性,以就业为目的,以社会需求为导向,以培养应用型人才为目标,抓学生特点,创专业特色,不断促进珠宝学院加工、鉴定和设计专业的生存和发展,加大力度提高学生的实践能力与就业水平,以学促教,以赛促教,并结合企业发展共同提高专业实践能力和学生综合能力,这对珠宝学院的专业发展和人才培养具有深远的现实意义。

# 陕西民办高校人才培养创新路径探析

边国慧

**【摘要】** 民办高等教育是我国高等教育系统的重要组成部分,民办本科高校要持续发展,必须要有科学和清晰的办学定位,而办学定位离不开地方区域特色。陕西作为我国民办高等教育发展的重要策源地之一,在我国民办高等教育发展历史上占有重要地位。但种种迹象表明,我国民办高校的发展正处于一种举步维艰的"高原期"。新形势下如何提升民办高校的办学水平、走出"高原期",成为目前民办高等教育理论和实践界研究的热点和难点所在。

**【关键词】** 民办本科;办学定位;区域特色

世界经济、科技一体化和国际化的发展趋势,要求高等院校必须站在世界学科发展前沿,因此高等院校教育的发展也必然成为社会关注的焦点。

随着我国高等教育大众化程度的不断提高和生源人数的下降,高等教育的竞争日趋激烈,加上产业升级、社会的进一步转型等外部因素的影响,中国民办高等教育的发展已步入到"瓶颈期",面临严峻的挑战。当前民办高等教育面临的突出问题,一是国家对民办高等教育的定位不够清晰,二是国家对民办高等教育的扶持力度不够。

针对这一问题,民盟支部盟员组成了专题调研小组,对陕西省的 10 所民办高等职业教育院校进行了实地考察和研究,并对陕西的民办高等职业教育的发展定位状况进行了一定的了解和分析。

## 一、陕西民办高校教育发展现状

陕西省的综合教育水平居西部地区之首,高等院校的综合实力居西部地区之首,在全国排名第三,是典型的教育大省。其中高职教育的快速发展,不仅为中国经济的高速增长提供了大量产业需求的技能型人才,也为高等教育大众化做出了贡献。

许多高职院校积极探索适合高职教育的办学模式、教学模式和校企合作的途径,在众多的企业确立了学生实训基地,编写了大量的高职高专教材,产生了一批精品课程、重点专业和示范性院校。但是,高职教育的快速发展也暴露出了许多深层次的问题,尤其是非示范性高职院校的教育质量令企业和社会普遍担忧。

## 二、陕西民办高校教育发展存在的问题

### 1. 人才培养模式缺乏创新

目前,高等职业教育存在的问题宏观上主要表现为缺乏创新、办学标准不高、办学活力不足、教师技术能力薄弱、学生适应社会和就业创业能力不强、专业结构和劳动力市场反映出来

① 阮芳芳. 民办本科高校办学定位的区域特色思考——以宁波为例[J]. 学理论,2016(06):71－73.

作者简介:边国慧,女,经济学硕士研究生,陕西国际商贸学院财务会计学院教师。

的行业需求的吻合度不高等，从根本上讲就是还没有找到真正适合高职教育办学的理念和办学规律，基本停留在对国外职业教育的简单模仿和追随状态[①]。即使是“以赛促教、以赛促学”也被简单地认为，只要获取证书的形式上，而产生了一种作品参加各种比赛，团队成员报名参与的现象，在比赛中得不到锻炼。

没有建立起具有中国特色的高职教育管理与评价的机制与体制，还在沿用国内普通高等院校通用的但被广泛诟病的人才管理与评价机制体制。如高职院校的教师和普通高校的教师一样靠写文章甚至抄袭或编造垃圾文章晋升职称。

**2. 教材开发滞后**

高职院校应该遵循地方高校服务地方经济的宗旨进行设计和管理。目前许多高职院校开设的专业和课程是本科院校的翻版或压缩，缺乏产业针对性和行业特色，跟不上产业发展对专业人才的需求。尤其是许多新兴产业，在高职院校难觅对应的专业来培养。所谓校企合作编写教材，其实就是现行教材的相互抄袭，以致不同的课程，教材内容严重雷同。目前高职院校的教师多数缺乏企业工作背景，不适应高技能人才的培养。虽然有的高职院校也都制定了教师下企业锻炼的制度，但多数流于形式，一般多数停留在短期自愿和业余阶段，无法保证锻炼时间和锻炼效果，更没有制度措施引导教师钻研技术，教授与助教、博士与本科生都是抢课上，论文造假甚至剽窃。

**3. 校、企、研、政府常态化互动平台搭建滞后**

陕西高等职业院校的专业设置缺乏统筹，特色不明显。很多高职院校专业设置缺乏前瞻性和科学性，与企业、科研机构、政府互动较少，盲目开设眼下热门或投入少的专业，专业设置重复现象严重。同一专业在不同院校重复开设，引起生源大战，造成教育资源的浪费，技术技能人才结构失调。最为明显的问题是：校企合作在岗实训一头热一头冷。在岗实训是职业教育的关键环节，校企合作是实现“产学研结合”的必要途径[①]。由于缺乏政策保障和激励机制，国有企事业单位无合作积极性，中小民企、外企难以稳定合作，校企合作处于自发、松散、风险大、不稳定的状态。一种情况是不管专业是否对口，学生长时间充当流水线工人，以解企业“用工难、用工贵”的问题，侵犯学生权益事件时有发生；另一种情况是学校、家长、学生分头找，企业不愿收，这批学生实习了，下批学生无着落。在岗实训难题成为我市高等职业教育健康发展的阻碍。

## 三、陕西民办高等教育不适应经济发展的原因

**1. 受社会经济等宏观条件的制约**

由于教育与社会经济发展两者关系经常处于变动当中，两者间的协调也是动态中的协调。由于我国的改革开放是探索性的事业，社会经济处于新旧体制转轨时期，经济发展的波浪式、跳跃式现象特别明显。民办高等教育的人才培养过程以3～5年为周期。由于民办高等教育本身的滞后性，在专业建设和人才培养上未能按照超前性要求做出灵敏的反应，因而难免使人才培养与社会需求两者的波峰波谷发生“撞车”现象。因此，民办高校与社会需求不相适应的状况在一定程度上具有客观必然性，决策失误、调控不力和办学的盲目性现象依然存在。

---

① 张铁岩，刘铁雷. 新建本科院校办学定位的战略思考[J]. 现代教育管理，2015(02)：25－27.

**2. 政府宏观调控机制的缺陷**

民办高等教育管理体制是以政府直接管理为特征的,政府根据国民经济发展计划协调高等教育的发展。这种高度集权的、单一计划的行政调控方式缺乏灵敏性,面对层次各异、种类繁多、瞬息万变的社会人才市场需求,政府很难制定一个包罗万象的符合实际的人才培养计划。政府的宏观调控要建立在科学论证和科学预测的基础上,由于预测对象具有很大的变动性,加上科学预测的技术手段的局限,难免使宏观政策脱离社会实际。并且随着经济改革的日益深化,社会主义市场经济运行机制的形成发展,尤其是国民经济中乡镇企业和集体企业的比重增大,与此相应,经济生活受市场调节影响的程度也特别强。政府对高等教育实施高度集中的直接调控方式必然与其服务对象的灵活运行机制之间产生尖锐的矛盾。另外现行高等教育管理体制上"条块分割"、部委院校与地方院校分属各自的"婆婆"管辖,条条块块之间自成体系形成多头管理,互不协调的局面,这在很大程度上抵消了高度集中的计划调控方式本身的优势①。

**3. 民办高校内部自我调节功能的弱化**

现行高校运行机制总的看来仍是与高度集中的计划经济模式相联系的。民办高校自我调节、自我约束的功能弱化。学校往往根据自身办学条件(甚至不管条件是否允许),而不是依据社会经济发展的实际需要上规模、上等级,在专业设置上常常出现"一窝蜂"现象。同时,高校自身在专业建设上主动适应的意识不强,往往只求内部专业、学科的齐全,以致专业设置上马容易下马难,专业效益低下。

## 四、陕西民办高等教育发展创新路径

**1. 加大人才培养模式创新力度**

教育市场上的竞争也和其他市场一样已经进入品牌的竞争,而不是一时一事的竞争。品牌的竞争就是学校形象的竞争,所以塑造学校的形象,应该是民办高校走向成熟的标志。要高度重视自己学校的专业品牌,有的学校是靠一个专业打出了品牌,有的学校只有三维动画一个专业,要学三维动画就上这儿,它的一个品牌就打出来了。当然,还有质量的品牌、信誉的品牌。比如北京城市学院有一些专业的质量很高,毕业生可以和公立高校毕业生在同一个企业竞聘,并且表现出来的水平超过了别人,因此城市学院就取得了社会信誉。学校对于社会、家长和学生的承诺能不能够履行是学校的社会品牌,学校的文化建设也是品牌。

**2. 加强政府宏观调控**

我国教育决策模式科学化、民主化程度不高,主要是一种单向度、内部人决策模式,忽略了教育政策对其需要的回应性,使民办高等教育与目标相悖。政府应在确保信息安全的前提下,增加活动的透明度,积极推行民办教育信息公开制度,保障民办高等教育的重大政策和民办教育发展,建立涉及民办教育重大决策的听证、论证、公示和问责制度,保障决策的公正性和民主性。

由主管部门统筹成立专业指导委员会,对区域经济和产业发展进行调查,了解人力资源市场状况,提出陕西省民办高等职业教育专业设置规划,归并重复专业,淘汰滞后于社会发展需求专业,调整课程结构,适当增加提升职业素养的人文课程,增设配合我省经济发展、现代服务

---

① 吴名华. 民办本科高校计算机实验室的质量管理研究[J]. 产业与科技论坛,2016(18):66-68.

② 曹淑江. 民办教育法律中几个问题的探讨[J]. 教育科学,2005(5):97-99.

业、战略性新兴产业发展所需的技术技能人才培养专业。通过组建各类教育集团,对现有的院校整合、分类,形成不同学校间各具特色、相互协调与支持的民办高等职业教育新布局②。

**3. 构建产学研结构的实效机制**

为实现校企合作的实效、稳定、双赢,应由政府出面建立校企合作引导平台。

通过平台介绍校企意愿和对学校进行分类,将有合作意愿的企业引进平台。明确各类行业协会、大中型国企、机关事业单位及受政府支持的外企和民企的社会责任,以契约管理模式确立合作方式;在税收、法人评价等方面给予合作企业一定的优惠,吸引更多企业参与。建立校企合作公共平台,提供校企信息,促进校企有效对接,监督合作全过程,保障校、企、学生三方权益,同时促进当地经济有序发展。同时将教师推介出去,到企业一线学习实践,获取前沿经验,即时将理论带进课堂;建立企业家教授人才库,将有意愿的企业高管介绍到高职院校并建立合作关系,到学校去授课,将他们的实战经验及时带给学生。

# 西部地区民办高校贫困生积极人格的建构
## ——基于心理自助的视角

吴维维

**【摘要】** 西部地区的民办高校相对于公办高校来说具有自身的特殊性，西部地区民办高校的大学生特别是贫困生的人格问题比较突出。本文从西部地区民办高校贫困生的人格现状出发，基于心理自助的视角，通过对其人格特征及其产生的原因进行分析，探索西部地区民办高校贫困生积极人格的应然结构，以期在心理自助的视角下寻找到西部地区民办高校贫困生积极人格建构的路径。

**【关键词】** 民办高校；贫困生；心理自助；积极人格

基金项目：陕西省社会科学基金项目“价值多元化背景下新生代大学生理想信念教育研究——以陕西高校为例（编号：2015A022）”。

民办高校与公办高校相比具有特殊性，尤其是西部地区的民办高校由于生源具有特殊性，决定了西部地区的民办高校贫困生的特殊性，其人格教育值得关注。人格教育是高等教育的重要内容和重要使命，以往我们只重视对大学生进行笼而统之的思想政治教育，而忽视了对其进行人格教育。本文试图在心理自助的视角下对西部地区民办高校贫困生积极人格进行探究，以期寻找到建构西部地区民办高校贫困生积极人格的方法和路径。

### 一、西部地区民办高校贫困生人格现状分析

不同的国情、不同的时代背景和文化背景，甚至不同的历史时期，对贫困生的定义均会有所差异。笔者认为，所谓西部地区民办高校的贫困生是指西部地区民办高校根据国家相关政策招收的大学生，因为家庭经济困难无力支出教育费用（包括学费、生活费、住宿费和书费等），或支出教育费用困难的大学生，其中支出教育费用困难的是一般贫困生，无力支出教育费用的是特困生。

#### 1. 西部地区民办高校贫困生人格的现状

（1）自卑。西部地区的许多贫困生均来自我国经济欠发达的西部农村，他们靠自己的努力考入大学。在高中时他们也许是同学中的佼佼者，心理上有较强的自豪感和优越感。但是进入大学后发现许多同学不仅学习成绩优异，而且多才多艺，见闻广博 ，比较之下心理便失去平衡，自卑感油然而生。本来贫困已经加剧了他们内心的自卑，再加之上的是民办院校，更使贫困生感到雪上加霜。

（2）抑郁、孤独、自我封闭。部分贫困生由于经济条件较差，就否认自我，以点带面，以偏概全，认为自己各方面都不如别的同学，惧怕别人看不起自己，所以，心态出现了问题，无法与同学正常往来，不能自然地融入同学中去，出现了严重的人际交往障碍，从而导致其孤独、抑郁和自我封闭。

---

作者简介：吴维维，女，硕士研究生，陕西国际商贸学院思政教研部讲师，研究方向为思想政治教育。

(3)多疑敏感、情绪不稳定、思想负担重。贫困生大多自尊心很强,非常重视别人对自己的看法,同学无意中的一个动作或眼神都会对其造成伤害。贫困生因为经济上的贫困从而情绪烦躁、不相信人,多疑敏感、情绪不稳定。也有的贫困生面带忧虑,整天心事满满,思想包袱很重。

(4)有恒心、自立性强、朴实、自律性强。因为大多数贫困生出生在多子女家庭,从小没有父母的溺爱,所以培养了他们的独立性和自律性。许多贫困生来自农村,因为从小参与劳动的原因,在劳动中磨炼了意志,他们能吃苦,做事踏实,自律性很强。

**2. 西部地区民办高校贫困生消极人格形成的原因**

西部地区民办高校贫困生消极人格形成的原因错综复杂,从大类来看主要有外在因素和内在因素两个方面。

1)外在因素对西部地区民办高校贫困生消极人格形成的影响

(1)我国正处于社会转型期,社会中存在多种价值观。社会主导价值观念受到冲击,集体主义、整体观念和献身精神有所弱化,而实用主义、利己主义、功利主义有所强化①。首先,受社会不良风气的影响,同学之间的往来也带有一定的功利因素,同学在交往中看中一定的潜在利益。其次,不正确的资助方式也对贫困生产生影响。如公开催交学费、在捐赠物品上标注单位名字等,这使贫困生感到自己时时刻刻在别人的监控下,心理受到伤害,进而产生逆反心理。最后,大学生毕业时实行的双向选择制度加大了贫困生的心理压力。相对于非贫困生来说,在就业过程中作为弱势群体的贫困生在有效社会资源的占有量上比较小,就业心理压力成为贫困大学生产生心理贫困的外在诱因②。

(2)人格教育投资力度不够,实施方式欠妥——学校教育的不到位。西部地区民办高校的办学资金主要以学生的学费为重要来源,国家对民办高校一直以来都是政策上鼓励但资金上的支持却很少,相对于公办高校来说,民办高校的资金比较紧张,这就为高水平的办学增加了难度。以往民办高校对大学生进行笼而统之的思想政治教育,而忽视了对他们进行人格教育。也有的民办高校认识到了人格问题的重要性,但因为资源有限,只能先从大学生心理健康教育入手,设置心理咨询室、开设心理健康课程等。总之,西部地区的民办高校要么忽视贫困生的人格教育,要么用比较单一、片面地对"问题生"的心理咨询代替对个体有差别的人格教育。

(3)用单一的成绩单教育代替内涵丰富的人格教育——家庭教育的偏差。西部地区民办高校的贫困生的主要来源:一是西部偏远的农村,这是主体;二是下岗职工家庭;三是单亲或父母双亡家庭。来自偏远农村的贫困生的家长多半是靠天吃饭的农民,文化程度不高,对子女要求很严,要求其刻苦学习,认为改变命运的唯一出路就是考上大学,从小就给子女灌输"万般皆下品,唯有读书高"的价值观,而忽视了对其进行人格教育。还有另一类来自城里的贫困生,家长大多每天为了生计而奔波,和子女沟通较少,在巨大的生活压力面前,对子女疏于管教或采用粗暴式管教方法,过分要求子女成才,几乎是以成绩的好坏作为教育孩子的"唯一标准",人格教育根本无暇顾及。

① 郭念锋.心理咨询师[M].北京:民族出版社,2009.

② 张敏杰.中国弱势群体研究[M].长春:长春出版社,2003.

2)西部地区民办高校贫困生自身的原因

(1)归因的偏差、易形成"习得无助"。首先,贫困生由于生长环境的制约,来到大学后自我认知出现了障碍。贫困生多半来自西部农村,由于城乡教育水平存在一定差距,使贫困生的成绩并不是很突出。再加之经济因素,贫困生的父母无力支付除正常的学费之外的教育支出,许多贫困生的特长并不是很突出。得不到别人的认可,消极人格也就出现了。其次,人际交往的障碍。据统计,贫困生大多性格比较内向,不太敢与人交流,生怕说错话、做错事,怕别人知道自己家境不好。所以,在和同学相处时往往有很强的戒备心理,拘谨、不自然,特别在参加集体活动时很不自信,有的甚至逃避集体活动。贫困生在解释自己这种行为时,往往把原因归结为家境的贫寒、同学的势力、社会风气不好等,总之,都是抱怨之词。长此以往,习得性无助的心理和行为就形成了。

(2)自我效能感低,缺乏自助意识,依赖心理严重。在大学校园里,贫困生由于种种原因表现得不是十分突出,久而久之,他们的自信心慢慢地削弱,自我否定、自我怀疑、挫折感严重。有的贫困生在学习或生活中遇到难题时,不是选择积极地去解决问题,而是选择颓废、抱怨、逃避、听天由命等,如面对经济上的困难——高额的学费和每月必支的生活费,有的贫困生每到开学季就变得十分忧愁,甚至抑郁,更为严重者选择自杀,但却不想着怎样去勤工俭学、去赚钱。有的贫困生把解决经济问题寄托于学校、社会、政府,去贷款或寻求补助。

## 二、心理自助视角下西部地区民办高校贫困生积极人格的应然结构

心理自助是指个体根据自身发展的需要,在自我意识的基础上,把自身作为发展对象,通过自我认识、自我体验、自我控制来维护心理健康,完善心理机制,开发心理潜能,促进心理发展的活动,其本质上是自我意识对心理健康的认识和改造过程①。

积极人格是指个体所保持的乐观心态与积极价值理念②。心理自助视角下西部地区民办高校贫困生积极人格的应然结构包含四个方面。

### 1. 正确的自我了解

自我了解是指自己对本身的身心特点、自己与自己以及本身与周围环境关系的认识,包含自我观察、自我概念、自我图式、自我分析、自我评价等③。在心理自助过程中,自我了解是发现心理问题的基础,准确而适当的自我了解有利于解决问题。在自我了解的基础上,个体在行为过程中对自己的行为会产生积极、消极、正面、负面等的评价,相应地会产生自信、自卑、抑郁、自闭等人格特征。心理自助的一个重要作用就是要有正确的自我了解,从而发现消极人格特征,通过多种途径和方法去改变、完善贫困生的人格,以期达到建立积极人格的目的。

### 2. 自我进取的精神

自我进取的精神是指贫困生一种积极向上、立志有所作为的精神状态。自我进取的精神是积极人格的一个必备因素。其具体表现为以下三个方面。第一,乐观与希望并存。贫困生要甩掉自卑与无助的包袱,能够乐观、积极地应对前进路途上的困难和挫折。第二,勇敢与进取并存。"贫困"是当前贫困生面前的最大障碍,贫困生正是认识到这些问题,才要勇敢地去

① 李泉,张澜.高校贫困生心理问题及对策研究[J].沈阳航空工业学院学报,2008(6):143-145.

② 李笑燃,陈中永.大学生心理自助[M].呼和浩特:内蒙古人民出版社,2005.

③ 任俊,叶浩生.积极人格:人格心理学研究的新取向[J].华中师范大学学报(人文社会科学版),2005(4):120-126.

面对困难，才要更加积极和进取。第三，自信、自律、自制与自控并存。自卑是贫困生最显著的消极人格特征，要消除自卑，建立自信。当然自信来自实力，实力可以通过自知、自制、自控、自律来提升。贫困生要相信自己，始终保持活力和热情，要用充沛的精力和毅力战胜困难、战胜自我。

**3. 合理的自我控制**

自我控制包含自立、自强、自主、自制、自律、自卫等，合理的自我控制有着监督、引导、维系的重要作用。西部地区民办高校的贫困生在学习和生活中必然面临许多困难与挑战，贫困生要有合理的自我控制能力，认识到困难与挑战，然后自我激励，发挥自立自强的精神战胜困难。在克服困难的过程中也许会有许多的消极人格如悲观、抑郁等出现，贫困生要有意识地驱赶消极情绪的影响，调整好心态和情绪，激励自己积极、乐观、振作。

**4. 正确的自我评价**

自我评价是指评价主体对自己的思想、行为、个性特点等的判断和评价。正确的自我评价对贫困生具有重要的意义和价值，能够帮助贫困生更好地认识自我、完善自我。首先，正确的自我评价会促使贫困生进行准确的自我估量，从而为自我发展提供精神动力。心理学认为，人们一旦有了自我评价，就会努力证实自己的自我概念。如贫困生为了证明自己有能力改变贫困的现状，就会认真学习，就会利用课余时间打工赚钱来养活自己，证明自己的能力并不比别人差。其次，自我评价有利于评价主体的自我发展和完善。心理学认为，人们形成一定的自我评价后，当感到自己的某方面受到挑战甚至威胁时，就会努力地寻求他人甚至社会对这种自我评价的承认，如当贫困生听到有人说自己没出息，没什么业余爱好时，就会暗自努力、加强训练来弥补自身的不足，进而贫困生的人格也在慢慢地完善之中。

## 三、心理自助视角下构建西部地区民办高校贫困生的积极人格

**1. 心理的自我认知**

在心理自助的视角下构建西部地区民办高校贫困生的积极人格，心理的自我认知是前提。若是一个人不能进行正确的自我认知，无视自己的优点，总觉得自己不如人，就会产生自卑心理。相反，若是一个人过高地估量自身，就会狂妄自大、目中无人。因此，恰当地认识自我，是完善人格的重要前提。西部地区民办高校的贫困生表现出的诸多消极人格特征，核心问题在于缺乏正确的自我认识。在“习得性无助”心理的影响下，贫困生在遇到困难时，如对大学环境不适应时，人际交往不畅时，往往把自己的缺点放大化，而看不见自己的优点，有的同学甚至认为是自己性格不好所致。其实，每个人都有优缺点，每种性格也都有优势和劣势，我们应该正确地认识自我，对自己做出客观的分析和评价，勇敢地面对自己的优缺点，给自己一个合理的定位，形成良好的自我感觉和自我概念。当然，自身素养对自我认识起着非常重要的作用，我们需要通过各种途径提高自身的素养。

**2. 心理自助意识**

心理自助意识是心理自我认识的基础，对心理自助起着至关重要的作用。有了自助意识，自助主体才能积极主动地运用自助方法和手段参与自助活动，通过自助心理训练，实现最终目标。当然自助意识需要相关的自助知识作为支撑。贫困生首先要掌握心理自助的相关知识。通过学习心理自助知识和心理健康知识，自助主体才能对心理健康的标准有一定的了解，从而加深对自我心理世界的认知和了解。这对提高自我认知能力，增强自助意识，选择正确有效的

自助方法提供了可能。其次，在自助意识的支配下确定自助目标，开展相关的自助活动。确立自助目标时要根据心理问题的性质、强弱、特点、影响因子、发展规律等采取循序渐进的方式进行。贫困生应该有这样的意识，如果心理问题严重，在心理自助不能解决的情况下，应该寻求他助，如找专门的机构、人员，或依靠药物来控制。当然因为个体的差异性、心理问题性质和强度的差异性，具体的自助方法不尽相同。

**3. 心理自助的方式**

有了心理自我认识和心理自助意识后，自助方式的选择和运用至关重要，心理自助方式是心理自助过程的技术层面，它将直接影响到自助的效果。心理自助方式的类型主要有四种。第一，阅读型自助。通过阅读心理自助书籍，学习心理学的相关知识，获得启发，诊断自身存在的问题，最终解决问题。除此之外，也可以通过阅读经典著作和其他相关图书获得自助路径。第二，互助小组型。求助者可以通过心理自助（互助）论坛、网络心理帖子、网上资料、网上资助机构等获得自助，也可以通过线下自助组织、自助团体等实现。第三，运动型自助。求助者可通过参加体育运动、社会公益活动、人际交往活动、各种文艺活动来进行。在参加活动的过程中，贫困生的身心将受到洗礼，情绪也许会在运动中和与他人交流中得到释放或缓解。第四，专家支持型自助。这是一种新型的自助方式，心理学专家通过网络建立心理自助系统。这种系统主要是根据性格、爱好、习惯、心理问题的严重度来设计的，贫困生可以进入系统通过各种心理训练、游戏来放松心情、缓解情绪，治疗心理疾病。

**4. 心理自助的效度评价**

心理自助的效度评价是最后的落脚点，心理自助的效果将在这里验证。应从三个方面进行评价。第一，贫困生消极人格预防，积极人格建立的评价。每个贫困生既存在积极的人格特征也存在消极的人格特征，要将消极人格消除在萌芽之中，心理自助的能力和方式非常重要。瓦解消极人格的过程同样也是培育积极人格的过程。预防的效度是心理自助的一个重要的评价标准。第二，贫困生消极人格向积极人格转化的评价，增强积极情感体验，建立积极人格。通过阅读心理书籍、参加心理社团活动、参加体育活动等。善于排除消极情绪，体验积极情绪，将磨难看作是一种考验，有意识地锻炼自己各方面的能力和心理承受力、耐挫力等，培养积极的人格品质。第三，贫困生积极人格发展的评价。个体不同，具体的积极人格品质的发展也不尽相同，通过心理自助，贫困生自身获得了哪些积极的人格品质，对自己起了什么作用，这是一项重要的评价标准。成功的自助者积极人格能够很好地发展，而失败的自助者则相反。总之，上述三条是构建积极人格的重要标准。我们期望通过自助，消解贫困生消极的人格特征，培养贫困生积极向上、乐观、勇敢、热爱生活等的积极人格品质。

# 产业融合下的复合型人才对促进农村经济发展的重要性

张瑞华

**【摘要】** 本文分析了产业融合下农村经济发展的态势和对人才的要求,指出在新形势下复合型人才对于农村经济发展的意义和重要性。同时指出,高校作为培养人才的主要阵地,要主动适应产业结构变化的趋势,根据市场需求及时调整人才培养思路,勇于改革教学环节中不适应的部分,建立与之相适应的人才培养体系,为农村经济的发展培养出优秀人才。

**【关键词】** 产业融合;复合型人才;农村经济发展

党的十八大以来,努力解决好“三农”问题一直是全党工作的重中之重。在引进人才和技术、持续推进农业现代化和新农村建设、促进农村经济建设稳定发展方面取得了辉煌成就。5年来,农业供给侧结构性改革迈出新步伐,农民生活全面改善,扶贫脱贫成效显著,农民幸福感明显提升。十九大以后,2018年1月2日中共中央国务院颁布了《中共中央国务院关于实施乡村振兴战略的意见》,以党的十九大提出的乡村振兴战略为核心,对如何实现乡村振兴进行了全面部署,在我国“三农”发展进程中具有划时代的里程碑意义。2018年2月5日国务院新闻办就《中共中央国务院关于实施乡村振兴战略的意见》的有关情况举行发布会,具体说明了相关事项。《意见》中明确指出:“要实施乡村振兴战略,必须破解人才瓶颈制约。要把人力资本开发放在首要位置,畅通智力、技术、管理下乡通道,造就更多乡土人才,聚天下人才而用之。支持地方高等学校、职业院校综合利用教育培训资源,灵活设置专业(方向),创新人才培养模式,为乡村振兴培养专业化人才。扶持培养一批农业职业经理人、经纪人、乡村工匠、文化能人、非遗传承人等。”这些都进一步说明了引进和培养复合型人才对于发展农村经济的重要意义。

## 一、产业融合下的农村经济发展的态势

党的十九大提出了全面建成小康社会以及分两个阶段实现第二个百年奋斗目标的战略安排,实施乡村振兴战略的目标任务是:到2020年,乡村振兴取得重要进展,制度框架和政策体系基本形成;到2035年,乡村振兴取得决定性进展,农业农村现代化基本实现;到2050年,乡村全面振兴,农业强、农村美、农民富全面实现。为了实现这一目标,既要具备良好的政策环境,也要培养优秀的人才队伍,还要奠定坚实的经济基础。

### 1.良好的政策环境

党的十九大报告提出了乡村振兴战略,为中国农村的发展和建设美好生活描绘了理想蓝图,制定了一系列政策,为实现这一战略目标保驾护航。在中国特色社会主义新时期,广大农村迎来了难得的发展机遇。土地家庭承包继续延长30年,继续允许土地流转,完善新农合医疗制度,努力推进扶贫脱贫工作,改变农村生态环境,促进农村的城镇化发展。我们有党的领导的政治优势,有社会主义的制度优势,有坚定的政策支持,有亿万农民的奋斗和创造精

作者简介:张瑞华,女,陕西安康人,硕士研究生,陕西国际商贸学院讲师,研究方向为课程与教学论。

神，完全有条件、有能力实施乡村振兴战略，谱写现代乡村全面振兴的新篇章。

**2. 充裕的发展后劲**

乡村振兴战略包含着一系列的目标和发展要求。十九大报告将新时代农业农村的发展要求概括凝练为二十个字，即产业兴旺、生态宜居、乡风文明、治理有效、生活富裕。这是加快农业农村发展的重要内容与要求。我国农村正在进行着几个变化：一是土地经营模式发生变化，经过土地流转，出现几十亩到百十亩大片联租种植、养殖现象；二是农业机械多样化，耕种收割、果品采集加工、田间管理等基本实现机械化；三是农村生活现代化，各种家用电器、太阳能、养生保健设备逐渐普及；四是农村住房逐渐向城镇化发展，出现农村建筑装修、农村超市、农村电子商务、农村金融、农村物流、农村幼儿教育、农村养老幸福院等服务产业。这些变化为农村的经济发展注入了生机，带来了广阔的需求市场，为各类产业与人才的融合、协作提供了众多的机会。在加快农村公路、供水、供气、环保、电网、物流、信息、广播电视等基础设施建设，推动城乡基础设施互联互通方面，任务繁重，人才需求迫切。

## 二、产业融合下农村经济发展对人才的要求

产业融合是产业新技术体系与高度专业化人才相结合的产物，两者间相互制约和相互影响。从技术融合与产业特色的角度看，乡村发展对人才的需求还一直处于“饥渴”的状态。如乡村旅游及农家乐需要具有外语能力的导游与宣传策划人才；种植养殖业需要林业果业畜牧科技人才；乡村广电、建筑装饰、医疗保健、养老保险、幼儿教育等需要相关专业人才。由于乡村的产品市场广阔而分散，消费观念较为传统，经济基础与生活条件较差，影响产业盈利预期，造成人力资本的短缺，直接影响乡村产业发展的速度和规模。

乡村产业门类繁多，具有复杂性、多元性、服务性的特点，需要一专多能的复合型人才，既要具有扎实的专业知识，又要具有较强的动手能力和一定的外语水平。我国专家学者就如何培养复合型外语人才进行了诸多讨论。如杨琪(2005)、李维屏(2006)等指出了国际化创新型人才的特点。纪宝成(2006)从高校管理者的角度指出了这类人才培养的模式。文秋芳(2002)提出了创新型复合人才的内涵。马琳(2010)认为，构建应用型人才培养模式首先要以“应用型”为培养目标，增强服务意识。专业知识的教学要突出针对性和实用性，加强学生的语言运用能力与思维能力的训练。曹若男(2014)提出对外语人才的客观要求：应具有较高的时代觉悟，熟悉国际惯例和执行规则，熟悉礼仪，具有相应的文化素养，具有较强的适应性和竞争实力。

## 三、复合型人才的内涵

复合型人才即一专多能的人才。前国务院副总理李岚清同志曾明确指出，“要注意培养复合型人才，既懂经济贸易，又懂工业农业；既懂经营管理，又懂生产技术。精通一门，兼知其他。”有研究者指出：“复合型人才是指那些在各种社会实践活动中，具有一二门专业知识，且知识较为广泛，基础较为扎实，在广泛领域具有较强适应性和较高水平，并以自己创造性劳动，在认识、改造自然和社会方面做出某种贡献的人。”① 由此可见，复合型人才不仅在专业技能方面有突出的经验，还要具备较高的相关技能，要多才多艺，并能够在很多领域大显身手，包括知识复合、能力复合、思维复合等多方面。对于农村经济的发展而言，复合型人才则是指既具有

① 张瑞华．基于产业融合的咸阳市乡村旅游价值体系研究[J]．中国农业资源与区划，2017，38(9)：209－217.

农业专业和其他相关专业的知识背景，又具有一定的外语水平和计算机能力，了解农村经济发展的相关政策，具有捕捉和判断有利于经济发展的信息的能力。复合型人才应具有良好的思想修养与个人操守，在生活条件相对艰苦的乡村，能够去得了、蹲得住、干得好，能够与普通群众建立联系，吃苦肯干，勤奋敬业，身体健康，可以胜任有关农村经济发展的相关部门的工作。

## 四、复合型人才的培养与乡村经济发展

实施乡村振兴战略，推动乡村经济发展，必须破解人才瓶颈制约。要把人才培养与人力资源开发作为首要任务，采取多种途径，培养培训管理及技术服务人员，全方位畅通下乡通道，聚各类人才而用之。

### 1. 发挥高等院校和科研院所的主力军作用

引导高等院校和科研院所设立相关应用型专业，培养各类人才，选拔高校毕业生到农村基层工作，这是一条重要途径。多年来，陕西省在实施农村基层人才队伍振兴计划方面做了大量的工作。2015－2017 年分别公开招聘应届及往届全日制普通高等学校毕业生 1 500 名，落实农村人才队伍振兴计划；各地市相继行动，公开招聘应届及往届全日制普通高等学校毕业生，支援农村经济建设与社会发展。仅 2016 年，西安市公开招聘 268 名，延安市公开招聘 659 名，榆林市公开招聘 340 名，铜川市公开招聘 61 名，渭南市公开招聘 367 名，咸阳市公开招聘 239 名，安康市公开招聘 89 名，汉中市公开招聘 175 名，商洛市公开招聘 210 名。所招聘人员重点是为特困地区和国家扶贫开发工作重点县的农村中小学、幼儿园、乡镇卫生院、基层农技站、水利管理站、林业站、畜牧站及其他农村基层事业单位补充工作人员①。

### 2. 大力培育新型职业农民

建立职业农民制度，实施新型职业农民培育工程，支持新型职业农民通过弹性学制参加中高等农业职业教育。创新培训机制，支持农民专业合作社、专业技术协会、龙头企业等主体承担培训工作。以陕西省为例，陕西省农业广播电视学校按照“科学规划、园区优先、示范引领”的原则，以省级现代农业园区、农民专业合作社省级示范社及省级农业产业化龙头企业为重点，从 2014 年起每年在全省范围内择优认定 50 个省级新型职业农民培育实训基地。截至 2017 年 9 月，全省共有新型职业农民培育实训基地 1 179 个，包括 630 个以宝鸡绿丰源现代农业园区为代表的实训基地，345 个以陕西海升现代农业园区为代表的农民田间学校，126 个以汉滨区忠诚蔬菜农民专业合作社为代表的创业孵化基地，78 个以杨凌珂瑞农业专业合作社、联合社为代表的综合类基地。已开展新型职业农民实训 80 多万人次。

### 3. 加强农村专业人才队伍建设

农村地域专业人才包括农业职业经理人、经纪人、乡村工匠、文化能人、非遗传承人等，在推进农村经济文化建设方面发挥着重要作用。加强农村专业人才队伍建设需要建立地域专业人才培训及管理制度，落实基层单位的用人自主权，保障这些地域专业人才的福利待遇，充分调动他们的积极性和创造性。陕西省继续实施“三秦之光”基层人才培养计划、“三秦工匠”培养计划、“三支一扶”和特岗教师计划等，组织实施高校毕业生基层锻炼成长计划，收到显著效果②。咸阳市武功县政府积极发展电子商务，立足武功，联动陕西，辐射西北，面向丝绸之路经济带，全县 300 多个网店相继上线，全县电商日成交量超万单，日交易额达 100 多万元，将武功

① 张瑞华．翻译目的论视角下的乡村旅游资料翻译策略研究[J]．农村经济与科技，2016，37(6)：74.

② 翟亚锐．数字环境下高校图书馆复合型人才队伍建设[J]．图书情报导刊，2009(14)：23－24.

打造成为陕西农村电子商务人才培训地、农村电子商务企业聚集地、农产品物流集散地①。

**4. 发挥科技人才支撑作用**

全面建立高等院校、科研院所等事业单位专业技术人员到乡村和企业挂职、兼职和离岗创新创业制度，保障其在职称评定、工资福利、社会保障等方面的权益。落实农业科研杰出人才计划和杰出青年农业科学家项目，实施农业科技推广服务特聘计划，筑巢引凤，支持农民工等人员返乡创业，使“城归族”回乡投资创业逐渐成为良性风气。以知识价值为导向的分配政策，探索公益性和经营性农技推广融合发展机制，允许农技人员通过提供增值服务合理取酬。2015 年毕业于江西农业大学的肖婷，决心回家乡种植银耳，填补了当地种植业的一项空白，带动了本村和邻村的农户共同脱贫奔小康。陕西省石泉县是全省第一批创建和第一个通过验收的省级农民工回乡创业示范县，返乡农民工有技术、有资金、有经验、有热情，创业欲望强烈，以其特有的方式促进着新农村建设和石泉县经济的迅速发展。

**5. 以资金人才为支撑，引导资源要素向乡村流动**

坚持人力资源开发与资金投入并重，加快推进机构、业务与人员与乡村工作的对接，建立有效的激励机制，以乡情乡愁为纽带，吸引支持企业家、党政干部、专家学者、医生、教师、规划师、建筑师、律师、导游、外语及技术人才等，通过下乡投资兴业、包村包项目、行医办学、电商物流、保健养生、捐资捐物及法律服务等方式服务乡村振兴事业。发展村镇银行，开展农民专业合作社、供销合作社、农村信用社“三社”协同试点。制定鼓励引导工商资本参与乡村振兴的指导意见，落实和完善融资贷款、配套设施建设补助、税费减免、用地等扶持政策，明确政策边界，保护好农民利益。加快乡村产业发展，积极推广“一村一品”的发展模式，扶持地方特色产业发展。乡村景点旅游和农家乐已成为一些乡村的支柱产业，但是，随着改革开放和“一带一路”的迅速推进，外语导游宣传显得薄弱，急需外语人才。结合乡村城镇化建设，搞好农业种植园区和农产品加工产业园区的规划和建设。加快推进土地流转，促进规模经营。鼓励农民依托优美的自然环境、丰富的农业资源和深厚的农村文化，发展休闲农业和乡村旅游，拓宽增收渠道。发挥社会群团组织的优势和力量，发挥各民主党派、工商联及无党派人士等的积极作用，利用科技手段，研究解决农村产业发展、经济建设和生态环境保护中的存在问题。乡村振兴必须有一个坚强的领导班子，有一个良好的乡村精神风貌，齐心协力才有发展的动力。要努力加强乡风文明建设，关爱农村弱势群体，树立良好的村风和家风，使正气长存，邪不可干；使经济发展稳定持续。

## 五、结论

现在任何科学技术成果无一不是多个学科交叉、融合的结晶，任何工程无一不是多专业人员协作攻关的成果。乡村振兴工程更是如此。因此，如何培养培训出高质量的“复合型”创新型人才，既是高等教育应承担的任务，也是地方政府义不容辞的责任。高等教育需要进行深层次的变革，摒弃专业化教育模式，既要有高层次人才的培养机制，又要有职业性的多功能的应用型人才培养机制，要把教育目标转移到提高国民整体素质的轨道上来。除了高校作为培养人才的主要阵地之外，发挥社会培训机构的作用，加强对职业农民的培训，吸引科技专家教授下乡面授指导，鼓励返乡农民工投资创业，均是乡村人才队伍振兴工程的重要组成部分，在发展乡村经济过程中有着重要且关键的作用。

---

① 郑文瑾．电力企业复合型人才的培养[J]．中国电力教育，1997(1)：84－85.

# 第五部分　民办高校教育教学研究

## “双一流”背景下民办高校特色专业建设探索
## ——以陕西国际商贸学院珠宝类专业为例

张丽倩　刘养杰

**【摘要】**　在“双一流”建设的背景下，总结民办高校现状及发展趋势。根据一流特色专业建设的环境要求，从办学理念、办学定位、本科教学管理、教学、生活环境等方面进行论述。旨在通过专业建设（专业文化）、师资团队建设、课程建设——创新创业教育、学生工作几个具体建设内容，打造我校一流特色珠宝专业。

**【关键词】**　双一流；民办高校；特色；专业建设

为配合国务院关于《统筹推进一流大学和一流学科建设总体方案》，2016 年 3 月，陕西省确定将实施“一流大学、一流学科、一流学院、一流专业”（简称“四个一流”）建设计划，支持 1 至 3 所高校争创世界一流大学，力争 5 至 7 所高校达到全国一流水平，50 个学科进入全国一流行列。2017 年 9 月，据《关于开展陕西普通高校“一流专业”项目申报工作的通知》（陕教高办〔2016〕52 号），省教育厅组织开展了“一流专业”项目遴选工作，确定立项“一流专业”720 个，其中本科专业 520 个（含军队院校 20 个）、高职专业 200 个，其中我校获批 3 个培育项目。笔者认为，以我校珠宝类特色专业为例，在培育一流专业过程中，要理清“双一流”建设背景，明晰民办高等教育现状，在营造一流的教学环境下，紧抓专业建设的具体内容，才能打造我校一流特色专业。

### 一、“双一流”背景

“双一流”即世界一流大学和一流学科建设，是党中央、国务院做出的重大战略决策，亦是中国高等教育领域继“211 工程”和“985 工程”之后的又一国家战略，有利于提升中国高等教育综合实力和国际竞争力，为实现“两个一百年”的奋斗目标和中华民族伟大复兴的中国梦提供有力支撑。

2015 年 8 月 18 日，中央全面深化改革领导小组会议审议通过《统筹推进世界一流大学和一流学科建设总体方案》，对新时期高等教育重点建设做出新部署，并于同年 11 月由国务院印发，决定统筹推进建设世界一流大学和一流学科①。

① 国务院《关于印发 <统筹推进世界一流大学和一流学科建设总体方案> 的通知》. 全国 137 所高校入选“双一流”建设名单[EB/OL]. (2015－11－25)[2017－09－21]. http://www.shulikxkhx.cn/n.

作者简介：张丽倩，女，河北乐亭人，理学硕士，陕西国际商贸学院讲师，主要从事宝石学、地质学研究。
刘养杰，男，陕西礼泉人，教授，主要从事宝石学与矿物药学研究。

2017 年 1 月，经国务院同意，教育部、财政部、国家发展改革委员会印发《统筹推进世界一流大学和一流学科建设实施办法(暂行)》。

2017 年 9 月 21 日，教育部、财政部和国家发展改革委联合发布《关于公布世界一流大学和一流学科建设高校及建设学科名单的通知》，正式确认公布世界一流大学和一流学科建设高校及建设学科名单。首批双一流建设高校共计 137 所，其中世界一流大学建设高校 42 所(A 类 36 所，B 类 6 所)，世界一流学科建设高校 95 所；双一流建设学科共计 465 个(其中自定学科 44 个)①。

2017 年 10 月 18 日，习近平同志在十九大报告中指出，要加快一流大学和一流学科建设②。

## 二、民办高校现状及发展趋势

进入 21 世纪，我国社会主义现代化建设进入到产业结构战略性调整的关键时期，高新技术应用和技术结构升级，对于高素质的劳动力和专门人才的需求十分迫切。在劳动力市场逐渐完善的条件下，学生与家长越来越重视学业与就业的关系，特别是独生子女政策的实施和长期的民族文化传统，接受各种形式的高等教育的社会需求始终非常旺盛。因此，民办高等教育面临新的发展机遇。尤其近年来已经涌现出一批艰苦创业、规范办学的典型，为教育的改革和发展提供了新鲜的经验，为经济建设和社会发展培养了一批急需的适用人才。

但是，受各种因素的制约，民办高等教育的发展存在着诸如有关法规制度尚未健全、办学条件差异较大、缺乏教学过程的评估、师资队伍比较薄弱且不够稳定等问题。在高等教育大众化的过程中，公办高校加大挖潜力度扩大招生以后，民办高等教育面临新的挑战。

近年来，民办高等教育的发展呈现出新特点：一是地方政府重视，在政策、资金等方面加大支持力度；二是民办高校逐步调整发展目标，追求办学规模与办学质量协调发展，注重内涵发展和品牌建设成为共识；三是民办高校服务于区域经济发展，举办应用型、技术型、技能型高校的办学定位进一步清晰；四是办学条件明显改善，重视教学设施建设，抗风险能力不断增强；五是法人治理结构进一步完善，民主治校、科学决策机制得到完善和落实；六是师资队伍建设不断加强，教师年龄结构、学历结构趋于合理，教师梯队初步形成；七是办学特色逐步形成，注重结合产业行业需要进行特色发展，注重培育示范学科与专业；八是办学行为日益规范，依法办学意识不断增加，只求升格达标、忽视内涵发展的现象得到扭转，民办高校的办学形象和社会影响力逐年提高。

在未来一段时期，我国民办高等教育发展的趋势：一是政府机制和市场机制有机结合，促进民办高等教育与公办高等教育协调发展；二是在财政经费有限的条件下，增加高等教育供给方式的多样化和选择性，参与终身学习体系的建设。

## 三、一流特色专业建设环境要求

“双一流”建设绝非一朝一夕就能完成，往往需要长期的办学积累，但是对于民办院校而

① 教育部 财政部 国家发展改革委．关于印发《统筹推进世界一流大学和一流学科建设 实施办法(暂行)》的通知[EB/OL]．[2015－11－25][2017－09－21]．http://www.shulikxkhx.cn/n.

② 习近平．提高保障和改善民生水平，加强和创新社会治理[EB/OL]．(2017－10－18)[2018－05－09]．www.xinhuanet.com/2017－10/18/c－1121820849.htm.

言，也绝不是遥不可及。

**1. 一流的办学理念、办学定位**

民办高校的办学理念要紧随教育部的最新动态，寻找适合民办高校自身特点的顶层设计。2017 年 12 月，《国务院办公厅关于深化产教融合的若干意见》指出："进入新世纪以来，我国教育事业蓬勃发展，为社会主义现代化建设培养输送了大批高素质人才，为加快发展壮大现代产业体系做出了重大贡献。但同时，受体制机制等，多种因素影响，人才培养供给侧和产业需求侧在结构、质量、水平上还不能完全适应，'两张皮'问题仍然存在。深化产教融合，促进教育链、人才链与产业链、创新链有机衔接，是当前推进人力资源供给侧结构性改革的迫切要求，对新形势下全面提高教育质量、扩大就业创业、推进经济转型升级、培育经济发展新动能具有重要意义。"民办高校的办学定位为应用型，人才培养旨在解决行业发展所需要的问题，办学要与行业、企业紧密结合，"另辟蹊径，不走老路"，充分发挥企业办学、校企合作的优势，不能跟随别人的模式，既要保留、延续传统的办学观念中的优势，又要根据民办高校的生存问题发展最新的办学理念。我校的办学定位为"地方性、应用型、有特色"，从战略规划发展来说，应着眼为开放性，充分响应国家口号，提升国际地位，扩大国际影响力；有特色，即办学中有自己独有的特点，一方面要了解其他三本院校的办学情况，另一方面寻找自己的办学特色。

**2. 一流的本科教学管理**

民办高校在日常教学管理中要保障教学计划的正常实施，通过协调规范管理，保证教学质量，在实现办学目标的同时实现经营目标和成本管理目标。分析具有民办本科高校特色的教学管理模式，其中作为参与教学管理过程并发挥重要作用的职能部门，应为教学服务部门，配合二级学院，配合教师完成人才培养过程。

习近平总书记指出："发展理念是行动的先导，是管全局、管根本、管方向、管长远的东西。"创新、协调、绿色、开放、共享的发展理念也能为指导高等教育改革提供新的理论指引①。民办高校应立足于实际，在办学过程中深刻把握每一个发展理念的内涵，逐项找到着力点，推动学校发展取得新突破。

（1）坚持创新发展，创新人才培养模式，将创新贯穿于人才培养全程的主线，激发教育活力通过创新管理机制、创新人才培养模式、加强创新创业教育等途径实现。

（2）坚持协调发展，着力优化办学要素结构，着力解决办学要素结构不平衡问题，促进学生文化知识学习与思想品德修养相统一、理论学习与社会实践相统一、全面发展与个性发展相统一，培养更多符合经济社会需要的应用型人才。

（3）坚持绿色发展，着力打造生态文明校园，深入研究和遵循民办高校教学规律和学生身心发展规律，全面实施生态素质教育，将生态文明教育内容贯穿于教育教学全过程，加强资源环境国情和生态价值观教育，培养师生绿色观念和环保意识，深入开展劳动教育和环保实践活动；合理规划学校布局，以朴实、安全、适用为基本原则，把绿色、低碳、节能、环保等纳入学校建设标准，不断改善师生活动场地、公共服务设施、教学基础设施条件，培养熏陶学生道德情操，促使学生养成健康文明的行为习惯；凝练提升校园文化品位，营造浓郁人文环境，启迪学生心智，陶冶学生情操，促进学生健康成长。

（4）坚持开放发展，着力打造协同发展平台，拓宽办学视野，拓展办学空间，积极主动寻求

---

① 吴泽强．以五大发展理念引领民办高校可持续发展[J]．中国高等教育，2016(10)：36－38.

各方支持，努力把更多社会资源、国际化资源转化为自身发展资源。

(5)坚持共享发展，着力打造共建共享的命运共同体。民办高校要通过教学和管理体制改革，激发师生共建活力，构建休戚与共的命运共同体，凝聚发展合力；要完善学校内部治理结构，改革绩效考核机制，改善福利条件，让教职工共享学校发展成果；要注重塑造办学特色和品牌，把办学的出发点和立足点建立在服务区域经济发展、提高人才培养质量上，确立质量意识，加大教育经费投入，提高教学设施水平，推进教育教学改革，让学生和家长的教育期望得到回报。

**3. 一流的教学和生活环境**

环境造就人，给学生一流的生活和学习环境，学生才能发挥学习潜力自由成长；同时，给教师舒适的教学环境，使其职业能量发挥到极致，将知识完全教授给学生。因此，舒心、宽松的教学环境是民办高校一流特色专业建设的保障。

## 四、一流特色专业建设内容——以珠宝类专业为例

### 1. 专业建设(专业文化)

在“双一流”建设的背景下，专业建设的作用日益凸显。但从专业建设的现状来看，大学对作为专业精神内涵的专业文化关注不足，研究不够。因此，厘清专业文化的概念，明晰专业文化建设的价值，确立专业文化建设的策略，是专业内涵建设的内在需求，也是打造一流专业的必由之路①。

学科专业的调整优化与交叉融合是面向社会需求、建设世界一流大学与一流学科的必然要求。学科专业调整优化的服务需求导向，具体而言就是服务的“三个面向”，即面向国家重大战略需求，面向经济社会主战场，面向世界科技发展前沿。学科专业调整优化要有利于人才培养，有利于发展学校的办学特色，体现学校的办学水平，更重要的是要逐步建立有利于学科专业调整优化与交叉融合的体制机制。在行政主导学科专业设置的体制机制下，学科与专业成为资源分配的依据，各个学科专业为了自身利益最大化，不断增设所谓“新学科”，导致学科与专业划分愈来愈细，数量庞大，学科与专业的封闭性极强，学科优化与交叉融合非常困难。因此，要逐步建立和完善以市场为主导的、面向社会需求的学科专业设置机制，促进学科专业调整优化与交叉融合②。

紧随珠宝行业的需求进行专业群建设，围绕宝石或首饰的鉴定、设计、加工、营销及管理等多个方向进行专业申报，现有宝石及材料工艺学、产品设计(珠宝首饰设计)和工艺美术(玉雕)3 个本科专业，宝玉石鉴定与加工、首饰设计与工艺两个专科专业。各专业间师资、实验室等教学资源能实现共享、共用。

以文化育人助推专业建设，先后开展了“珠宝文化大讲堂”、珠宝文化“一院一品、一班一品”活动，出版了《珠宝文化》专辑，并与合作企业联合开展学科、知识竞赛，实施文化育人的第二课堂配合第一课程策略。

同时，珠宝学院将专业建设与专业文化发展与地方经济发展相结合，笔者与学院领导、教师先后多次走访蓝田玉雕市场，先后 3 次考察蓝田玉矿点，对自然资源及周边环境、市场做了

① 周永雄.“双一流”背景下专业文化建设探析[J]. 铜仁学院学报，2017，19(7)：62－67.

② 李立国.“双一流”背景下需求导向的学科专业调整优化[J]. 大学教育科学，2017(4)：49－51.

初步考察；在合作企业、行业、协会洽谈中了解到玉雕行业不缺工匠，缺乏具文化底蕴的玉雕产品设计创意人才，缺的是真正代表蓝田玉文化及陕西地方特色的玉文化产品及符合现代年轻人心理及消费需求的产品设计。部分玉雕经营者发现了创意产品商机，但苦于市场不集中、无序化，渴求尽快发展成产业园区，集中力量与资源；省政府大力扶持蓝田玉文化产业发展，成立了蓝田玉文化研究院并支持各项活动的开展，但未将蓝田玉文化产业融入县域经济发展。针对从业人员综合素质亟待提高，相关人员指出期望与我校携手共同培育玉雕行业创意人才，共同推进陕西蓝田玉文化。

从学生专业满意度视角探讨专业内涵发展驱动要素，谋求更全面的专业建设实施方略。学生作为接受专业服务的“顾客”，是专业建设最直接的体验者和践行者，其主观感受影响学习的有效性、知识体系的完整性和技能的娴熟性等①。

**2. 师资团队建设**

地方高校教师专业生态化发展是指以教师生命为本，以教师个体—群体与环境和谐共生为基础，促进教师自主、幸福、可持续的职业角色的建构，是地方高校"双一流"建设的基础。地方高校教师专业生态化发展存在着专业发展自主意识淡漠、缺乏一流竞争意识，专业知识不足、限制因子多，教师集群势力虚化，发展制度行政化，地方社会系统生态弱化、教师发展生境受限等问题。对策是强化自主发展意识，摆脱限制因子束缚；改革科层管理模式，消除专业集群弱化；追求最适度法则，克服耐度超限；重构教师发展制度，避免花盆效应；发展文化生境，破解生境局限等②。

美国大学教师的专业发展机制建设经历了萌芽期、发展期和成熟期。以密歇根大学和哈佛大学为代表的美国一流大学教师专业发展机制的独到之处在于，“三位一体”的目标设计、以专门机构为载体的运行机制、“三足鼎立”的保障机制和“双重考察”的评价机制。我国大学在促进教师专业发展方面可借鉴美国一流大学的经验，制定明确的发展目标，建立专业化的发展平台，提供全面的保障机制，实行科学的评价机制③。

2014 年至今，珠宝学院先后建立 4 个教学、科研团队；实行青年教师导师制；开展“精彩一课”“教师讲课大赛”等活动；实行青年教师对外访学，鼓励“双师型双能型”教师成长。3 年来专业教师进入珠宝企业挂职锻炼人数达 16 人次，且与珠宝企业共享师资，目前该专业从珠宝企业聘请的兼职教师达 20 多人。

**3. 课程建设——创新创业教育**

前文基于我国高校“双一流”建设的背景，分析了高校特色专业建设的现状，指出了当前专业建设存在层次差异明显、内部建设不足、专业亮点不够和尚未完全适应社会需求等问题，并在此基础上提出了相关课程体系改革的一些原则，从更新课程内容、优化课程结构、建立可持续的课程评价模式和加大课程体系的开放性与国际性等几个方面，提出了推进高校特色专业与课程体系改革的相关建议④。

我国教育事业面对与世界教育领域接轨的历史转型时期，贯彻并实施“双一流”宏观战略

① 石小晶，张杰，孙倩，等. 专业满意度视角下的一流专业建设分析[J]. 文教资料，2017(18)：138 – 139.

② 杜德栎. “双一流”背景下地方高校教师专业发展的生态化问题与策略[J]. 嘉应学院学报，2017，35(3)：82 – 86.

③ 郑雅倩，包水梅. 美国一流大学教师专业发展机制研究——以密歇根大学和哈佛大学为例[J]. 现代教育科学，2017(9)：118 – 126.

④ 黄分霞. “双一流”背景下的高校特色专业建设与课程体系改革[J]. 太原城市职业技术学院学报，2017(7)：137 – 139.

发展部署，积极进行教育理念与教育模式创新。“双一流”建设的任务包括师资队伍建设、创新人才培养、科研水平提高等，“双一流”建设任务的内涵对高校教育事业的发展战略以及实现路径影响大，因此，创新创业教育与专业教育有机融合的实施策略应基于任务而实施①。

**4. 学生工作（以学生为中心）**

“以学生为中心”是美国人本主义心理学家卡尔·罗杰斯于20世纪50年代提出的一种教育理念，体现了人本主义心理学的原理，符合辩证唯物主义的基本原则，也反映了教育学的内在规律，对于当代教育，特别是高等教育的改革实践具有一定的指导意义。为了实现教育理念从“以教师为中心”向“以学生为中心”转变，关键在于调整并处理好师生关系。教师应当努力做到理解学生、尊重学生、服务学生、启迪学生和激励学生，力求建立和谐、协调而又独特的师生关系，推动教育教学改革深入发展②。

由于班级教学制的提出、工业革命的影响以及中国的特殊国情等原因，近代以来的教育逐渐偏离了“以学生为中心”。随着信息技术、心理和教育科学的发展以及高等教育大众化进程的推进，现在人们开始重新重视“以学生为中心”。“以学生为中心”即以学生的学习和发展为中心，实现从以“教”为中心向以“学”为中心转变，从“传授模式”向“学习模式”转变，从而提高学生的学习质量，使学生在知识、能力和素质上获得全面提升。实现“以学生为中心”是一种范式的转变，必须全面、整体、协调推进③。

“以学生为中心”，首先是以“教师为中心”，落脚点仍是“以学生为中心”。人才培养方案、课程标准落实依靠教师，“教育是良心活”，教学重在强调过程而不是知识，让学生怎样学习，获取分析知识的能力，建立创新思维，获得一流的生存能力及个人发展能力，毕业后在社会中立足才是满意的答卷。

为使高校大学生在学习过程中达到有效的学习效果，高校教师在对学生实施教学活动的过程中采用了一系列的评价手段，其目的在于使学生充分认识到在学习过程中自身存在的缺点和不足，以便及时纠正以取得进步。在高校不断提倡自主学习的当下，高校学生自我评价也不失为一种有效的自我监督、自我改进和自我管理的方法手段。

## 五、结论

一流特色专业的建设，在于专业的布点、教学模式采用产学研合作教育等方面，一方面是国家教育趋势的必然，另一方面是为了从根本上解决学校教育与社会相脱节的问题，缩小学校和社会需求间的差距，加强学生的实际动手操作能力，增强学生对社会的适应能力，有效地提高学生就业竞争力，为社会培养高素质应用型专门人才。在实施过程中，需要学校匹配一流的教学环境，需要职能部门的密切配合，需要充分调动教师的积极性，才能落脚于一流特色专业的建设和人才的培养。

---

① 赵薇，邱立国．“双一流”建设背景下创新创业教育与专业教育有机融合研究［J］．黑河学院学报，2017（10）：70－71．

② 李嘉曾．“以学生为中心”教育理念的理论意义与实践启示［J］．中国大学教学，2008（4）：54－56．

③ 刘献君．论“以学生为中心”［J］．高等教育研究，2012（8）：1－6．

# 应用型本科高校经济管理虚拟仿真实验教学中心建设思考
## ——以陕西国际商贸学院为例

冯明　韦林珍

【摘要】　随着我国高等教育转型发展的步伐加快,应用型本科高校为了体现办学定位,不断加大了实验教学平台的建设力度。经济管理实验教学普遍使用实验软件,依托虚拟仿真环境来实现,因此,经济管理虚拟仿真实验教学中心成为应用型高校搭建实践平台的一个重要渠道。文章分析了应用型高校强化虚拟仿真实验教学中心建设的必要性,指出应用型高校虚拟仿真实验教学中心建设存在着定位不清晰,特色不明显,课程体系不合理,专业实践教育与创新创业实践教育的桥梁没有打通,资源共享率低,重复性建设时有发生等诸多问题,并结合陕西国际商贸学院的特色提出准确定位,打造"药商结合"的特色,构建分层次、模块化实验教学课程体系,构建创新创业人才培养生态圈,搭建虚实结合、专创融合实验链和搭架虚拟仿真信息化平台,积极推动教学资源共享等建设建议。

【关键词】　应用型本科;经济管理;虚拟仿真实验教学中心建设

随着我国高等教育转型发展的步伐加快,应用型本科高校为了体现办学定位,不断加大了实验教学平台的建设力度。《国家中长期教育改革和发展规划纲要(2010—2020年)》指出、信息技术对教育发展具有革命性影响,必须高度重视[①]。教育信息化是信息时代教育改革发展的方向,也是教育现代化的重要标志。教育部《关于全面提高高等教育质量的若干意见》(教高〔2012〕4号)提出,建立高校与相关部门共建平台,促进合作办学、合作育人、合作发展,建设优质教育资源共享体系[②]。而虚拟仿真实验采用网络技术、多媒体以及人机交互等技术构建高度仿真的虚拟实验平台,能培养学生的创新精神、实践能力和自主学习能力。其信息化和可共享性的两大特点符合我国高等教育改革发展趋势,近几年虚拟仿真实验中心建设已成为各个高校建设的热点。经济管理实验教学普遍使用实验软件,依托虚拟仿真环境来实现,因此,经济管理虚拟仿真实验教学中心成为应用型高校搭建实践平台的一个重要渠道,越来越受到各高校的青睐。陕西国际商贸学院作为一所以培养商贸人才为特色的应用型高校,近几年在虚拟仿真实验中心建设方面做出了诸多的探索与实践。

### 一、应用型本科高校经济管理虚拟仿真实验教学中心建设的必要性

#### 1. 虚拟仿真实验教学符合经济管理类专业高素质应用型人才的培养要求

首先,虚拟仿真实验教学可以避免学生真实资金支出的风险。现实中经济管理活动需要

① 李平,毛昌杰,徐进. 开展国家级虚拟仿真实验教学中心建设提高高校实验教学信息化水平[J]. 实验室研究与探索,2013(11):121-123.

② 蔡志奇. 协同育人平台的背景、内涵及管理要素研究——基于应用型本科教育视阈[J]. 现代教育科学,2016(4):69-71.

作者简介:冯明,男,陕西国际商贸学院国际经济学院院长助理,副教授,主要研究高等教育教学管理。
韦林珍,女,陕西国际商贸学院国际经济学院院长,教授,主要从事经济体制研究。

大量资金投入,如果让学生以真实的资金投入可能会造成较大的风险。通过虚拟仿真技术使证券投资模拟、企业运营模拟、创业模拟等课程在保留技术分析、指标分析和交易流程均为真实业务的基础上,通过虚拟货币规避了真实资金支出的风险。其次虚拟仿真实验教学可以避免极端情况和突发事件的冲击,如金融危机、自然灾害和社会安全事件等极端情况和突发事件对社会经济环境系统造成巨大的冲击。而这些环境无法通过真实实验重现和长期、系统地观测。而虚拟仿真实验可以通过软件系统虚拟设置以上事件的发生,从而大大地提升了经济管理专业教学的全面性。虚拟仿真实验办学可以帮助学生再现社会经济环境系统的演化过程。社会经济环境问题具有牵涉对象多、持续时间长、结果影响深远等特点,应用虚拟仿真实验教学可以实现社会经济环境系统演化过程的再现,使学生对社会经济环境系统的复杂性及其演化过程产生直观的认识,促进学生对基本原理的掌握,培养学生从系统论的观点出发,提升分析和解决问题的能力。

**2. 虚拟仿真实验教学是优化信息化建设,扩大资源开放共享的需要**

长期以来,实验教学存在着以专业划分、布局分散、多头管理等诸多问题,造成了资源的巨大浪费。虚拟仿真实验教学中心以“实”为目标,以“虚”为手段,扬长避短,以“虚”来加强理论知识与实际操作的联系,以“实”来提高学生解决实际问题的能力。通过将虚拟实验手段融入课前预习、课上实训和课后实践等环节中,最大限度地提高学生的综合能力①。虚拟仿真实验教学可以借助网络信息技术可以打造实现高度共享功能的虚拟网络平台和数据资源池,通过建立教学资源平台、实验教学数据库平台和实验教学管理与共享平台,有效地提高信息安全,降低管理成本,减少资源的重复建设,提高设备和资源的利用率,实现了实验教学时空的开放拓展,为学生自主学习提供了良好的条件。

**3. 虚拟仿真实验教学是打造经管类应用型人才的现实需求**

随着我国经济的转型发展,国家对于高校的培养目标也提出了新的要求,应用型高校加强对于学生分析和解决问题的能力、综合业务操作能力和创新意识的培养是必然的选择。虚拟仿真实验教学正是顺应了这种趋势,利用虚拟仿真技术为经管类各专业的学生提供实战仿真环境,并使学生通过对不同岗位的切身体验,解决理论知识学习的枯燥性和难以验证性,在学中做、做中觉、觉中悟,打通理论与实践的沟通瓶颈②。学生在学校期间,就可以通过仿真企业进行相关业务的模拟,增加实践经验,以此大幅缩短了应用型人才的培养时间,缩减学生走上工作岗位后的适应期和磨合期,从而使学生快速地适应区域经济的发展要求。

**4. 虚拟仿真实验教学是实现校企融合、社会资源共享、协同培养人才的需要**

现有的教学体制下,理论教学、实践教学和科学研究隶属于不同的部门,各部门只关注于自身的发展,对于相互之间的协同和对外协同的意识还比较淡薄,使学校内部各部门之间、学校与企业、学校与社会之间无法进行有效的沟通和资源共享,形成了人才培养的“孤岛”,不利于协同创新和资源共享。随着信息化的不断发展,利用信息化手段构建基于信息化环境和网络平台的合作共享架构,搭建虚拟仿真综合实验教学平台,实现校内不同学科之间、校际之间

---

① 朱静,陈新兵,谢斌盛,等. 虚实结合的开放式电工电子实验教学模式的研究[J],科教文汇(下旬刊),2012(33):63-64.

② 段李杰,黄映龙. 独立学院物流专业仿真教学平台的共享研究[J]. 湖北经济学院学报(人文社会科学版),2016(5):189-190.

以及高校—企业—政府—社会之间的合作共享、协同创新，推进多主体参与、多领域整合、多学科融合培养人才，是当前教学改革的方向，也是急需解决的问题，而虚拟仿真实验教学正好解决了这一问题，顺应了高等教育改革的趋势。

## 二、学院经济管理虚拟仿真实验教学中心概况及存在的问题

陕西国际商贸学院经济管理虚拟仿真实验教学中心（以下简称中心）依托于学校省级经济管理实验教学中心而建设，中心成立以来，按照学校“规范化、特色化、品牌化”三步走的指导思想全面落实实验教学建设，其发展经历了整合创立、规范化和特色化三个阶段。中心坚持“服务教学、教研融合、立足应用、开放共享”的虚拟仿真实验教学理念，定位于培养高素质、应用型经管类人才，以实验平台建设为抓手，以校企合作、科研成果转化和优质资源共享为核心，不断提升学生的综合实践能力与创新创业能力。中心实行校院两级管理，以学院为主的管理体制。中心总面积5 000余平方米，下设27个实验室，设备总价值2 500余万元。中心拥有一支59人的专兼职相结合、综合素质较高的实验教学和管理服务队伍，可提供基础实验、专业实验、跨专业实验和创业创新实验等不同类型的实验教学。中心服务于全校3个经济管理类学院11个专业的7 000余名学生。经过多年发展，中心取得了一系列成绩，但是以下几个方面的问题仍较为突出。

### 1. 定位不清晰，特色不够明显

在定位方面，学院应用型高校虚拟仿真实验教学中心的定位为立足区域经济发展，积极为各学科专业服务，培养高素质、应用型人才。这个定位几乎与国内大部分应用型本科高校经管类虚拟仿真实验教学中心的定位雷同，由于定位不清晰，所以导致中心建设缺乏特色，从而导致各高校资源建设趋同，难以适应经济转型对人才培养的个性化要求。

### 2. 课程体系不合理

目前经管类虚拟仿真实验教学中心在课程建设方面主要存在课程体系顶层设计不够清晰、课程标准不明确、课程质量监控形同虚设等诸多问题。第一，中心在顶层设计方面没有对实验和实训进行界定，对于实验教学体系的层次划分不够清晰且各层次之间存在交叉现象，并且目前大部分应用型高校经管类实验教学还主要停留在单一课程实验的基础上，专业综合实验和创新创业实验占比较小；第二，课程体系设计时主要以现有的资源为基础进行设计，没有站在学科、专业建设对人才培养要求的角度进行设计，从而导致课程体系碎片化、片面化现象严重；第三，课程体系中各个课程的培养目标、实验内容和实验环节不够规范，导致教师上课的随意性较强，严重影响了实验教学质量；第四，实验教学质量监控不够完善，学校将大部分精力用于理论课程质量监控，加之实验课程标准不够明确，导致对于虚拟仿真实验教学的质量监控难度增大。

### 3. 专业实践教育与创新创业实践教育的桥梁没有打通

随着我国双创教育的大力开展，各大高校都在积极地将专业实践与创新创业类实践相融合。但是这种融合需要中心、二级学院、创新创业中心、教务处以及学生处等多部门强化合作，现有教学体制下，理论教学、实践教学和创新创业教育隶属不同部门，各部门只关注于自身的发展，对于相互之间的协同和对外协同的意识还比较淡薄，使学校内部各部分之间、学校与企业、学校与社会之间无法进行有效沟通和资源共享，形成了人才培养的“孤岛”，大大影响了人才培养质量。因此，如何构建良性的专业与创业实验生态圈，打通专业实验教学和创新创业实

验教学的桥梁成为目前一个急需解决的问题。

**4. 资源共享率低，重复性建设时有发生**

由于历史和硬件的原因，大部分应用型高校的虚拟仿真实验教学资源基本上都采用的是固定机位、固定时间的使用模式，难以打破时空限制，从而大大地降低了资源的利用效率；另外，校际间壁垒严重，加之各高校对教育主管部门下达的虚拟仿真实验教学中心项目都想积极争取，以提升自身知名度，从而导致大家都一拥而上申报和建设，缺少优质、特色资源校际推广的力度。

## 三、应用型本科高校经济管理虚拟仿真实验教学中心建设的思路

**1. 结合高校优势和区域经济发展准确定位，打造“药商结合”的特色**

特色是虚拟仿真实验教学中心的建设核心，而特色来源于定位与优势。作为应用型高校经济管理虚拟仿真实验教学中心更应该抓住定位与优势，积极培育中心特色，以学院人才培养定位为目标，为打造核心优势服务。

陕西国际商贸学院的定位是围绕区域经济社会发展需求，立足西咸，面向陕西，坚持面向基层和企业生产、管理一线，培养人格健全、身心和谐、专业基础扎实、实践能力强、具有创新精神和创业能力的高级应用型人才。学校的优势是“企业办学、强商兴药”，结合学校定位和专业优势，今后经管类虚拟仿真实验教学中心应该定位于培养“药商结合”的药品经营管理人才。中心应充分发挥企业办学的优势，与陕西步长制药有限公司展开深度合作，积极联合企业打造特色资源，开发跨专业药品经营管理虚拟仿真实验教学资源，构建“以商兴药，以药强商”的培养特色，并以此为突破口，形成中心的核心竞争力。

**2. 构建分层次、模块化实验教学课程体系**

中心应结合当前社会和区域经济对经济管理类人才的培养要求，系统地梳理影响企业发展的宏观因素和微观因素，结合陕西国际商贸学院实验教学现状，逐步形成了基于企业运作核心业务为主线的分层次、模块化实验课程体系。

(1)打造“四个层次”的实验教学体系。四个层次是指按照应用型人才的培养要求，将实验教学划分为专业基础实验、专业综合实验、跨专业综合实验和创新创业实验四个层次。专业基础实验主要反映专业的基本知识和基本理论，仅是对专业某一单一课程或者知识点进行认知、验证性操作训练，促进学生对课堂教学知识的巩固，增强学生对基础理论与实际行业的了解和认知。专业综合实验定位于在学生掌握专业知识的基础上，培养学生的综合业务能力，是对所有专业知识的综合运用，通过大量的模拟实验环节组织实验教学与学习。跨专业综合实验是定位于培养学生综合运用能力和设计能力，学生通过岗位训练，不仅要完成本专业相关的工作，还要对相关专业的业务进行操作和模拟，从而实现对专业内涵与外延知识和能力整体的掌握。创新创业实验主要是基于创业学生创新意识和创业实践能力培养的实验。

(2)中心按照专业知识体系与经济管理实践规律的要求，结合应用型人才的培养目标，以企业核心业务为主线，形成了经济金融模块、财务会计模块、企业运营模块和贸易流通模块四大模块。每个模块又按照四个层次的逻辑，形成以 18 个子模块为主的实验课程体系，具体如图 1 所示。依托虚拟仿真技术的支持，使 18 个子模块系统性、全流程地再现企业运作过程中的核心业务。

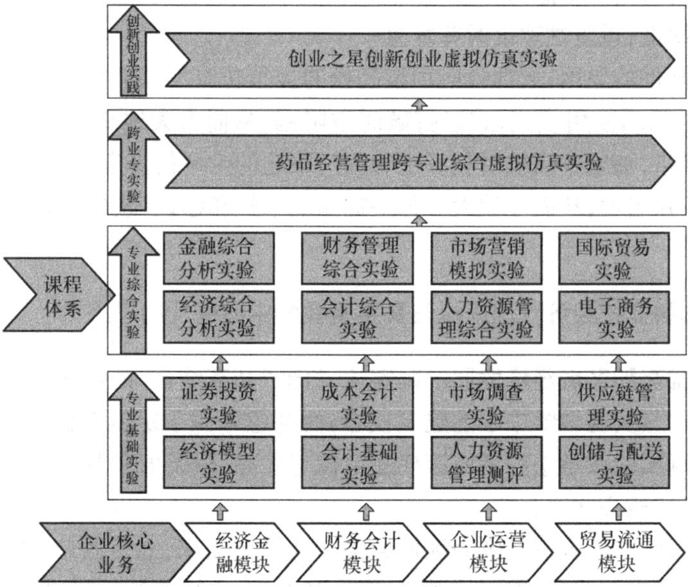


图 1　经济管理虚拟仿真实践教学课程体系

**3. 构建创新创业人才培养生态圈，搭建虚实结合的经管类创新创业人才培养实验链条**

（1）加大部门协调，构建实验教学的良性生态圈。积极完善中心、各二级学院、教务处、团委、大学生创新创业中心和招生就业处等各部门在实验教学和创新创业人才培养方面的职责。如招生就业处：加大企业引进，积极优化和深化校企合作模式；团委：积极搭建平台，如组织竞赛或开展活动；教务处：政策与引导，加大政策扶植，采取措施优化实践课程管理；中心与各学院：做好教师的培训与实验教学的开展，共同促进实验教学质量提高。

（2）以培养提升学生的分析力、创造力及创新创业能力为导向，中心应积极把经济管理虚拟仿真实验教学与创新创业实践教育结合起来，依托虚拟现实、多媒体、数据库和网络通信等技术，构建基于能力培养的经济管理创新创业虚拟仿真实验链①。通过多角色演练、多阶段对接、多模式实验、全过程培育等方式，让学生在情景体验、角色扮演、O2O 操练中得到培养锻炼，促进自主学习、协作学习、创新学习和创业学习。中心要打通创业基础实验——创业仿真实验——创业竞赛与创业孵化训练——创业实践等实践环节，实现从创意构思、创业模拟、创业训练到创业实战的无缝对接，形成经济管理创新创业人才培养 O2O 虚拟仿真实验链。

**4. 搭架虚拟仿真信息化平台，积极推动教学资源共享**

教育部现在在虚拟仿真实验教学方面的主导思想是进行资源校际共享。今后教育部会出资扶植若干所具有学科优势的高校进行虚拟仿真实验资源的开发，然后在其他高校进行推广和应用。因此，作为应用型高校，如何搭建优质的资源共享平台应该是虚拟仿真实验教学中心今后的重要发展方向。

（1）加大对虚拟仿真实验设备的投入力度，强化数字化虚拟终端建设，促进学生同步访问

① 汤文莉，毕伏龙．医学虚拟仿真实验教学的研究与实践[J]．内蒙古民族大学学报（自然科学版），2016（1）：59 – 61.

和使用的绝对数量。一是促进数据中心“云化”和业务“云化”。数据中心云化就是形成独立的超大规模的云计算数据中心,将所有教学资源、软件、实验教学管理与服务、虚拟仿真实验教学资源交互共享管理等数据和管理系统直接存储在云存储系统中,实验预习、实验项目演练、实验指导、实验作业及考核、在线交互、答疑等各种教学活动运行在云计算数据中心上,通过虚拟化共享提升资源的利用率和资源使用的弹性,进一步提升教学交流与互动能力。二是进一步实现虚拟仿真教学平台终端的信息化和智能化,使实验教学摆脱实验室的束缚,突破实验空间的障碍,实现任何时间、任何地点、任何可移动终端上教学资源的无障碍使用和教学活动的无断点开展,拓展实验教学的时间、空间、思维和能力的极限。

(2)积极实施“走出去”和“引进来”的策略,促进虚拟仿真实验教学资源的校级共享。“走出去”是指积极探索将我校特色明显的虚拟仿真实验平台和实验教学资源与区域内同类高校共享,组建实验教学联盟,向兄弟院校推广,以提升学校知名度。“引进来”是指将校外特色明显、符合应用型培养定位和目标的虚拟仿真实验平台和教学资源积极引进,推进与相关高校构建跨校、跨区域的共享机制,开展资源建设与共享,包括教学资源共享、教学团队共享及学分互认管理等机制建设。在公正透明的资源共享、利益分享及知识产权互认等规范下,发挥各自优势合作开展资源建设和资源共享平台建设,提高经济管理类人才的培养质量。

# 关于提升大学课堂教学质量的思考

赵立义

【摘要】 随着中国高等教育大众化的深入发展,高等教育质量问题已成为高等教育改革的突出问题。如何提升课堂教学质量,本文通过对提升课堂教学质量目标分析,认为课堂教学的目标在于“道、业、惑”;提升课堂教学质量的途径需要“高老师”“巧老师”“严老师”;实现课堂教学质量提升,必须有制度的激励和约束作为保障。并指出课堂教学质量的提升,不仅仅是教师个体的责任,更是高校各个部门共同的责任,是高校综合因素合力的结果。

【关键词】 高等学校;课堂教学;制度保障

大学的功能是人才培养、科学研究、服务社会、文化传承。人才培养的功能是首要的,也是最重要的功能。大学教育承载的平台远比中小学丰富,但课堂依然是大学教育最重要的场所。为此,提升课堂教学质量必然成为人才培养的关键。

提升课堂教学质量已成为大学一个永恒的话题,更是高等教育大众化下一个突出的且不断被提及的话题;提升课堂教学质量也是一个开放的话题,是每一个高校工作者都可以说上一二的话题。笔者结合十几年的教学经验谈一点提升课堂教学质量的体会,与同行商榷。

## 一、大学课堂教学目标的概念与内涵

要提升课堂教学质量,首先要明确课堂教学的目标是什么,这似乎是一个不能再简单的问题。对每一门课而言,就是完成课程大纲或课程标准的要求,主要让学生完成并掌握每一门课程的知识内容体系和实践能力要求,并能达到考核的最低标准。从狭义的角度来看,这样的认知显然是没有问题的,但从教书育人内在的含义的角度还是从提升课堂教学质量基本内涵上讲,提升课堂教学质量的目标局限在狭义的范畴里和最低的标准上显然是不合理的,课堂教学质量应该赋予更多的内容和期待。

从党的教育方针上讲,教育最根本的任务就是要完成好、履行好立德树人的职责,培养造就中国特色社会主义事业建设者和接班人。立德树人必然成为课堂教学目标之一。

从人才培养目标上讲,专业人才培养方案都会有:“……培养德、智、体、美全面发展,具有……高素质人才”的表述。目标中的“德、智、美、高素质”这些字眼如何实现? 从任何一所高校、任何一个专业的人才培养方案的课程体系来看,没有任何一门课程能专门承担起这样的任务。非专业素养以及包含专业知识在内的素养,需要人才培养立体式全过程的综合作用,也就是说每一门课程都有义务来承担这样的任务。

## 二、传统教育思想与大学课堂教学目标的内在联系

教育具有时代性和特殊性,但教育也具有普遍性和规律性。古人云:师者,所以传道、授

作者简介:赵立义,男,陕西咸阳人,陕西国际商贸学院财务会计学院讲师,研究方向为民办高等教育及区域经济。

业、解惑也。社会在进步，价值观也在变化，但人性没变，教师作为教育的承担者和实施者的基本任务也没有变化。不过社会环境发生了变化，学校作为现代社会教育的一种形态而普遍存在，使传统的"师"和今天的教师内涵有所差异。传统的"师者"任务，既可以从教师的角度去理解，也可以从学校的角度去理解。因此，"传道、受业、解惑"依然是教育不变的目标。作为教师实施教育最重要的场所——课堂，就必然承担"传道、授业、解惑"这三项基本目标任务。不过随着社会发展，可以不断丰富教书育人的内涵。

(1)教育的首要目标就是"道"。那"道"是什么？《大学》在开篇中讲到，"大学之道，在明明德，在亲民，在止于至善"，这是对教育目标的一种诠释。陶行知先生也讲过"千教万教，教人求真"，"千学万学，学做真人"。这些都从不同角度说明教学目标包括专业人才培养方案中的"德、智、美"，是社会主义核心价值观，是社会进步的思想，是先进的理念，是事物发展的客观规律，是终身学习和思考的习惯，是一种思维模式，等等。社会上经常讨论"大学生应该从大学带走什么"这样的话题，但不管哪一种结论，都不可否认从大学要带走对一生最有用的东西，其实都可以归到"道"里面，越是优秀的大学也越重视"传道"，一个大学的发展要在"道"上有所突破。

(2)教育的次要目标就是"业"。什么是"业"？韩愈说："授之书而习其句读者，非吾所谓传其道解其惑者也"，从另个角度"授书及其句读"应该属于"业"。"业"既可以理解为传统的手艺，也可理解为现代专业知识体系或专业的技能，是适应社会发展的专业生存本领。

(3)教育最后一个目标就是"惑"。什么是"惑"？韩愈说："人非生而知之，孰能无惑"。他定义的"惑"是对"道和业"方面的惑。教师的任务和学生的任务是钱币的正反面。因此学生的目标自然就是学道、学业(专业)和有惑，其中有惑可以理解为学生养成善于发现问题和思考问题。

当然，社会存在一种观点认为，"师者，所以传道、授业、解惑也"是古人在封建社会的文化背景下提出的，现在已经过时，不符合现代的人文环境，不适应现代教育的发展。特别是"传、授、解"三个动词体现了传统的以教师为主不平等的师生关系和传统的灌输式教育模式[①]。这显然是混淆了形式和本质的区别，有些吹毛求疵。相反"传和授"更能体现大学对人类创造文化和知识的传承，而"解惑"不正体现一种创新吗？至于"怎么传、怎么授、怎么解"那是方法的问题。既可以是灌输式，也可以是启发式，既可以讨论，甚至还可以通过翻转课堂的方式实现。

### 三、提升大学课程教学质量的路径

(1)提升大学课堂教学质量需要"高老师"。"高老师"是提升课堂教学质量的前提。清华大学校长梅贻琦先生有一句经典之语，"所谓大学者，非谓有大楼之谓也，有大师之谓也"。这句话几乎成为所有学者对大学教师重要性的认识。好的大学无不拥有世界一流的人才。师资水平也是衡量一个高校层次和发展的关键因素。什么样的教师才成为"高教师"？总书记多次讲到，教育最根本的任务就是要完成好、履行好立德树人的职责，培养造就中国特色社会主义事业建设者和接班人。大学第一要务是培养"人"，而不是培养会劳动的工具，因此，大学的"高老师"应该有"高深的道、高精的业"的教师，也就是习近平总书记说的"有理想信念、有道德情操、有扎实学识，有仁爱之心"的四有教师[②]。

① 唐海朋．教师在课堂教学中的任务转向——对传统"传道、授业、解惑"观的超越[J]．内蒙古师范大学学报(教育科学版)，2005(8)：62－64．

② 陈宝生．学习习近平教育思想体会[N]．中国教育报，2017－09－30(1)．

(2)提升大学课堂教学质量需要“巧老师”。俗话说,给学生一碗水,教师要有一桶水。问题是如果教师连一碗水都给不出去,或只能给半碗水,那也是白搭。如果一个教师只有一碗水,但知道如何全部给了学生,甚至还能让学生自己找水那不是更好吗?所谓“授人以鱼不如授人以渔”。大学不但需要“高教师”,还需要“巧老师”,因为“明其道自是重要,精其术更是关键”①。“巧老师”就是要有娴熟有效的教学艺术。教无定法,贵在得法。国内大学生一般都满十八周岁,是在法律上具有完全民事行为能力的成年人,懂得学习的利害关系,应该对自己的行为负责。国内外也没有专门培养大学教师的师范学校。这两点从不同的方面说明了大学生的学习主动性在于自己,不在于老师,大学教师不应侧重于教学技巧来吸引学生的学习,而是侧重思想和知识的引领。提升课堂教学质量,老师要有大爱,手上有本事,才能凝练出“因材施教”理念的好方法②。

(3)提升大学课堂教学质量需要“严老师”,更需要学校严格的管理。在高等教育精英教育阶段,大学普遍奉行一种“严进宽出”的模式。进入大学后,学生完全可以抛弃高中“唯成绩”的学习动机,自学成为这种模式下的一种共识。但随着高等教育大众化的推进,大学教学质量下滑引起了社会的极大关注,除了大家众所周知的原因外,可能还与大学教师及学校传统的态度没有适应教育形势的变化有关,形成了现实中“宽进宽出”的模式。教育学习不是娱乐,即使所谓快乐教育也不会比娱乐轻松。任何一个教师都不可能把课讲成只有电视连续剧的魅力,也不可能讲成只有电子游戏的吸引力。在学生普遍学习需求和动机弱化的现实面前,光靠说教和榜样是难以奏效的。学生可以有自己的个性需求,但一个大学要有自己培养人才的目标要求,提升毕业标准并严格执行至关重要。一个教师的严或个别部门的严或一时的严只能造成对个别学生的“伤害”,但都遏制不了年复一年对学风的忧虑。只有一批教师的严,学校全面从严治教,才能扭转普通大学学风的严重问题。

(4)提升大学课堂教学质量的保障:制度的激励和约束。学海无涯,艺术无边,管理无力,教师的高、巧都需要教师花费大量的时间和精力不断地学习提升,教师的“严”,需要学校创造一种“严”的氛围。教师的“高、巧、严”,若没有制度的支撑将事倍功半。同时如果大学教师的核心利益紧紧地和科研挂钩,把教学只是放在文件里、口头上和形式上,那就不能保证大学教师能安心愿意为教学付出。名校出名人,名师出高徒,严师出高徒;没听说过巧师出高徒。

总的来说,大众化下的高等教育必须改变精英教育的思维模式、管理模式和教学模式。在互联网时代,面对大学普遍存在的学风问题,并考虑到大学教师评价体系和教学质量评价体系的实际,仅仅从狭义的角度探讨提升课堂教学质量难以从根本上扭转大学课堂教学质量不断降低的事实。从更深层次的宏观层面去审视课堂教学,可以给予课堂教学目标更丰富的内涵。提升课堂教学质量不仅仅是教师个体的责任,更是学校各部门共同的责任,需要优秀负责的师资队伍、科学的制度保障、严格有效的执行和良好的服务四个方面的协调。

---

① 隋珊珊,钱凤欢.论有效课堂教学评估[J].教育与管理,2017(11):118-121.

② 翟振元.着力向课堂教学要质量[J].中国高教研究,2012(16):1-4.

# “中外服装史”翻转课堂教学设计与研究

张志新

【摘 要】 针对“中外服装史”理论课程进行翻转课堂教学设计与研究，重点围绕第一讲、课前导入设计教学、课程教学设计思路进行教学改革与实践，突出理论与实践结合，强调教学内容的多样化和开放性，提高并强化学生的综合应用能力，为服装专业理论课程教学提供新思路。

【关键词】 翻转课堂；教学；改革；实践

## 一、引言

近几年，随着信息技术的不断发展，高校的教学改革推陈出新，教师的传统教学模式受到极大的挑战。现代大学生获取知识的途径多种多样，传统的教学模式不能适应现代大学生特点，需要与时俱进，进行教学模式改革。高校教师能够充分发挥其主观能动性，尤其是以应用型人才培养为目标的高等院校积极进行教学改革势在必行。高校教师如何上好课，让学生爱上课，如何让学生爱学习，主动学习，是我们教学改革经常探讨的问题。目前以计算机和互联网为代表的信息技术正在引发教育系统的全面变革，教学模式由以教师为中心的知识传授转变为以学生为中心的混合式教学和翻转课堂等形式为主。翻转课堂的教学模式设计，针对不同的专业和不同的课程内容，设计的内容和方法也有所区别。

基于此，本课题以服装专业基础课程“中外服装史”为例，进行翻转课堂教学模式设计。在传统的教学模式下授课时发现，学生对于“中外服装史”的文化应用价值认识度不够，只停留在简单认知和了解各个历史朝代的服饰特点，但是在具体设计上缺乏创新和应用，对于专业所学的知识转化为设计的实用价值较低①。因此，针对“中外服装史”课程进行教学模式改革，进行翻转课堂设计，最终以学生评价、教学成果体现其教学效果。采用灵活多样的教学模式势必会提高学生自主学习能力和创新能力，提高整体的综合素质，真正地培养应用型创新人才，更好地服务企业、服务社会。

以实践和创新能力的培养为目标，要充分利用企业行业技术与新颖的教学模式相结合，发挥学生的特征优势，积极学习和借鉴发达国家翻转课堂教学模式的经验，推动本课程的课程设计教学模式改革和实践。

## 二. 翻转课堂教学模式的课程设计思路

### 1. 重视“第一讲”教学设计

在进行课程教学之前，第一讲中的概述内容非常重要。服装专业学生一般在大二阶段学习本课程，最初对“中外服装史”课程的理解就是了解每个历史时期的服饰特点，掌握服装在国内外的演变过程，缺乏对基础核心课程的认知。因此，在进行课程具体内容讲授前，做好第

① 张婷. 中外服装史课程教学改革与实践创新[J]. 美术教育研究，2014(12)：23－25.

作者简介：张志新，女，硕士研究生，陕西国际商贸学院讲师，经营管理系的系主任，主要从事服装结构设计研究。

一讲教学设计非常重要。

1）明确课程性质和任务，奠定设计基础——中国设计师案例引入设计

“中外服装史”课程在服装专业人才培养方案中是一门专业基础课程，由此可知此课程的重要性。主要内容从中西方服装的历史演变，系统地揭示出历代服饰艺术风貌和时代特色，培养学生用服装史的有关理论来进行设计训练。课上引入案例教学——中国知名设计师许建树视频材料，激发学生学习此课程的积极性。

2）强调课程教学内容的应用价值

通过中西方服装史的学习，掌握服饰文化的发展过程，为学习服装设计奠定理论基础，同时也为立体裁剪课程做铺垫。通过学习中国服饰的发展过程，了解服饰特征，掌握服装发展的一般性规律，以便学生掌握流行趋势，进行相关的服装设计。

3）课堂辩论服饰起源的教学设计

针对追溯服饰起源的本源问题，转化为一个轻松话题让学生思考，人为什么穿衣服？4 人一组有针对性地展开辩论和探讨，最终引出服饰起源的学说，将第一讲的重点知识引出。

并根据服饰起源学说举例说明，穿插进入 PPT 图片教学设计。

4）注重知识的扩展和延伸——引入综合应用设计案例

知识重点讲述后，引入综合应用设计案例，案例分析可以引用其他专业设计案例，提高学生的兴趣点。例如，第一讲中引入阿凡达人物造型案例分析，遵循服饰起源学说进行人物造型设计讲解，土著纳威人腰身纤细，四肢修长，肌肉发达，类似于猿人的造型，符合古希腊雕塑中强健的肌肉造型，有复古感。纳威人皮肤是蓝色的，而且上面布满了花纹，类似于人体彩绘，源于土著人的纹身，是图腾崇拜学说应用的典型案例。所以，在动画专业里的人物造型课上，需要很多服装史的内容，让学生认识到学好本专业知识，也可以从事影视剧的人物造型设计，激发学生的学习热情。

**2. 课前导入设计教学——历史背景介绍模块**

“中西方服装史”教学内容分为西方史和中国史两部分，任何一个历史时期的服饰特点，都与当时的政治、经济、文化和科技综合因素有关。因此，授课前进行历史背景分析的课前导入设计很有必要。

1）历史关键事件提出

围绕每一章节朝代服饰的历史背景，进行课前知识预习，是翻转课堂教学模式改革的重点。通过实践发现，部分学生自主学习主动性强，但是缺乏对知识的选择、理解、整合和表达，学生存在在网络上摘抄素材现象，对于资料的整理和归纳能力不强。因此，为了更好地实施课前教学设计，将历史背景介绍关键事件提出，让学生围绕关键历史事件展开资料的查询，提高学生学习的积极性。例如，在西方史——中世纪服装章节里，历史背景重点以中世纪艺术——基督教艺术展开介绍。围绕基督教影响、艺术发展、商业城市的兴起以及东西方艺术的结合进行课前资料的查找，让学生围绕知识点扩充材料，整理概括和归纳，效果更好。

2）学生自我展示

通过课上提问方式，让学生课上自我展示，介绍历史背景，不仅锻炼了学生的概括归纳能力，还提高了学生的讲解水平。

3）展示形式多样化

课上同学展示历史背景资料采用灵活多样的形式，如可以口头讲解，可以讲台上讲授，可

以板书书写,也可以 PPT 展示,大大提高了学生的积极性。但是实施的过程中要注意一点,控制时间,一般 10 分钟为宜,不宜过多,否则教学内容和时间很难把握。

4)知识点补充和完善

通过 2 ~ 3 名同学的讲解展示和补充说明,教师提炼出核心点并导出历史背景的核心内容,联系本历史阶段的服饰特点讲授本章的服饰特点,使课上讲解具有连贯性和条理性。

**3. 课程知识的信息化教学模块设计**

1)电子课件教学设计思路

全面细致地了解学生的预习情况,针对历史背景分析展开课上教学活动是信息化教学设计的第一步。同时,依据课程标准、学习目标及学生的认知水平确定教学的重点难点,合理地组织教学内容,制作 PPT 电子课件。以每一时期的历史背景介绍、服装款式及特征、现代设计品牌借鉴应用举例、总结与思考的模块设计,进行电子课件的制作。

课程教学整体结构设计(举例说明)以先秦服装为例。图 1 所示为课程教学结构设计。

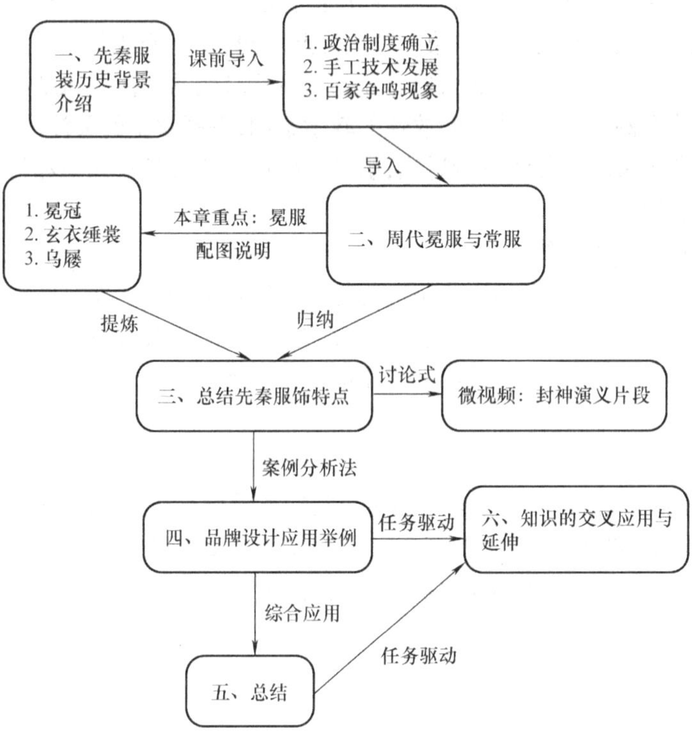


图 1　课程教学结构设计

2)采用任务驱动教学模式加强应用实践

为了让学生切实地感受到理论知识转化为实践应用的重要性,在课程教学环节上增加实践动手操作项目,采用任务驱动法教学模式加强应用实践①。例如,对于服装的廓形可以用手工剪刀课上演示操作服装结构分割,加强对服装廓形的理解。布置作业题目应根据当今流行

① 孙庆国,鲍伟,唐红玉,等. 应用型人才培养与服装专业基础课程构建——以"中外服装史"课程为例[J]. 浙江纺织服装职业技术学院学报,2016(2):73 -75.

趋势，结合本章流行元素或者廓形特点进行现代服装的创意设计，结合服装相关的设计学和结构制图方法，将1∶500纸质版制作出来，注重知识的交叉应用设计，提高学生综合知识的运用能力。让学生切实感受到当代服装元素与复古的流行元素和细节结合的设计理念，增加学生的动手实践能力①。例如，在实施过程中指导服饰班级史鑫同学参加中国皮革杯设计获得最佳效果图奖的作品里，就是运用中国古代服饰里鱼纹图案进行的创意设计。

3）“以赛促学”的教学模式强化实践

分阶段式布置服装设计大赛，半坡杯设计大赛、中国皮革设计大赛和童装设计大赛等内容穿插进课后作业中，用大赛成果检验学生的应用能力和实践能力，提高学生的积极性和主动性。在实施的过程中，要注意作业量的设计不宜过多，注重作业的适量性。

4）鼓励运用开放性的教学案例

在进行课程教学过程中，为了让学生更好地掌握理论性知识，要采用大量教学案例进行讲解分析②，案例分析教学法在设计中广泛使用，为了增加学生的兴趣点，案例除了采用服装图片外，还可以采用一些电子产品、家居产品等其他行业的产品外观造型设计进行介绍。案例设计面广，提高学生的注意力。例如，在第一章服饰起源里，讲解石器造型设计在现代产品的引用过程中，使用了韩国设计师设计的大理石雕刻的石器时代的笔筒和压纸器，意大利品牌金属框架桌体和桌面等案例，最大化使用开放性的教学案例，提高学生的关注力。同时使课程内容充实、丰富，并且利用头脑风暴法进行讨论，引导学生进行交叉学科知识和行业的拓展，最大化激发学生的学习热情。

5）侧重实际运用能力训练

在课堂总结结论过程中，根据历代服饰的特点，结合当今流行趋势和设计法则，进行服装品牌设计案例分析，进行设计思维的拓展训练，结合立体裁剪、服饰手工艺及工艺设计等内容进行综合知识的实践应用设计，侧重实际运用能力综合训练。

## 三、结论

通过对“中外服装史”这门课程进行翻转课堂的教学设计，学生学习的主动性和积极性明显提高，通过教学成果展示，使学生的综合应用能力得到锻炼，教学质量得到改善，同时也为提高自身的教学水平，为服装专业其他课程教学模式改革和实践提供了借鉴和参考。

① 戴耕．中外服装史教学方法的体会与探索［J］，艺术与设计，2007（04）：131－134.

② 龚惠兰．高职院校课程情景化教学模式探讨——以服装专业“服装生产管理”课程为例［J］．山东纺织经济，2011（6）：91－93.

# 合作学习与对分课堂教学模式的对比浅析

周川渝 曲梅 张琛

【摘要】“合作学习”和“对分课堂”是近年来应用较广的新型教学模式，它们对提高课堂效率有着积极作用。通过对其异同点的分析后，教师们应根据不同课程特点，灵活采用这两种教学法，保证教学改革的效果。

【关键词】 合作学习；对分课堂；对比分析

资金支持：陕西国际商贸学院教改项目，项目编号：JG201728。

中国高等教育已经进入大众化阶段，让更多青年学生享受到了高等教育，但是大学课堂的教学质量还不能令人满意，教学质量得不到有效保证①。针对这些问题，各高校也积极学习前沿的教学理念并引进先进的教学工具，但效果并不显著，大部分还是以传统的讲授法为主，学生仍然是被动地跟着老师的教学思路走。所以想要有较明显的改善，大学教学方式需要改革，而大学课堂教学改革的核心环节是课程改革，课程改革的核心环节是课堂教学模式。

目前教学模式很多，如合作学习、对分课堂、自主课堂、案例教学、探究式学习、慕课和反转课堂等各种教学模式。目前，教师们用得较多的，或者说教师们有意或者潜意识在用的，主要是合作学习、对分课堂和案例教学等。本文就合作学习教学模式、对分课堂教学模式进行简单的比较分析，以供教师选取，进行有效利用。

## 一、合作学习与对分课堂教学概念

### 1. 合作学习

合作学习是目前世界上许多国家普遍采用的一种富有创意的教学理论和方法。它以学习小组为基本组织单位，综合利用各种教学因素，促进学生的自主学习，以团体成绩结合个人成绩为评价标准，共同达成教学目标的教学模式②。合作学习的方法有很多，例如学生团队学习法、小组调查法、共同学习法等，内涵比较丰富，形式上只要有学生的相互合作，都算合作学习，但不同的方法不仅操作流程差别大，而且背后的理念、理论和原则也有很大区别。目前有些人认为，在国内大面积推广此方法存在一定的困境③。

### 2. 对分课堂

对分课堂（PAD class，the Presentation - Assimilation - Discussion class）是目前国内提出的一种新型教学模式。该模式的教学理念是将课堂时间进行划定，教师将一部分课堂时间用作新课讲授，另一部分时间让学生以讨论的形式进行交互式学习④。传统的老师教授和西方课

① 刘妍，张斌武. 浅谈高等数学教学面临的问题及教学方法改革的探讨[J]. 科教文汇（下旬刊），2018(1)：48－49.

② 刘文洪，储利胜，江夏薇，等. 小组合作学习与 PBL 教学模式的对比浅析[J]. 科技创新导报，2017(31)：211－213.

③ 樊改霞，赵旺来，赵亚楠. 我国开展合作学习的实践困境与理论反思[J]. 中小学教师培训，2018(2)：68－72.

④ 张学新. 对分课堂：大学课堂教学改革的新探索[J]. 复旦教育论坛，2014(5)：5－10.

作者简介：周川渝，女，陕西商洛人，陕西国际商贸学院助教，主要从事功能性服装以及服装数字化研究。

曲梅，女，河南三门峡人，陕西国际商贸学院时装艺术学院院长，主要从事教学管理。

张琛，女，陕西韩城人，陕西国际商贸学院讲师，主要从事服装设计理论与实践研究。

堂讨论各具优势,将教学过程人为地分割开来,一方面,教师遵循传统课堂教学重点,使学生能够初步地理解知识;另一方面,主张学习西方教育中的流畅性和自主性的课堂讨论,鼓励教师和学生、学生和学生之间的互动。对分课堂的创新之处在于把时间合理地错开进行知识授受和讨论,让学生在课下有一周的时间根据教师布置的任务来安排自己的学习,产生个性化的内化吸收学习过程。课堂的具体操作分为三个环节:讲授(Presentation)、内化吸收(Assimilation)和讨论(Discussion),这三个过程的时间段清晰明确,因此对分课堂也简称为PAD课堂。目前该模式在课堂上首试成功后便风行全国,在数百所高校的上千门课程中得到应用,覆盖人文理工医、外语体音美等,获得了不同级别的教改奖项①。

## 二、对分课堂与合作学习的异同

### 1. 师生角色

合作学习的教学模式是在全班授课,教师是教授者,学生是知识接受者;分组阶段还是教师主导进行分组,学生是执行者;测验阶段和评分阶段,教师都是评分者,学生是被考者。此模式下学生是依据教师提供的引导性问题进行预习和自学的,对不懂的问题通过合作学习解决,学生是先学习,老师后指导。而对分课堂的教学模式在讲授环节教师成为有限教授者,学生作为知识的发现者,为学生自主学习提供基本学习框架和思路,调动和激活学生的好奇心与学习兴趣;内化环节教师成为评价者,发挥学生主体性作用;讨论环节教师成为组织引导者,学生作为知识的交流者,以加深学生对知识的真正理解和掌握,增进师生、生生之间的感情。

### 2. 教学顺序

合作学习的基本顺序是课前准备、全班授课、分组讨论、独立测验、成绩考核;对分课堂的基本教学顺序是课前准备、课堂讲授、课后学习、课堂讨论、成绩考核。其中第二个授课环节合作学习首先要求学生先预习,即学生先学习,老师后引导,如果本来班级学生的差异就大,这样就导致班级差异更大,教授更加困难;而对分课堂不要求学生预习,老师先当引导者,然后学生再学,这样虽然能避免上述问题,但是如果学生本来水平都很差,不预习,对于一些难度较大的课,同样是加大了授课难度。

### 3. 讨论环节

1)问题来源

合作学习和对分课堂都有讨论环节,但是问题来源不一样。前者一般是教师给出指定问题,引导学生围绕此问题进行讨论,此方法是站在教师的角度去思考学生可能存的问题,容易出现偏差。而对分课堂讨论的问题是学生通过内化吸收后,从自身出发,问题来源于每个人的思考,这样的问题可以有针对性地帮助学生增进理解,同时可以锻炼学生提炼、表达问题的能力。对分课堂更加以学生为本。

2)讨论时效

合作学习中的讨论环节是即时讨论,老师讲完直接开始针对问题讨论,没有给学生思考的过程,即使讨论过程中有部分时间内化,但是时间也不够,不能够对所讲知识有深刻认识。而对分课堂是延时讨论,无论是当堂对分还是隔堂对分,第二个环节都是把时间留给学生让他们能够很好地内化吸收之后再和其他人讨论。

---

① 张美,冯柱. PBL与PAD教学理念的对比及其实践[J]. 新课程研究(中旬刊),2018(1):83-86.

总体来说，对分课堂的小组讨论环节是小组合作学习，但是其流程和规则与以往的小组合作学习存在很多差别。

**4. 考核方式**

当前很多高校为了保证学生期末过关，只好降低考试难度，考前给学生划重点，试卷批改标准较宽松。这样的考核方式重分数过多，重能力过少，导致学生平时不学习，考前死记硬背，侥幸过关。虽然现在很多高校也开始重视平时成绩，但平时打出的成绩也比较自主和随意。有些教师将出勤和作业纳入平时成绩，但是平时成绩的打分并不具有层级。这样做的结果是，学生只要人出现在教室，按时完成作业，哪怕作业是抄袭的，都能得到较高的分数，并没有真正考查学生对知识的掌握情况。合作学习和对分课堂都注重平时成绩评价和多元评价，将平时考核纳入期末总成绩当中，并且把平时考核分散到整个学期，但是二者又有根本上的区别。

合作学习的平时考核主要有个人测验和小组打分两个方面，但是它的评分方法是根据学生的进步幅度来打分，所以这就需要教师上课前，每一次作业前后，对学生有一个评估，这样的做法大大地增加了教师的工作量，同时小组的打分会助长部分学生的惰性，在小组内不作为。而对分课堂平时的考核都来源于学生每次的个人作业，对于学生在小组讨论中的表现不打分，不评价，避免学生为了分数去讨论。小组讨论的目的是帮助大家内化吸收知识、解决问题。例如，每周学生在教师讲完之后都要对知识进行内化吸收，并且以作业的形式体现。每次作业最高 5 分，学生交完 10 次作业就可以拿到 50 分。作业分为三个等级，按时完成得 4 分，按时完成但有不足之处得 3 分，非常优秀得 5 分。并且作业的提交也充分利用了现代化信息工具。学生通过“对分易公众平台”（张学新团队为对分课堂能够更好地实施开发的配套使用平台）在手机上就可以将作业一键发送，教师随时随地可以批改作业并且将分数反馈给学生，公开透明、科学合理，学生得知自己分数后为了提高下次成绩，会更加努力。这种做法会督促学生更加注重平时的积累和练习，而非仅仅靠老老实实上课提高出勤率，考前死记硬背就能拿到较高的平时成绩。

## 三、提高合作学习和对分课堂教学效果的方法

通过查阅相关文献，采用合作学习和对分课堂教学法之后，课堂氛围的活跃度以及学生的积极参与性都大幅度提高①。但任何一种能够经得起各门学科课程长时间考验的教学理念都不会是僵化机械、故步自封的，它们都具有包容性与可变通性。这两种优秀的教学法也同样如此。所以，在教学实践中可以根据不同的课程知识内容，灵活地改变教学各个环节的形式，以取得最佳教学效果。

**1. 加大平时分**

虽然二者都强调教学过程的重要性，但一般而言，学生的平时分还是占比相对少，显然，这样的低占比与对过程性教学的强调是不相匹配的。因此，教师有必要争取平时分比达到 50% ~60%，甚至更高，但是这一想法也需要学校相关部门的政策支持。

**2. 提高小组竞争**

课上是否能够代表小组总结问题、是否向其他小组发起挑战或接受挑战、是否积极回答老师的问题等环节中的个人得分均视为小组得分，按小组的表现进行权重算分。避免合作学习

① 郑丽莎. 我国高校教学方法的现状问题及改革对策[J]. 价值工程，2017(5)：180 – 182.

中小组中偷懒以及对分课堂小组不算分的无视情况。

**3. 多种教学方法结合使用**

把握不同的教学模式理念，变化多样的方式，会取得更好的效果。根据课程特点的不同，可以延长或缩短某一环节，甚至与其他教学法进行整合，或者直接采用其他更适合的教学模式。

**4. 充分利用现代通信设备以及相关平台**

这两种教学模式有可能很多问题因上课时间不够，并未解答完，可以通过微信、QQ 以及对分课堂配套的“对分易”平台进行相关问题的解答①。

## 四、小结

教学模式是从教学实践过程中获得的规律性教学结果和理论提升出来的，然后再用于指导设计课题、选择教材、辅助教师教学活动，帮助教学的顺利实施和提高教学效率，帮助学生提高学习效率。通过比较两种教学模式，它们各有优缺点，对于现代教学都是非常有用的补充，可以在不同方面改善或者改进传统教学模式的不足，明显提高课堂教学效果。教师们需要结合自己的实际问题，选取适合自己的教学模式单一使用或者混合使用，达到帮助教学的顺利实施和提高教学效率，帮助学生提高学习效率。

① 王尔馥. 网络环境下的高校对分课堂教学模式改革[J]. 高师理科学刊,2016(5):89-91,97.

# 优化与创新高校思政课"课堂教学"方法研究

杜伟伟

【摘要】 高校思想政治理论课担负着培养社会主义现代化建设者和接班人的重任,为了进一步提高思政课教学实效,本文对高校思政课"课堂教学"改革现状进行了剖析,进而从高校思政课"课堂教学"方法优化的基础准备、高校思政课"课堂教学"常用教学方法的优化注意、高校思政课"课堂教学"方法改革的一般措施与创新、高校思政课"课堂教学"方法的优化组合四个方面进行了探索,以期不断提高思政课教学质量。

【关键词】 高校思政课课堂教学方法;改革;优化与创新

高校思政课是系统地对大学生进行马克思主义理论教育和道德教育的主渠道和主阵地,教学目的是引导和帮助大学生树立正确的世界观、人生观和价值观,成为社会主义事业的建设者和接班人。然而长期以来大学生思想政治现状并不乐观,因此把握高校思政课"课堂教学"规律,优化"课堂教学"方法,提高"课堂教学"效果,是当前高校思政课亟待深入研究的课题。

## 一、高校思政课"课堂教学"方法的改革现状

### 1. 转变教育理念,注重发展学生学习的主体性是教学方法改革的共识

传统的"我讲你听"单向灌输模式,忽视了学生在教育过程中的主体性,很少考虑到学生的兴趣、需要以及自我教育的潜能,师生之间缺乏互动、思想碰撞和情感交流,故难以引起学生共鸣,必然受到学生的冷遇。思政课与专业课不同,应侧重启迪学生的心灵,必须树立"以学生为本"的现代教育理念,尊重学生的主体地位,关注学生的精神诉求,营造和谐宽松的课堂气氛,创设平等对话的互动机制①,做到教师的主导作用和学生主体地位的有机结合,这是开展思政课教学方法研究和改革的共识。

### 2. 把握教学要点,实现教材体系向课堂教学体系转化是教学方法改革的基础

思政课有着不同于其他专业课程的特殊性,它要面对的是随时可能改变的环境,以及实践和理论的发展变化,它的内容体系是既定的,也是开放的。因此,教学内容的与时俱进是讲好思政课的必然要求。由于高校思政课"05方案"新教材有很强的规范性和理论性,教师在实际的教学过程中,既要"整合教材",又要"丰富教材",灵活地将教材体系转化为教学体系。

### 3. 提高学生学习兴趣,调动学生的积极性、主动性是教学方法改革的出发点

目前的思政实际教学过程中,高校思政教师在教学设计、案例选取、课件制作、视频播放及教学语言艺术等方面予以了充分的挖掘,运用社会热点、名言警句、格言、顺口溜及歌曲等内容作为兴趣点,引起学生共鸣,增强理论教学的感染力和吸引力,使抽象、深奥的理论形象化、生动化。另外教师在课堂上做出很多尝试,让学生动嘴说、动手写、动脑想,以期充分发挥学生的

① 何小春. 主体性·时代性·启发性·先进性——"思想道德修养与法律基础"课教学创新的四个向度[J]. 教育探索,2009(4):108-109.

作者简介:杜伟伟,女,讲师,陕西国际商贸学院思政部,主要从事马克思主义中国化及思想政治教育教学论研究。

主观能动性。

**4. 改革教学方法，合理地运用多媒体技术是教学方法改革的基本途径**

自“05方案”颁布并实施以来，高校思政课加大了教学方法改革的力度，通过课堂实践探索和课题立项研究等对思政课教学方法开展了较为充分的研究，探索适合高校教学特点的教学方法，并取得了丰硕的成果。思政课教师还更新了教学手段，充分掌握与应用多媒体技术，实现文字、音频、视频、图像及动画等多种手段的互动沟通，使抽象的理论知识变得更具体、更直观，更容易让学生接受，有利于调动学生多种感官进行学习，从而提高学习效率。

## 二、高校思政课“课堂教学”方法的优化与创新

**1. 高校思政课“课堂教学”方法优化的基础准备**

首先，把有限的资金投入到教室建设上，改进和完善大教室的教学设备（包括激光笔、可以展开互动教学的扩音设备及教学录制设备等）。思政课实行大课堂教学，人数较多，学生发言没有扩音设备，不能被清晰听到，影响师生、生生之间的互动。

其次，迅速记忆学生姓名，是打开学生心灵窗户的一种有效方式。教师可以掌握一定的记忆规律，采取增加点名频率、固定座位法、聊天记忆法、外貌特征记忆法、要学生演讲自报姓名、向其他教师多询问、多参与学生课外活动等方式，多投入情感和爱心，一定可以突破记忆障碍。

最后，课堂教学中教师不应该将自己固定在讲台上，应该走入学生中间，有效地运用目光、表情、手势及姿势等身体语言提醒和鼓励学生，达到对整个课堂情境的控制，在此基础上与学生进行及时、广泛而有效的信息交流与教学互动[①]。

**2. 高校思政课“课堂教学”常用教学方法的优化**

（1）专题式教学法。实施专题教学，首先需注意专题教学是建立在主体性教学理念基础上的，实质是启发学生围绕教学内容思考，举一反三，自己获取知识，教师只是起引导作用。重要的是教师在教学中运用一切教学方法和手段，如讨论会、辩论赛、演讲赛或观看课件、录像等，激起学生的主体意识和学习主动性。其次，教学专题的设置要根据文、理、艺术生的特点，并结合各专业人才的培养目标，因材施教，增强针对性，并根据社会的发展变化及时更新、优化专题教学内容。最后，要注意观察实施专题教学后学生的反馈意见，实施专题教学追踪，对存在的问题进行纠正、调整，进一步提升专题教学质量。

（2）启发式教学法。实施启发式教学法，首先应重视问题意识对教学方法改革的作用，以学生感兴趣的现实问题为切入点，通过对现实问题的分析引出相关理论，通过理论与现实的内在联系，把握理论的本质。发挥教师“导”的作用，将内容设计为环环相扣的设问，启发思考，允许学生即兴参与，以激励学生的学习兴趣。其次，思政课教师的讲授要有深度，把握教学内容的内在联系和逻辑体系；讲授要有广度，注意各组成部分的融会贯通，还要根据内容需要，旁征博引，增加思政课的说服力和吸引力。最后，注意根据学生反应及时调整思政课教学活动。

（3）案例教学法。案例教学法的实施过程中，首先要注意避免陷入把案例教学等同于“举例子”、走向“故事会”形式的误区，这样就偏离了案例教学的实质，即在教师的引导下通过案例的分析和讨论实现“自主学习”。其次，学生在分析案例的过程中，往往找不到案情与教学

① 王爱菊，陈银凤．高校大班教学存在的问题及其解决措施［J］．安庆师范学院学报（社会科学版），2003（7）：21－23．

内容的契合点,上升不到一定的理论高度分析问题,因此教师要在学生充分讨论的基础上给予必要的理论引领和提升。最后,教师既要对学生在案例讨论活动中的参与度进行考量,又要重点对学生案例分析的准确度进行评判,大大地调动学生参与案例讨论、分析的积极性。

(4)讨论教学法。讨论式教学法的实施,首先需注意该教学方法在应用上不适合大班型,而适合小班型(40 人左右),因此,该教学方法在应用过程中一般采取"大班授课 小班讨论"的模式。因此该模式的实施需要各高校教务处在排课方面给予支持才行。其次,讨论方式假如为小组讨论,最好按照学生学习能力或以宿舍为单位,也可以采取自由结合,将学生分成 10 人左右的小组,由组长组织消化、巩固、讨论,汇总观点。教师要穿梭在课堂过道进行监控,适当指导。如果怕占用课堂时间过多,小组活动亦可安排在课余时间或在网络平台进行。最后,教师对学生的参与程度、综合表现及讨论的质量要做到详细记录,客观、公正、全面地纳入考核标准体系,并做总结发言,表扬表现积极的学生,批评不认真对待的学生。

**3. 高校思政课"课堂教学"方法改革的一般措施与创新**

(1)对话教学模式。对话教学包括师生对话、师生与文本的对话、生与生的对话以及与自我的对话等。该教学模式对大学生而言比较适合"基础"课程的设计。对话教学的实施,由优质的素材、合适的形式、精心的设计以及对学生的评价和反馈组成。教师可以尝试参照大家喜闻乐见的电视节目进行课堂设计,在娱乐、轻松的课堂氛围中学习。这样对于学生而言,学习不再是被动的接受,而是在对话与合作之中的知识生成,有助于锻炼学生的语言表达能力,提高交际的策略。该教学法对教师要求较高,教师应集引导者、监控者、资源提供者、咨询者于一身,保证对话紧紧围绕主题进行。

(2)项目教学法。思政课要借鉴项目教学法"能力本位"的理念,培养学生运用马克思主义的观点、立场和方法分析社会现实问题的能力;创设相关情景,让学生面对各种复杂因素做出相应的判断与决定,不断积累解决问题的智慧与能力,实现课堂内的"做中学";借鉴项目教学法"职业岗位"的理念,在任务训练中,让学生模拟成为特定企业的岗位人员,按要求完成任务的同时,完成课程内容的学习。如根据教学内容的需要,开展角色扮演体验,设计的角色可以是某个社会热点事件中的当事人,也可以是思政课引用的相关教学案例的角色,使学生在角色体验中进一步理解、消化相关理论内容。

(3)情景式教学法。情景式教学法是教师基于实施互动的基本理念,根据教学需要和教学目标,通过创设特定的课堂教学情境,让学生通过亲身参与感受教学内容的一种开放式的教学方法①。有学者把教学情景分为案例情景、影视情景、表演情景、实地情景四种类型。在实践教学中让学生以一定题材自编、自导、自演情景剧最为常见。

(4)榜样激励法。先进的榜样或者典型是一个社会的精神力量。思政课引入榜样或典型,更直观、更有说服力,也更能激发与鼓励学生求真、向善、唯美,能有效地促进思政课教学效果的提升。该教学方法需要注意的是,选择的榜样或典型避免过于"高、大、远",否则会让学生感觉这些榜样或典型在现实生活中不完全存在或不可能存在,结果是虽然在课堂上收获了感动,却难以化为坚定持久的追求与信念。

**4. 高校思政课"课堂教学"方法的优化组合**

我们不能较多地关注单一型的教学方法,在实际的教学中,教师往往是根据实际情况综合

① 艾志强,高琳. 高校思想政治理论课教学方法研究述评[J]. 辽宁工业大学学报(社会科学版),2012(10):131-133.

运用不同的教学方法，由此产生了不同教学方法的组合，滋生了组合型的思政课教学方法，如“案例式专题教学法”“案例式情景教学法”等。教学方法的优化组合是教师教学艺术水平的体现，教学艺术上要做到原则性与灵活性相结合。目前，学界对组合型教学方法的研究成果还不是很多，如何达到多种教学方法组合的“运用之妙”，需要思政课教师在实践中不断探索，在理论上展开深入研究，这是今后思政课教学方法改革的一个重要方向。

总之，思政课教学方法改革得当，会使思政课教学真正入耳、入脑、入心，充分发挥提高当代大学生思想政治素质主渠道的作用。高校思政课的教学方法改革是一项艰巨的任务，任重而道远，不可一蹴而就。毕竟思政课的最终目的是将所学理论内化，形成自己的价值信仰体系，让我们为使思政课成为学生“真心喜爱、终身受益”的课程而共同努力。

# 民办高校加强英语教学的思考

王若霏

【摘要】 随着社会的不断发展进步,英语在国际交流中的使用日益频繁,但是作为高校行列的特殊群体,民办高校的英语教学也逐渐突显出一系列问题,教学现状令人担忧,在新形势下,对民办高校英语教学进行及时的变革和改进迫在眉睫。本文旨在就目前民办高校英语教学情况进行思考,寻求改革措施。

【关键词】 民办高校英语教学;兴趣;英语文化意识;科学评价

新形势下的英语如何教?民办高校外语教育的未来之路如何走?本文通过广泛的调研结合教学实践,反映了民办高校英语教学的现状,分析了存在的一系列问题,提出了制约英语教学效果的原因,并在此基础上对民办高校加强英语教学做出几点思考。

## 一、民办高校英语教学的现状

(1)民办高校多属本科B类院校,招生录取分数线比公办高校低很多,生源整体质量偏差。个别在招生方面未达到理想数目的学校采取的最直接办法就是调低录取分数线进行补录。通过问卷调查得知,许多学生高考总分不理想的主要导因是英语分数低。实际上,学生普遍英语基础薄弱。进入大学后,因缺乏自主督促的学习能力,他们的英语水平止步不前,甚至日渐退化。在口语方面,不少学生一开口就说错。因怕说错被人取笑,有些学生干脆选择不说。在写作方面,从学生平时作文可看出单词拼写错误连篇,语法结构混乱不堪,前后逻辑自相矛盾,表达生搬硬套中式化。因基础差,学生在课堂上无法听懂纯英文授课,要求教师多讲汉语。被提问时,回答者无法用英语清楚地表达想法,最后只能以"Sorry!"告终。教师们普遍认为"语言不通",学生开口少,不参与互动,结果英语教师觉得大部分时间都是自己在说。即使课备得再好,材料准备得再充分,讲得再有激情,学生也是反应茫然①。四级过关率较低,据统计,某管理类专业大二学生的英语四级过关率仅4%。总之,民办高校学生的英语水平参差不齐、实际应用能力薄弱已是不争的事实。

(2)民办高校师资力量不强。由于民办高校的师资水平趋于年轻化,具有高技术职称的教师很少,造成民办高校的教师结构不合理,其中教授大多是外聘来的,或是退休的老教师,缺乏教学科研的坚实力量。同时,民办高校的兼职教师情况较为严重,不利于教学改革的顺利实施。此外,由于民办高校的教师是直接与学生进行互动沟通的,因而教师的综合素质将会对学生的成长起到至关重要的作用,但以民办高校的性质来说,其教师的进修机会整体要少一些,这就导致一些教学方法和理念得不到及时、有效的更新,对大学英语的教学质量会产生不利影响。

① 王守仁,王海啸.我国高校大学英语教学现状调查及大学英语教学改革与发展方向[J].中国外语,2011(9):4-11.

作者简介:王若霏,女,陕西商洛人,陕西国际商贸学院讲师,主要从事大学英语教学与酒店英语方面的研究。

## 二、民办高校英语教学中存在的问题

（1）学生学习兴趣不浓。爱因斯坦曾经说过，兴趣是最好的老师，因此培养学生对英语学习的兴趣至关重要。有了浓厚的兴趣，英语学习才会达到事半功倍的效果。而现在不少学生认为以后不从事英语方面的工作或是以后用不到英文，对英语没什么兴趣，认为英语实际用处很小。但新时期特别是在"一带一路"大背景下，英语的应用性越来越广泛，作为应用型本科院校英语教学更是有着举足轻重的地位。教师在教学过程中，只能通过默写、背诵、笔试等方式对学生进行督促，除此之外，学生在面临各类学科以及专业课学习的压力下不得不学习英语，逐渐对英语产生了厌烦情绪。

（2）在现行考试制度的导向下，民办高校英语教学一向遵循着"大纲考什么教什么"的"指导方针"，虽然英语教学改革的呼声从来没有停止过，但是仍然步履维艰。英语教学中学生最关注的是对词组、语法的学习，课本中有一些经典著作，有的也已经有影像资料，但是有限的课堂教学时间根本不允许教师利用这些资源让学生们更深入地了解英语中所蕴含的文化。众所周知，语言与文化相互依赖、相互影响。语言是文化的重要载体；文化对语言有制约作用。美国语言学家萨比尔（E. Sapir）也曾指出，语言不能脱离文化背景而存在①。但是回望我国英语教学，不难发现，由于自身水平有限以及大环境的限制，教师们对文化意识的培养并没有达成共识，出现参差不齐甚至整体淡漠的现象。这就使英语教学成为无源之水，难以有长足健康的发展，学生的英语学习效果也因此难以达到预期效果。

## 三、民办高校英语教学不强的原因

（1）学科边缘化。大学英语教学都在割断与人文社会学科如教育学、语言学、心理学等的联系，以致大学英语课程没有明确的学科归属，身份也越来越尴尬和边缘化。作为一门语言教学课程，若长期缺乏专业方向，社会上任何语言培训机构都可以取而代之。国内教育工作者已经开始考虑大学英语是否有存在的必要。目前，不少高校已经着手削减大学英语的课时，减少学分，或干脆把它列为选修课。民办高校虽然重视该课程，但不少民办高职高专院校的学生希望尽早摆脱英语考试的束缚，学生课堂参与度不高，学英语只为满学分毕业已经成为事实。

（2）教材局限化。长期以来语言课程的实践性较强，语言教学强调的是语言技能的综合应用。民办高校大学英语教学更应注重"高级应用型"，让学生发挥外语作为文化载体和交流工具的作用。然而，作为一门公共必修课，各民办高校大英课程采用的教材千篇一律，存在很大的局限性。虽然个别大英教材时有版本更新，但其内容多选自流行报纸和杂志的文章，讨论的话题也相当前沿和潮流。在互联网普及和信息资讯大量涌现的时代，大英教材的内容选取无疑是海量信息的复制，失去持久深度阅读的意义。教材中涉及的文化知识也仅仅停留在浅层的介绍上，如果教师不能深度拓展以传授，学生根本无法触及像英美经典作品中体现的深层文化底蕴。因教材没有特色，教学内容学术价值不大，学习者的学习热情大大减低。据调查，65%的学生认为现阶段使用的大学英语教学内容不实用；75%的学生希望从大英课堂学到更多与专业相关的英语；82%的学生认为大英老师照本宣科讲解课文，知识面拓展不够②。由此

① 赵忠德. 中国英语教学的症结思考［J］. 外语与外语教学，2001（10）：38－40.

② 刘香萍. 高等职业院校公共英语教学现状分析与对策研究［D］. 广州：广州大学，2011.

可见,民办高校在大英教材选用上如何突出应用、切合学生需求的确值得思考。

(3)评价体系单一。民办高校英语教学的评价指标、主体、功能、方法均比较单一,归根结底,就是重终结性评价,轻形成性评价,抑制了有效的语言习得,降低了积极的学习情感,遏制了学生的创新思维能力,因此不能科学体现和全面反映英语教育的效果,制约了英语教育的发展,影响了学生素质的全面提高,直接造成了社会对英语教育的负面评价。

## 四、加强民办高校英语教学的措施

(1)培养学生对英语的持久兴趣。英语教师要在教学中有意识、有目的地培养学生对英语的持久兴趣。激励学生不断地处于较佳的学习状态之中,使他们对英语爱学、想学、善学、学好,乐在其中并且乐此不疲。教师要精神饱满,有激情,语言标准优美,善于以自己的真实之情引导学生,导课时便能让学生思维兴奋起来,迅速进入学习轨道。在教学过程中,教师要教学思路清晰,教法得当,做到教学环节层层推进,层次突出,以精湛的专业知识激发学生学英语的兴趣。让学生在学习英语的过程中实现从"要我学"转化为"我要学",并在漫长的教学过程中始终保持这种兴趣,真正实现教学的目标。

(2)打造高素质大学英语教师队伍。民办学校教育事业要长久发展,离不开人心向齐的稳定的教师队伍。面临师资队伍不强的问题,各民办高校要切实加大各方面的管理力度,为教师提供外出培训学习的机会,组织教师不断提高业务能力。高校英语教师面对的受教育群体比较多,其重要性是不言而喻的。除了要继续提高大英教师的物质和生活待遇外,要更凸显人性化的关怀。在课程设置上要一如既往地重视大英课程,加强配套设施改善和师资培训,引导教师更新大英教学理念,不断提高其利用信息技术的能力和业务水平,充分调动教学积极性与主观能动性。

(3)教材选取时应注意培养学生的文化意识。英语教学应注意培养学生的文化意识。中国学生学习英语由于缺乏相应的语言环境,而仅有的交流也多在课堂上,可以锻炼的机会就显得少之又少,因此学校和老师在条件允许的情况下,尽量为学生提供一些有跨文化知识的学习资料,可以实践的语言环境。在教学实践中培养学生的文化意识,在平时教学中除了标准试题外,引导学生养成课下听英语歌曲,看英文电影,收看中文国际频道的新闻,收听英文电台广播的习惯。同时鼓励学生读一些原汁原味的西方名著和一些经典美文,从而培养学生对文章理解的能力及运用能力的提升,教材的选取要把学习语言的相关文化背景考虑进去,从"教语言点"变为"教语言",让语言本身实现内化,这样既能让学生积累经验,也能在实践中巩固提高外语水平,尽快适应新时代跨文化交际的需求。

(4)对民办高校英语教学的评估标准和评估方式进行改进和完善。学校层面需要改变现行的英语教学评测体系,使测评方式合理多样,可以包括自我评价、同伴评价、社会评价及教师评价等各种方式,实现形成性与终结性评价的有效结合;倡导教、学、评三位一体,鼓励学生在评价中的主体地位以及合作行为,提高学生参与教学的积极性,以质的评价模式取代量的评价模式,即关注学生语言技能及运用等综合提高而并非以往单纯的唯分数论①。为了兼顾考试和学生整体素质提高,各民办高校也可以借助四六级考试在大英中的重要影响,督促学生倍加重视英语,好好强化英语的实际应用。

① 肖婉丽.大学英语教学质量评估指标体系探究[J].商洛学院学报,2015(5):80-84.

综上所述，在国家经济日趋发展和国际交流愈加频繁的背景下，要提高整个国民英语素质，大学英语教学改革应与时俱进，民办高校必须积极应对。在现阶段的民办高校大学英语教学中，面临着一系列的问题和挑战，若想合理解决这些问题，提高民办高校英语的教学效率和质量，民办高校一定要注重培养学生浓厚的英语学习兴趣，切实加强师资队伍建设，教师应把英语教学融入英语文化的大背景之下，加强培养学生的文化意识，此外还应科学使用多种英语教学评估方式，对学生的英语学习进行合理有效的评价，以激发学生学习英语的积极性，提高学习效率，进而充分满足社会对于英语人才的需求，不断探索具有发展特色的新观念和方法，促进民办高校朝可持续方向发展。